Meine Immobilie finanzieren

Haus oder Wohnung:
kaufen, bauen, sanieren

Unser Service
Eine Reihe von Checklisten und Berechnungsvorlagen aus diesem Buch stellen wir Ihnen auch online zum Download zur Verfügung. Sie erkennen sie an diesem Zeichen:

Wenn Sie in den PDF-Dateien Ihre individuellen Angaben notieren, wird das Ergebnis automatisch errechnet.
Sie brauchen sich dafür nicht anzumelden oder zu registrieren.

Immer aktuell
Wir informieren Sie über wichtige Aktualisierungen zu diesem Ratgeber. Wenn sich zum Beispiel die Rechtslage ändert, neue Gesetze oder Verordnungen in Kraft treten, erfahren Sie das unter
www.ratgeber-verbraucherzentrale.de/aktualisierungsservice

Meine Immobilie finanzieren

Haus oder Wohnung: kaufen, bauen, sanieren

THOMAS HAMMER

verbraucherzentrale

11 Gut geplant ist halb gewonnen

45 Der Markt für Baufinanzierungen

Inhalt

6 Die wichtigsten Fragen und Antworten

11 Gut geplant ist halb gewonnen
12 Die richtige Finanzierung: bares Geld wert
13 Beispielrechnungen richtig nutzen

15 Ihre persönliche Finanzierungsplanung
16 So ermitteln Sie Ihren Finanzierungsbedarf
27 So berechnen Sie Ihre monatliche finanzielle Belastbarkeit

32 So berechnen Sie die laufenden Kosten der Finanzierung
38 Finanzielle Absicherung des Kreditnehmers

45 Der Markt für Baufinanzierungen
46 Den Markt sondieren
48 Die Kreditabsicherung
50 Die Beleihungsprüfung

55 Die Finanzierung über Kreditinstitute
55 Hypothekendarlehen der Kreditinstitute

88 Endfällige Hypothekendarlehen mit Tilgung über Investmentfonds
89 Fremdwährungsdarlehen

93 Die Bausparfinanzierung
94 Der Gesamtablauf der Bausparfinanzierung
95 Die Bausparsumme
104 Das Wartezeitproblem
107 Die staatliche Bausparförderung
112 Die richtige Bausparstrategie in verschiedenen Ausgangssituationen

93 Die Bausparfinanzierung

125 Mit staatlicher Förderung: Energiesparen und Sanieren

161 Besondere Situationen in der Rückzahlungsphase

125 Mit staatlicher Förderung: Energiesparen und Sanieren
- 126 Förderkredite und Zuschüsse der KfW
- 131 Zuschüsse für ökologische Heizungen vom Bundesamt für Wirtschaft und Ausfuhrkontrolle (BAFA)
- 134 Steuervorteile bei der energetischen Sanierung

137 Eigenheimförderung: Wohn-Riester und Fördermittel der Länder
- 137 Die Grundlagen des Wohn-Riesterns
- 142 So funktioniert das Wohn-Riestern
- 153 Fördermittel von Ländern und Kommunen

161 Besondere Situationen in der Rückzahlungsphase
- 161 Vorzeitiger Ausstieg und Vorfälligkeitsentschädigung
- 163 Die Anschlussfinanzierung
- 169 Kreditverkauf: worauf Bauherren achten müssen
- 171 Rücklagen für Renovierungen
- 173 Was tun, wenn es finanziell eng wird?

177 Abc der Baufinanzierung
- 192 Adressen
- 194 Stichwortverzeichnis
- 199 Bildnachweis
- 200 Impressum

Die wichtigsten Fragen und Antworten

Aus unserer Beratungspraxis

→ Jährlich beantworten wir in unseren 200 Beratungsstellen Hunderttausende von Fragen und helfen bei der Lösung von Problemen, die die Verbraucherinnen und Verbraucher an uns herantragen. Aus dieser täglichen Praxis wissen wir am besten, wo der Schuh drückt und wie konkrete Unterstützung aussehen muss.

Diese Erfahrungen sind Grundlage unserer Ratgeber: mit präzisen, verbraucherorientierten Informationen, zahlreichen Tipps und Hintergrundinformationen zum besseren Verständnis.

Sollte für eine individuelle Frage weiterer Besprechungsbedarf bestehen, hilft unsere Beratung weiter. Eine Übersicht über unser umfassendes Angebot finden Sie unter www.verbraucherzentrale.de

Profitieren Sie von unserer Beratungskompetenz!

Wie finde ich heraus, was ich mir leisten kann?

Bevor Sie sich für eine bestimmte Immobilie entscheiden, sollten Sie unbedingt prüfen, wo Ihre Grenzen bei der finanziellen Belastbarkeit liegen. Dabei spielen unterschiedliche Faktoren eine Rolle – etwa der für die monatliche Rückzahlungsrate verfügbare Einkommensanteil, die Höhe des Eigenkapitals, die anfängliche Tilgung und die aktuellen Marktzinsen für Immobiliendarlehen. Darüber hinaus sollten Sie bedenken, dass mit der Finanzierung auch beträchtliche Nebenkosten in Form von Grunderwerbsteuer, Notar- und Grundbuchgebühr und eventuell noch Maklergebühren abgedeckt werden müssen.

Daher sollten Sie Schritt für Schritt vorgehen: Zuallererst ermitteln Sie die Höhe des Eigenkapitals und Ihr monatlich frei verfügbares Einkommen, dann errechnen Sie anhand der möglichen Monatsrate, wie viel Kredit Sie sich leisten können.

Ganz wichtig: Vergessen Sie nicht eine ausreichende Reserve für ungeplante Ausgaben oder Einkommensrückgänge anzulegen.
→ Seite 15

Sollte ich zusammen mit dem Darlehen auch Versicherungen abschließen?

Oft werden im Zusammenhang mit der Baufinanzierung auch Versicherungen angeboten – aber nicht jede Police ist sinnvoll. Unter Umständen kann der Abschluss einer Risikolebensversicherung ratsam sein. Das gilt etwa dann, wenn Ehepartner und Kinder finanziell abgesichert sein sollen, falls der Hauptverdiener der Familie verstirbt. In diesem Fall sollte die Versicherungssumme so bemessen sein, dass im Ernstfall die Baufinanzierung damit abgelöst werden kann.

Andere Versicherungen hingegen wie beispielsweise eine private Arbeitslosigkeitsversicherung sind zwar teuer, bringen jedoch nur wenig Nutzen, wenn sie tatsächlich benötigt werden.
→ Seite 38

Wie sinnvoll ist ein Bausparvertrag?

In Deutschland ist der Bausparvertrag ein beliebter Baustein bei der Finanzierung des Eigenheims. Doch nicht immer ist es vorteilhaft, diese Finanzierungsform bei der Eigenkapitalbildung oder bei der Darlehensaufnahme einzusetzen. Bausparverträge sind komplexe und nicht immer transparente Finanzprodukte, deren Funktionsweise Sie kennen sollten, bevor Sie sich dafür oder dagegen entscheiden.

In diesem Ratgeber erfahren Sie, wie das Bausparen funktioniert, welche Fallstricke dabei lauern können und unter welchen Bedingungen der Bausparvertrag ein sinnvoller Bestandteil der Gesamtfinanzierung sein kann.
→ Seite 93

Gibt es außer der KfW noch weitere Anbieter von Fördermitteln?

Mit ihren Förderprogrammen insbesondere für Bauherren, die in die Reduzierung des Energieverbrauchs investieren, ist die staatseigene Kreditanstalt für Wiederaufbau (KfW) ein weithin bekannter Anbieter von zinsverbilligten Darlehen und staatlichen Zuschüssen. Doch je nach Bundesland und Kommune können Sie unter Umständen weitere Fördertöpfe anzapfen, mit deren Hilfe Sie die Finanzierungskosten oft deutlich reduzieren können.

Diese Fördermittel sind dabei oft nicht an Kriterien beim Energieverbrauch gebunden, sondern sollen vor allem jungen Familien den Weg in die eigenen vier Wände erleichtern. Dabei gilt es jedoch bestimmte Einkommensgrenzen zu beachten. Im Abschnitt „Die staatliche Bausparförderung" lesen Sie, wie die Einkommensgrenzen ermittelt werden und bei welchen Anlaufstellen Sie sich über Fördermittel in Ihrer Region erkundigen können.
→ Seite 107

Worauf sollte ich beim Wohn-Riester achten?

Als Bestandteil der staatlich geförderten Altersvorsorge dient Wohn-Riester dem Aufbau privaten Vorsorgevermögens in Form des selbst genutzten Eigenheims. Wie beim klassischen Riester-Sparen können Sie auch hier Zulagen einstreichen und von Steuervorteilen profitieren. Allerdings funktioniert das nur, wenn Sie für die Eigenkapitalbildung oder die anschließende Baufinanzierung ein Finanzprodukt mit Riester-Zertifizierung einsetzen.

Außerdem muss sichergestellt sein, dass die damit finanzierte Wohnimmobilie langfristig vom Eigentümer selbst bewohnt wird – denn sonst droht der Verlust der Zulagen.
→ Seite 137

Wie kann ich bei der Anschlussfinanzierung Geld sparen?

Wenn die Zinsbindung des Darlehens ausläuft, beginnt der Finanzierungspoker von Neuem – und Sie können bei der Anschlussfinanzierung viel Geld sparen, wenn Sie die richtigen Karten ausspielen. Der wichtigste Erfolgsfaktor: Beginnen Sie frühzeitig mit der Sondierung des Marktes, um in aller Ruhe die günstigsten Angebote auswählen und noch die eine oder andere Nachverhandlung führen zu können.

Wenn Ihre Hausbank keine attraktive Offerte für die Weiterführung der Finanzierung macht, sollten Sie einen Bankwechsel nicht scheuen. Die damit verbundenen Kosten machen häufig nur einen Bruchteil der eingesparten Zinskosten aus. Je nach Marktlage und Zinserwartung kann es auch empfehlenswert sein, sich schon ein bis drei Jahre vor dem Auslaufen der Zinsbindungsfrist mit einem Forward-Darlehen zu beschäftigen.
→ Seite 163

Gut geplant
ist halb gewonnen

Den Traum von den eigenen vier Wänden zu verwirklichen ist für viele Menschen ein wichtiges Lebensziel. Doch darüber hinaus rückt die Funktion der eigenen Immobilie als Altersvorsorge in Zeiten einer weltweiten Finanzkrise und bröckelnder Rentenansprüche immer mehr in den Mittelpunkt.

Dies berücksichtigt auch der Gesetzgeber, indem er die selbst genutzte Immobilie mit der Einführung des sogenannten Wohn-Riesters in den Kreis der Anlageformen aufgenommen hat, für die es im Rahmen der staatlich geförderten privaten Altersvorsorge Zulagen und Steuervorteile gibt. Denn wer im Alter keine Miete zahlen muss, hat unterm Strich mehr Geld, um seine Lebenshaltungskosten zu bestreiten. Seit Jahren günstige Finanzierungskonditionen lassen die Finanzierungsraten außerdem selbst bei kleinem Eigenkapital immer näher an das Mietniveau vergleichbarer Wohnungen rücken. Da stellt sich mancher Mieter die Frage: „Warum nicht langfristig in die eigene Tasche zahlen und gleich Eigentum erwerben?"

Welche Beweggründe auch letztlich den Ausschlag geben – vor dem Einzug in die eigene Immobilie haben alle zukünftigen Eigentümer eine Reihe von Hürden zu überwinden. Gleich zu Beginn der Planung steht wohl die höchste: „Wie bezahle ich das eigene Haus oder die Wohnung?" Diese Frage sollte tunlichst geklärt sein, bevor Kauf- oder Bauvertrag geschlossen werden. Denn dabei geht es nicht um „Peanuts". Auch ohne besondere Luxuswünsche erreichen die Kaufpreise oder Baukosten von Häusern und Eigentumswohnungen heute schnell Summen von mehreren Hunderttausend Euro. Allein aus eigenen Geldmitteln ist das im Normalfall nicht zu bestreiten. Die Suche nach einem Geldgeber, der die Finanzierungslücke durch Kredite schließt, ist daher für die allermeisten Bauherren und Käufer ein Muss.

Die richtige Finanzierung: bares Geld wert

Damit beginnt die Jagd nach einer möglichst günstigen und auf die persönlichen Verhältnisse optimal abgestimmten Finanzierung. Wer danebengreift, zahlt nicht nur unnötigerweise oft Zigtausende Euro zu viel, sondern riskiert in Extremfällen sogar den späteren Verlust der eigenen vier Wände wegen finanzieller Probleme.

Verhindern können Sie dies, indem Sie sich das nötige Grundwissen zum Thema Baufinanzierung selbst aneignen. Nur so verstehen Sie die Zusammenhänge. Und Sie sind dem Fachchinesisch der Geldinstitute und Finanzierungsvermittler und deren oft vor allem am eigenen Verdienstinteresse ausgerichteten Angeboten nicht hilflos ausgeliefert. Ganz einfach ist die Materie zwar nicht zu verstehen, wer aber etwas Zeit und Mühe investiert, wird meist fürstlich belohnt. Denn an keiner Stelle lässt sich beim Eigentumserwerb so viel mit so geringem Aufwand sparen wie bei der Finanzierung.

Mit diesem Ratgeber möchten wir Ihnen das notwendige Handwerkszeug zur eigenständigen Planung und Umsetzung Ihrer Finanzierung liefern. Und zwar leicht verständlich und auf den Punkt gebracht aus der Sicht einer anbieterunabhängigen Verbraucherschutzorganisation. Im Mittelpunkt stehen dabei

→ die richtige finanzielle **Planung** Ihres Vorhabens,
→ die Darstellung und kritische Betrachtung der verschiedenen **Finanzierungsmöglichkeiten**,
→ konkrete Tipps, wie und wo Sie **die günstigsten Angebote** finden.

Ganz gleich, ob Sie sich erst einmal vorab ganz allgemein über Baufinanzierung informieren wollen oder ob es bereits um die Bewertung konkret vorliegender Finanzierungsofferten geht: Sie finden in diesem Ratgeber die entsprechenden Informationen. Die für jeden Einzelfall optimale Gestaltung der Finanzierung können auch wir Ihnen aber leider nicht liefern. Denn die richtige Lösung hängt immer von Ihren individuellen Voraussetzungen und Anforderungen ab – sowohl was die finanziellen Belange als auch was die Eigenschaften der gewünschten Immobilie angeht.

Sollten Sie Probleme haben, die richtige Finanzierungsstrategie konkret zu planen und umzusetzen, hilft die individuelle Baufinanzierungsberatung der Verbraucherzentralen. In persönlichen Beratungsgesprächen wird hier die Machbarkeit Ihrer Bau- oder Kaufpläne geprüft sowie – wenn das Ergebnis positiv ausfällt – ein konkretes persönliches Finanzierungskonzept entwickelt. Zudem liefern die Verbraucherzentralen Ihnen einen Überblick über die aktuell günstigsten Marktangebote.

Ganz ohne Fachausdrücke geht es bei diesem Thema nicht. Eine Erläuterung finden Sie jeweils an Ort und Stelle, außerdem einen Überblick über die wichtigsten Begriffe in unserem **„Abc der Baufinanzierung"** ab Seite 177. Anhand dieser Zusammenstellung sollten Sie Ihre „Vokabeln" lernen. Spätestens im Gespräch mit den potenziellen Geldgebern werden Sie sehen, wie wichtig es ist, die Bedeutung bestimmter Begriffe zu kennen.

Beispielrechnungen richtig nutzen

Die in unserem Ratgeber enthaltenen Berechnungsbeispiele berücksichtigen meist einen Sollzins von 6 Prozent pro Jahr. Auch wenn der Marktzins aktuell deutlich niedriger liegen sollte, können Sie nicht davon ausgehen, dass diese Konditionen über die Gesamtlaufzeit der Finanzierung so bleiben. Denn nach Ablauf der beim Neuabschluss gewählten Zinsbindungsfrist werden die Karten neu gemischt. Unter Umständen müssen Sie dann mit erheblich höheren Zinsen und entsprechend steigenden Belastungen rechnen. So gab es in der Vergangenheit auch schon mal Zinssätze mit einer Neun vor dem Komma.

Kalkulieren Sie deshalb langfristig immer auch einmal mit einem höheren Zins und schrauben Sie einfach in Zeiten niedriger Zinsen die Tilgung nach oben, indem Sie beispielsweise nicht mit 6 Prozent Zins plus 1 Prozent Anfangstilgung kalkulieren, sondern mit 3 Prozent Zins plus 4 Prozent Tilgung. Auf diese Weise kommen Sie schneller von den Schulden herunter und entwickeln ein Gefühl dafür, welche Belastung in Zukunft auf Sie zukommen könnte.

Würde eine teure Anschlussfinanzierung Ihre Haushaltskasse sprengen, gibt es nur eins: Schreiben Sie den aktuellen Vertragszins – und damit auch die Monatsrate – möglichst langfristig fest.

Ihre persönliche
Finanzierungsplanung

Wer den Schritt in die eigenen vier Wände wagen will, sollte nicht unvorbereitet sein. Bevor Sie sich auf die Suche nach der richtigen Finanzierung begeben, ist unbedingt zu prüfen, ob Ihre finanziellen Möglichkeiten überhaupt ausreichen, um Ihre Pläne Wirklichkeit werden zu lassen. Die Antwort finden Sie nur über einen Weg: hinsetzen und rechnen.

Beim Rechnen sollten Sie systematisch in mehreren Schritten vorgehen. Es gilt zu ermitteln,
→ wie viel das geplante Bau- oder Kaufvorhaben Sie **insgesamt kosten** wird;
→ wie viel **Fremdgeld** Sie zusätzlich zum bereits **angesparten Eigenkapital** benötigen;
→ ob die auf Sie zukommenden **Belastungen** mit dem Ihnen zur Verfügung stehenden Einkommen überhaupt zu tragen sind.

Die ganze Rechnerei nehmen Ihnen im Rahmen eines Beratungsgesprächs zwar auch die Geldinstitute oder ein Finanzierungsvermittler ab. Wie Marktuntersuchungen immer wieder zeigen, ist die Qualität der Beratung allerdings recht unterschiedlich. Nicht selten werden die Gesamtkosten des Immobilienerwerbs oder Ihre laufenden Haushaltsausgaben zu niedrig angesetzt. Außerdem geht oft der Blick nicht über die erste Zinsbindungsphase hinaus, was bei später steigenden Zinsen massive finanzielle Probleme zur Folge haben kann. Eins sollten Sie zudem nie vergessen: Die Anbieter leben davon, Baufinanzierungen zu verkaufen. Da wird – vor allem bei provisionsabhängigen Vermittlern – auch schon mal was positiv hingebogen, wo eigentlich ein klares Nein die richtige Antwort wäre.

Setzen Sie sich also lieber erst einmal selbst hin und stellen Sie Ihre eigene Kalkulation auf. Schließlich kennt niemand Ihre finanzielle Situation besser als Sie selbst. Als Hilfestellung bieten wir Ihnen auf den folgenden Seiten eine Reihe von Checklisten, die Sie Schritt für Schritt zum Ziel führen. Erläuterungen zu den einzelnen Positionen werden Ihnen helfen, die einzelnen Beträge richtig anzusetzen.

→ **TIPP Auf keinen Fall die Kosten schönrechnen**
Bevor Sie loslegen: Lassen Sie sich durch den verständlicherweise starken Wunsch nach den eigenen vier Wänden nicht dazu verleiten, die Kosten oder Ihre finanziellen Möglichkeiten zu optimistisch einzuschätzen! Spätestens wenn Ihnen die Belastungen über den Kopf wachsen, werden Sie erkennen, wie verhängnisvoll dieser Fehler sein kann. Zigtausende von Zwangsversteigerungen in jedem Jahr sprechen da eine deutliche Sprache.

Fühlen Sie sich dennoch unsicher, besteht immer noch die Möglichkeit, einen Termin mit einem Baufinanzierungsberater der Verbraucherzentralen zu vereinbaren. Hier erhalten Sie gegen ein Beratungsentgelt qualifizierte Hilfe, und zwar unabhängig und frei von jeglichem Verdienstinteresse (Adressen der Verbraucherzentralen → Seite 192).

In drei Schritten: So ermitteln Sie Ihren Finanzierungsbedarf

Bevor Sie sich auf die Suche nach einer Finanzierung begeben, müssen Sie wissen, wie viel Geld Sie brauchen, um Ihr Bau- oder Kaufvorhaben durchzuführen. Und zwar zum einen insgesamt und zum anderen als Kredit vom Baufinanzierer.

In drei Schritten kommen Sie zum Ergebnis:
1. Ermitteln Sie die Gesamtkosten (Checkliste 1 → Seite 18),
2. Ermitteln Sie das verfügbare Eigenkapital (Checkliste 2 → Seite 23),
3. Ermitteln Sie den Finanzierungsbedarf (Checkliste 3 → Seite 26).

1. Schritt: die Aufstellung der Gesamtkosten

Der erste Schritt bringt Ihnen Klarheit darüber, wie viel Geld Sie insgesamt investieren müssen, um in die eigenen vier Wände zu kommen. Die Checkliste 1 (→ Seite 18) hilft Ihnen, sämtliche mit dem Eigentumserwerb verbundenen Ausgaben zu erfassen.

Ein Teil der Kosten ist in Art und Höhe davon abhängig, ob Sie bauen oder ein Haus bzw. eine Eigentumswohnung kaufen wollen. Steigen Sie deshalb je nach Vorhaben unter A oder B in die Tabelle ein.

A. Kosten für das Kaufvorhaben

Als Käufer einer gebrauchten Immobilie müssen Sie in der Regel damit rechnen, dass außer dem Kaufpreis auch Modernisierungskosten – zum Beispiel bei einer veralteten Heizungsanlage oder einem reparaturbedürftigen Dach – auf Sie zukommen. Insbesondere bei älteren Objekten ist der Zusatzaufwand nicht zu unterschätzen. Um auf Nummer sicher zu gehen, sollten Sie einen Fachmann, etwa einen Bausachverständigen oder einen erfahrenen Handwerker, einschalten, der den Renovierungs- und Modernisierungsbedarf ermittelt und die zu erwartenden Kosten kalkuliert.

Mit dem reinen Kaufpreis ist es auch bei neuen Immobilien nicht getan. So hält bei jedem Eigentumserwerb der Fiskus die Hand auf. Je nach Bundesland schlägt die Grunderwerbsteuer mit 3,5 bis 6,5 Prozent zu Buche, was die Gesamtkosten um Tausende Euro erhöht.

BUNDESLAND	GRUNDERWERB-STEUERSATZ
Baden-Württemberg	5,0 %
Bayern	3,5 %
Berlin	6,0 %
Brandenburg	6,5 %
Bremen	5,0 %
Hamburg	4,5 %
Hessen	6,0 %
Mecklenburg-Vorpommern	6,0 %
Niedersachsen	5,0 %
Nordrhein-Westfalen	6,5 %
Rheinland-Pfalz	5,0 %
Saarland	6,5 %
Sachsen	3,5 %
Sachsen-Anhalt	5,0 %
Schleswig-Holstein	6,5 %
Thüringen	6,5 %

(Stand: Dezember 2020)

Ebenso beträchtliche Zusatzkosten entstehen bei einem Kauf immer dann, wenn ein Makler eingeschaltet wird. Je nachdem, in welchem Bundesland das Geschäft läuft, fällt die auch als Courtage bezeichnete **Maklergebühr** unterschiedlich hoch aus: Während

✓ CHECKLISTE 1

Ermittlung der Gesamtkosten

A Kaufvorhaben
  Kaufpreis
+ Grunderwerbsteuer
+ Modernisierungskosten
+ Maklergebühr
+ Notarkosten für Kaufabwicklung
+ Grundbuchgebühren für Eigentumsübertragung

B Bauvorhaben
  Kaufpreis des Grundstücks
+ Grunderwerbsteuer
+ Maklergebühr
+ Notar- und Grundbuchkosten für Kaufabwicklung/Eigentumsübertragung
+ Baukosten des Hauses inklusive Außenanlagen
+ Erschließungs- und Vermessungskosten
+ Kosten für Architekt, Baugenehmigung und Statik
+ Bereitstellungszinsen

Zwischensumme A

Zwischensumme B

C Kosten der Finanzierung
  Notar- und Grundbuchgebühren für Sicherheitenbestellung
+ Schätzkosten

Zwischensumme C

D Sonstige Kosten
  Kosten für notwendige zusätzliche Anschaffungen (Möbel etc.)
+ Umzugskosten
+ Beiträge zur Berufsgenossenschaft
+ sonstige Ausgaben

Zwischensumme D

Gesamtkostenermittlung
  Zwischensumme A oder B
+ Zwischensumme C
+ Zwischensumme D

Gesamtkosten Kauf- oder Bauvorhaben

CHECKLISTE MIT RECHNER AUCH UNTER
→ www.ratgeber-verbraucherzentrale.de/checklisten-immobilienfinanzierung

in Hessen und Mecklenburg-Vorpommern die marktübliche Courtage inklusive Mehrwertsteuer bei 5,95 Prozent des Kaufpreises liegt, beträgt sie in den meisten anderen Bundesländern 7,14 Prozent.

Bei der **Aufteilung der Maklergebühr** zwischen Käufer und Verkäufer gelten seit dem im Jahr 2020 beschlossenen „Gesetz über die Verteilung der Maklerkosten bei der Vermittlung von Kaufverträgen über Wohnungen und Einfamilienhäuser" neue Regelungen. Wenn ein Verkäufer einen Immobilienmakler mit dem Verkauf beauftragt, muss er mindestens die Hälfte der Provision selbst tragen. Das führt in der Praxis dazu, dass in den meisten Fällen die Provision zwischen Käufer und Verkäufer jeweils zur Hälfte aufgeteilt wird. Die früher in manchen Regionen übliche Regelung, nach der die Provision ausschließlich vom Erwerber zu tragen war, ist seitdem nicht mehr zulässig, wenn der Maklerauftrag vom Verkäufer erteilt worden ist.

Die durch die Abwicklung der Eigentumsübertragung anfallenden Ausgaben müssen ebenfalls in die Ermittlung der Gesamtkosten einbezogen werden. Denn auch bei den **Notarkosten** und den Gebühren für die **Grundbucheintragung** geht es nicht um „Peanuts". Der Notar berechnet seine Auslagen für die Beurkundung des Kaufvertrags und die gesamte Abwicklung des Geschäfts anhand von festen Gebührensätzen, die sich an der Höhe des Objektkaufpreises orientieren. Ebenso ermitteln die Grundbuchämter die Gebühren für die Übertragung des Eigentums. Falls Sie keine Kenntnis über die genauen Notarkosten und Grundbuchgebühren haben sollten, berücksichtigen Sie in Ihren Berechnungen einen Pauschalbetrag von etwa 1,5 Prozent des Kaufpreises für die gesamte Abwicklung des Objektkaufs.

B. Die Gesamtkosten beim Bauvorhaben

Als zukünftiger Bauherr sollten Sie zunächst den **Kaufpreis des Grundstücks** sowie die **Baukosten des Hauses** ermitteln. Sind Sie bereits glücklicher Besitzer eines Baugrundstücks, müssen Sie dessen Wert bei der Berechnung der Gesamtkosten natürlich nicht mehr berücksichtigen.

Muss die eigene Scholle erst noch erworben werden, dann sind im Rahmen der Kalkulation nicht nur der Kaufpreis, sondern auch die **Grunderwerbsteuer** in Höhe von 3,5 bis 6,5 Prozent sowie **Grundbuch- und Notarkosten** von etwa 1,5 Prozent des Preises zu berücksichtigen. Unter Umständen kann zudem eine Maklergebühr anfallen.

Stets prüfen sollten Sie außerdem, ob für das zu bebauende Grundstück noch **Erschließungsgebühren** oder sonstige Anschlusskosten zu entrichten sind. Diese belaufen sich oft auf einige Tausend Euro und dürfen daher bei Ihren Berechnungen nicht außen vor bleiben.

→ **TIPP** Erschließungskosten prüfen
Vor dem Abschluss des Notarvertrags sollten Sie beim Grundstückskauf unbedingt prüfen, ob alle Erschließungsmaßnahmen bereits abgerechnet sind. Ansonsten würden Sie riskieren, dass Sie nachträglich noch einen Gebührenbescheid über Erschließungsmaßnahmen erhalten, die bereits vor dem Erwerb abgeschlossen wurden – denn die Gemeinde kann sich mit der Abrechnung der Maßnahmen bis zu vier Jahre Zeit lassen. Falls ein Teil der Erschließungsmaßnahmen noch nicht abgerechnet worden ist, sollten Sie die voraussichtlich noch entstehenden Kosten in der Kaufpreisverhandlung berücksichtigen.

 ACHTUNG

Baukosten stehen erst spät wirklich fest

Beachten Sie, dass sich die Baukosten meist erst dann einigermaßen genau ermitteln lassen, wenn der endgültige Entwurf Ihres Hauses steht. Zu Beginn der Planung erstellte Kostenschätzungen können recht ungenau sein und sind daher als Kalkulationsgrundlage mit Vorsicht zu genießen.

Der größte Anteil an den Gesamtkosten eines Bauvorhabens entfällt natürlich auf die Baukosten. Erstellt ein Unternehmer das Haus zum Festpreis, dann können Sie diesen Betrag in die Checkliste einsetzen. Nehmen Sie aber die Bauleitung selbst in die Hand, ist es schwierig, alle entstehenden Material- und Handwerkerkosten richtig abzuschätzen. Hilfe kann hier Ihr Architekt leisten.

Prüfen Sie auch, ob in den Baukosten alle Sonderwünsche sowie die Kosten der Außenanlagen enthalten sind. Ist das nicht der Fall, so müssen Sie die zusätzlich notwendigen Aufwendungen hinzurechnen.

Weitere nicht unerhebliche Ausgaben entstehen Ihnen durch den Architekten, das Einholen der Baugenehmigung und die Überprüfung der Baustatik. Genaue Angaben hierzu kann ebenfalls Ihr Architekt machen.

Berücksichtigen Sie auch, dass bereits während der Bauphase Zinszahlungen anfallen. Und zwar nicht nur für die schon abgerufenen Darlehensbeträge. Viele Kreditinstitute verlangen zusätzlich sogenannte Bereitstellungszinsen auf den noch nicht ausgezahlten Teil des Kredits. Der Zinssatz liegt in der Regel bei 0,25 Prozent pro Monat bzw. 3 Prozent pro Jahr, und die Berechnung startet nach unterschiedlichen Karenzzeiten, meist zwei bis sechs Monate nach Vertragsabschluss. Bei hohen Darlehensbeträgen und langer Bauzeit belasten so schnell einige Tausend Euro zusätzlich das Budget.

C. Kosten der Finanzierung

Sind die von der Frage „Kaufen oder bauen?" abhängigen Ausgaben erfasst, sollten Sie als Nächstes die Summe der Beträge ermitteln, die immer dann anfallen, wenn Sie sich einen Teil der benötigten Mittel bei einem Geldinstitut beschaffen müssen: die Kosten der Finanzierung. Dabei geht es nicht um die laufenden Zins- und Tilgungsraten, sondern um die Ausgaben, die anfallen, bis die Finanzierung unter Dach und Fach ist.

Ihre Kreditgeber stellen Ihnen den gewünschten Geldbetrag natürlich nicht einfach so zur Verfügung. Sie wollen Sicherheiten sehen. Bei der Finanzierung von Immobilien sichern sich die Institute für den Fall der Fälle durch die Eintragung einer Hypothek oder Grundschuld in Höhe des gewährten Darlehensbetrags im Grundbuch ab – hierzu mehr ab → Seite 45. Diese sogenannte Sicherheitenbestellung muss über einen Notar abgewickelt werden. Und der arbeitet nicht umsonst. Genauso wenig wie das Grundbuchamt, das für die notwendige Eintragung der Grundschuld im Grundbuch zuständig ist. Die Notarkosten für die Sicherheitenbestellung und die Gebühren des Grundbuchamts erhöhen Ihre Gesamtkosten um einen Betrag von insgesamt etwa 0,5 Prozent des benötigten Darlehensvolumens – nicht des Objektpreises.

Das Problem: Sie sind gerade erst dabei, Ihren Finanzierungsbedarf zu ermitteln, und kennen deshalb den Umfang der erforderlichen Fremdmittel noch nicht genau. Es bleibt Ihnen deshalb nichts anderes übrig, als das Darlehensvolumen wenigstens so genau wie möglich abzuschätzen und 0,5 Prozent dieses Werts in die Checkliste einzutragen.

D. Sonstige Kosten

In einer ruhigen Stunde sollten Sie möglichst genau aufstellen, was an sonstigen Ausgaben durch den Kauf bzw. Bau Ihrer eigenen vier Wände auf Sie zukommt. Passen zum Beispiel Ihre Möbel – insbesondere die Einbauküche – in die neue Wohnung oder müssen Sie Neuanschaffungen tätigen? Welche anderen Ausstattungsgegenstände, die nicht im Kaufpreis oder in den Baukosten enthalten sind, werden benötigt? Allein Vorhänge und Lampen können Tausende Euro verschlingen.

Welche Kosten entstehen durch den Umzug? Überlegen Sie gut und tragen Sie die Summe dieser Zusatzkosten ein. Falls Sie deren Höhe nicht genau abschätzen können: Rechnen Sie großzügig und setzen Sie einfach einen nicht zu knapp bemessenen Schätzungszuschlag mit an. Das bewahrt Sie vor bösen Überraschungen. Generell ist es empfehlenswert, bei Neubauvorhaben eine Mehr-

> **ACHTUNG**
>
> **Materialkosten bei Eigenleistungen**
>
> Wenn Sie beim Bau Ihres Eigenheims Eigenleistungen einbringen wollen, sollten Sie die dazugehörigen Materialkosten richtig überschlagen – beispielsweise die Kosten für Bodenbeläge, wenn Sie diese in Eigenregie verlegen.

kostenreserve von 10 Prozent einzuplanen, wenn es sich nicht um ein schlüsselfertiges Haus zum Festpreis handelt.

Wer beim Bau oder bei der Renovierung auf die kostenlose Hilfe von Freunden und Verwandten setzt, darf eins nicht vergessen: Die Helfer müssen bei der Berufsgenossenschaft gemeldet werden, die für den Unfallversicherungsschutz auf der Baustelle sorgt. Wenn die Anmeldung versäumt wird, genießen die Helfer zwar automatisch Unfallschutz, dem Bauherrn droht dann aber eine saftige Geldstrafe, www.bgbau.de, Stichwort „Private Bauvorhaben".

Wird eine Baugenehmigung beantragt, kommt das Meldeformular von selbst ins Haus. Denn die Berufsgenossenschaft erhält automatisch eine Mitteilung. Für jede geleistete Arbeitsstunde muss ein Beitrag von 1,50 bis 2 Euro gezahlt werden. Nur der Bauherr und sein Ehepartner sind frei, dafür allerdings auch nicht unfallversichert. Wird ein Großteil der Arbeiten von Freunden und Verwandten durchgeführt, kann schnell ein vierstelliger Eurobetrag als Beitrag anfallen. Und der sollte von vornherein als Ausgabe einkalkuliert sein.

Gesamtkosten des Kauf- oder Bauvorhabens

Durch die Addition der ermittelten Zwischensummen erhalten Sie nun den Betrag der Gesamtkosten, die bei einer Realisierung Ihres Bau- oder Kaufvorhabens in etwa aufzubringen sind. In der Regel muss davon ein beträchtlicher Teil aus der eigenen Tasche fließen. Die Kreditgeber sind nur in Ausnahmefällen bereit, sämtliche Kosten auf Pump zu finanzieren. Diese Zurückhaltung liegt allerdings auch im Interesse des Kreditnehmers, denn die hohen Folgebelastungen solcher 100-Prozent-Finanzierungen sind im Normalfall nur von Spitzenverdienern zu schultern.

Wenn Sie nicht zu dieser Gruppe gehören, müssen Sie Eigenkapital mitbringen, um sich die eigenen vier Wände leisten zu können. Eine Faustformel lautet: Mindestens die Kaufnebenkosten plus 20 Prozent des Kaufpreises sollten aus eigenen Mitteln finanziert werden. Je nach Ihrer finanziellen Belastbarkeit kann der tatsächliche Bedarf an Eigenkapital allerdings höher oder niedriger ausfallen. Damit Sie wissen, mit welchem Eigenanteil Sie bei der Berechnung Ihres Finanzierungsbedarfs kalkulieren können, steht im nächsten Schritt die Ermittlung des sofort einsetzbaren Eigenkapitals auf dem Plan.

2. Schritt: die Ermittlung des verfügbaren Eigenkapitals

Beim „Kassensturz" sollten Sie keine Reserve vergessen, verwenden Sie deshalb bitte die Checkliste 2 (→ unten).

Das am schnellsten verfügbare Eigenkapital finden Sie auf Ihren Giro- und Sparkonten sowie auf den Tagesgeld- und Termingeldkonten. Bis auf eine Sicherheitsreserve für geplante und unvorhersehbare Ausgaben, zum Beispiel Autoreparatur oder Ersatz für defekte Haushaltsgeräte, sollten Sie diese Mittel voll zur Finanzierung Ihres Vorhabens einsetzen. Bei Spar- und Termingeldern ist es sinnvoll, die Beträge rechtzeitig zu kündigen, um Zinsverluste zu vermeiden, die entstehen, wenn Sie Kündigungsfristen nicht einhalten. Ist das zum Beispiel wegen einer kurzfristig getroffenen Kaufentscheidung nicht möglich, sollten Sie die Zinseinbußen in Kauf nehmen und Ihr Erspartes auf jeden Fall abrufen. Denn die **Zwischenfinanzierung** des Betrags bis zur Fälligkeit durch einen Kredit kommt Sie regelmäßig wesentlich teurer zu stehen.

Bei vorhandenen Wertpapierbeständen ist die Frage „Verkaufen oder behalten?" nicht so einfach wie bei Kontenguthaben zu beantworten. Es gilt zu prüfen, ob die Geldanlage nicht mehr Zinsen abwirft, als Sie für

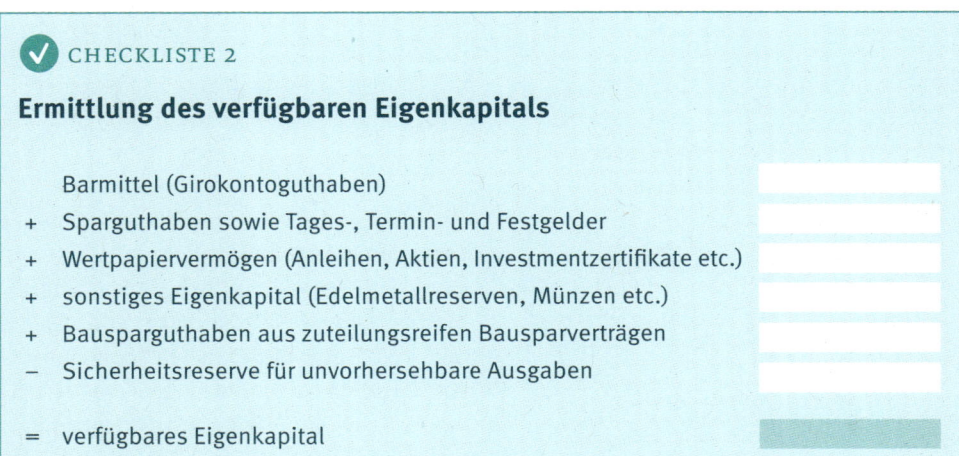

✓ CHECKLISTE 2

Ermittlung des verfügbaren Eigenkapitals

	Barmittel (Girokontoguthaben)	
+	Sparguthaben sowie Tages-, Termin- und Festgelder	
+	Wertpapiervermögen (Anleihen, Aktien, Investmentzertifikate etc.)	
+	sonstiges Eigenkapital (Edelmetallreserven, Münzen etc.)	
+	Bausparguthaben aus zuteilungsreifen Bausparverträgen	
−	Sicherheitsreserve für unvorhersehbare Ausgaben	
=	verfügbares Eigenkapital	

CHECKLISTE MIT RECHNER AUCH UNTER
→ www.ratgeber-verbraucherzentrale.de/checklisten-immobilienfinanzierung

Versicherungsexperte und Buchautor Holger Balodis meint: „Geben Sie sich einen Ruck und trennen sich von Privatrenten und Kapitallebensversicherungen, vor allem wenn diese Verträge noch nicht sehr lange laufen. Auch wenn die gesetzlichen Voraussetzungen für eine steuerfreie Auszahlung nicht erfüllt sind, müssen Sie eine Steuerzahlung nur in Ausnahmefällen befürchten. Zu versteuern sind nämlich nur Gewinne.

Vorzeitig gekündigte Renten- oder Lebensversicherungen verursachen jedoch in sehr vielen Fällen Verluste, weil der ausgezahlte Rückkaufswert unter den zuvor gezahlten Prämien liegt.

Doch Vorsicht: Möglichst nicht kündigen sollten Sie Verträge, die kurz vor dem Ablauf stehen. Hier sollten Sie sich beraten lassen und versuchen, die reguläre Auszahlung – dann auch bei Rentenversicherungen möglichst in einer Summe – in den Finanzplan einzuarbeiten.

Die Verbraucherzentralen beraten Sie zu den Widerrufsmöglichkeiten, auch bei älteren Verträgen. Hinweise finden Sie unter anderem auf **www.verbraucherzentrale.nrw,** Beratung."

einen Kredit zahlen müssen. Sie sollten sich deshalb zum Beispiel bei festverzinslichen Wertpapieren von Ihrem Anlageberater die für die Restlaufzeit der Papiere erzielbare Rendite errechnen lassen, wobei eventuelle Steuerabzüge zu berücksichtigen sind. Die Rendite entspricht bei kursabhängigen Papieren regelmäßig nicht der laufenden Verzinsung, da Kursgewinne oder -verluste eingerechnet werden müssen. Nur wenn die erzielbare Ablaufrendite über dem für ein Baudarlehen zu zahlenden Effektivzins liegt, kann der weitere Besitz der Papiere wirtschaftlich sinnvoll sein. Dann sollten Sie aber mit der Bank unbedingt vereinbaren, dass das zurückfließende Kapital bei Fälligkeit zur Sondertilgung verwendet werden kann.

Anders sieht es bei Aktien oder Aktienfonds aus. Wer die Bestände in der Hoffnung auf zukünftige Kursgewinne trotz Immobilienerwerbs hält, spekuliert auf Kredit. Und das ist im Zusammenhang mit der Anschaffung der eigenen vier Wände völlig fehl am Platz.

Schwankender Wert: Eigenkapital in Form von Wertpapieren

In den meisten Fällen wird die Auflösung des Wertpapierdepots unabhängig von der Art der Papiere aber ohnehin nötig sein, um das vom Geldgeber geforderte Eigenkapital nachweisen zu können. Bei der Eigenkapitalermittlung müssen Sie Wertpapiere in der

Ihre persönliche Finanzierungsplanung **25**

Checkliste mit ihrem aktuellen Kurswert ansetzen, denn nur der lässt sich bei einem Verkauf erzielen. Den Wert sowie die bis zum Verkaufsdatum aufgelaufenen Zinsen kann Ihnen Ihre Bank oder Sparkasse errechnen, genauso wie den Gegenwert von Edelmetallreserven.

→ **TIPP: Eigenkapital für Maklergebühr vorhalten**
Für eventuell anfallende Maklergebühren sollten Sie einen ausreichenden Anteil des Eigenkapitals schnell verfügbar halten. Oft stellt der Makler sofort nach Unterzeichnung des Notarvertrags seine Rechnung, auch wenn die Zahlung des Kaufpreises erst für einige Wochen später vereinbart ist.

Auch Ihre bestehenden Kapitallebens- oder Privatrentenversicherungen können infrage kommen, indem sie gekündigt werden und der ausgezahlte Rückkaufswert als Eigenkapital eingebracht wird. Hierbei sollten Sie steuerliche Aspekte berücksichtigen: Wenn die Versicherung weniger als 12 Jahre besteht oder vor dem 60. Geburtstag (bei ab 2012 abgeschlossenen Verträgen vor dem 62. Geburtstag) ausgezahlt wird, sind die Gewinne möglicherweise einkommensteuerpflichtig. Zwar sind darüber hinaus mit der vorzeitigen Kündigung deutliche Renditeeinbußen verbunden. Weil jedoch jeder zusätzliche Euro an Eigenkapital die Sicherheit des Finanzierungsmodells verbessert, ist die Auflösung des Versicherungsguthabens oftmals sinnvoll.

Als weitere Eigenkapitalgröße können Sie angesparte Bausparguthaben einsetzen. Dies gilt allerdings nur für Verträge, die bereits zuteilungsreif sind und deren Vertragssumme Sie in Kürze abrufen können. Noch nicht zugeteilte oder erst teilweise angesparte Verträge müssen – soweit deren Einbindung in die Finanzierung wirtschaftlich sinnvoll ist – in voller Höhe der Vertragssumme bis zu ihrer Auszahlung zwischenfinanziert werden. Sie mindern deshalb den Finanzierungsbedarf nicht.

Haben Sie alle verfügbaren Geldmittel – unter Abzug der unerlässlichen Liquiditätsreserve von vier bis sechs Nettomonatseinkommen – aufgelistet und addiert, erhalten Sie die Summe des verfügbaren Eigenkapitals.

3. Schritt: Ihren Finanzierungsbedarf feststellen

Im dritten Schritt lässt sich durch Abziehen der Eigenkapitalsumme von den ermittelten Gesamtkosten feststellen, wie hoch Ihr Finanzierungsbedarf ist, wenn Sie die gewünschte Immobilie bauen oder kaufen. Der errechnete Betrag steht für die Finanzierungslücke, die es durch die Aufnahme fremder Gelder zu schließen gilt.

Senken können Sie den Bedarf nur noch durch unerwartete Geldgeschenke und – das gilt vor allem für Bauvorhaben und ältere Gebrauchtimmobilien – durch beim Bau oder bei der Renovierung erbrachte Eigenleistungen. Beim Ansatz der sogenannten Muskelhypothek ist allerdings Realitätssinn gefragt. Ohne handwerkliche Erfahrung und geschickte Helfer lassen sich kaum größere Beträge einsparen. Denn das Material muss nach wie vor gekauft werden. Zudem darf ein auf der Baustelle verknackster Fuß nicht Ihr gesamtes Kalkulationsgerüst ins Wanken bringen. Denn Zeit ist auch beim Bauen bares Geld: Jede Verzögerung des Einzugs belastet Ihr Budget in der Regel mit Bereitstellungszinsen und zusätzlichen Mietkosten für die alte Wohnung.

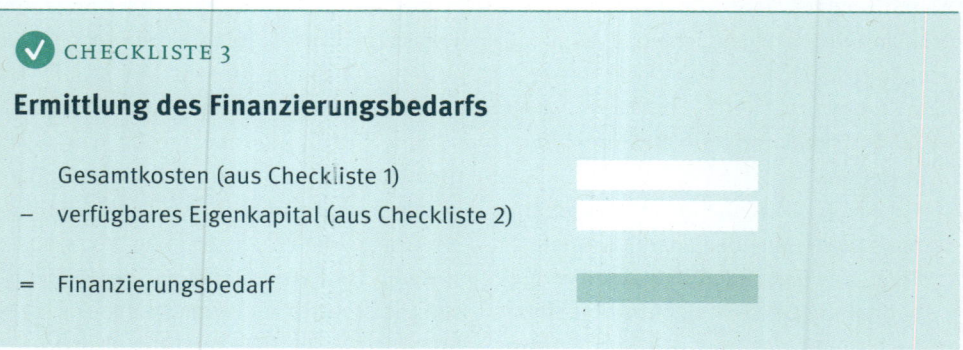

✓ CHECKLISTE 3

Ermittlung des Finanzierungsbedarfs

    Gesamtkosten (aus Checkliste 1)
− verfügbares Eigenkapital (aus Checkliste 2)

= Finanzierungsbedarf

CHECKLISTE MIT RECHNER AUCH UNTER
→ www.ratgeber-verbraucherzentrale.de/checklisten-immobilienfinanzierung

In drei Schritten: So berechnen Sie Ihre monatliche finanzielle Belastbarkeit

Der Finanzierungsbedarf bildet die Ausgangsgröße für Ihre weitere Finanzierungsplanung. Dabei steht Ihr Haushaltsbudget im Mittelpunkt, also die **laufenden Ausgaben und Einnahmen**, und vor allem, was am Monatsende davon übrig bleibt. Denn daran können Sie messen, wie hoch die Belastung aus der Finanzierung maximal ausfallen darf.

Um verlässliche Zahlen zu erhalten, sollten Sie einen möglichst genauen Haushaltsplan erstellen, in dem Sie sämtliche Einnahmen und Ausgaben gegenüberstellen. Ideal ist, wenn Sie nicht unter Zeitdruck stehen und über einen Zeitraum von mehreren Monaten alle Zahlungen erfassen können. Für jeden Monat ermitteln Sie den Betrag, der Ihnen nach Abzug aller Ausgaben von Ihrem Einkommen als Überschuss verbleibt. Erst aus der längeren Betrachtung ergibt sich ein halbwegs realistisches Bild. Fehlt Ihnen die Zeit für eine solche langfristige Beobachtung, können Sie Ihre Haushaltsführung für die Vergangenheit auch anhand von Unterlagen wie Kontoauszügen, Rechnungsbelegen, Gehaltsabrechnungen und ähnlichen Unterlagen nachvollziehen.

Der Weg zum Ergebnis führt auch bei der Ermittlung der monatlichen Belastbarkeit über drei Schritte:
1. Schritt: Ermitteln Sie die monatlichen Einnahmen (Checkliste 4 → Seite 28),
2. Schritt: Ermitteln Sie die monatlichen Ausgaben (Checkliste 5 → Seite 29),
3. Schritt: Ermitteln Sie Ihre monatliche finanzielle Belastbarkeit (Checkliste 6 → Seite 31).

1. Schritt: die Ermittlung der monatlichen Einnahmen

Im ersten Schritt erfassen Sie mithilfe der Checkliste 4 (→ Seite 28) alle Einnahmen Ihres Haushalts.

Den größten Posten dürfte dabei das Einkommen der berufstätigen Familienmitglieder ausmachen. Setzen Sie als Betrag die Summe der Nettoeinkommen eines Monats ein. Zusätzliche Einnahmen wie 13. Monatsgehalt, Weihnachts- und Urlaubsgeld sollten Sie möglichst als Sicherheitsrücklage für unvorhergesehene Ausgaben betrachten und bei Ihrer Aufstellung nicht oder nur zum Teil berücksichtigen.

CHECKLISTE 4

Ermittlung der monatlichen Einnahmen

    Nettoeinkommen der Familie
+ Kindergeld
+ sonstige Einnahmen (Mieten, Renten etc.)

= Summe der monatlichen Einnahmen

 CHECKLISTE MIT RECHNER AUCH UNTER
→ www.ratgeber-verbraucherzentrale.de/checklisten-immobilienfinanzierung

 Peter Sachs, öffentlich bestellter und vereidigter Sachverständiger für private Baufinanzierung in Bad Homburg, weist auf eine Besonderheit hin, die vor allem jüngere Paare betrifft: „Bei einem Haushalt mit zwei Arbeitseinkommen gilt es zu prüfen, ob die Einnahmen auch in Zukunft in dieser Höhe erzielt werden oder ob – etwa durch die Erziehung von Kindern – ein Gehalt voraussichtlich ganz oder teilweise wegfallen wird. Im letzten Fall sollten Sie nur das wirklich langfristig verfügbare Einkommen einkalkulieren."

Als weitere Einnahmen kommen Kindergeldzahlungen sowie sonstige Einkünfte, etwa aus Renten, infrage. Einkünfte aus Kapitalanlagen dürften dagegen im Normalfall kein Thema mehr sein, da das Ersparte ins Eigenkapital fließt. Auf der Habenseite können Sie dagegen Mieterträge verbuchen, wenn zum Beispiel im neuen Haus eine Einliegerwohnung vermietet werden soll. Dabei sollten Sie jedoch einen kalkulatorischen Abschlag verbuchen, weil beim Leerstand aufgrund von Mieterwechseln auch keine Miete hereinkommt.

Bei Beträgen, die Ihnen in einer Jahresrate zufließen, haben Sie zwei Möglichkeiten: Entweder setzen Sie diese mit einem Zwölftel an oder Sie lassen sie als Reserve für künftige Sondertilgungen offen. Durch Addition sämtlicher Einzelposten erhalten Sie dann die Summe Ihrer monatlichen Einnahmen. Von diesem Betrag sind nun die monatlichen Ausgaben abzuziehen, die Sie in einem zweiten Schritt ermitteln.

2. Schritt: die Ermittlung der monatlichen Ausgaben

Der größte Teil Ihrer Einkünfte wird in der Regel in die allgemeinen Kosten der Lebenshaltung Ihrer Familie fließen. Hierbei sind sämtliche monatlichen Ausgaben für Lebensmittel, Kleidung, Körperpflege etc. zu berücksichtigen. Denken Sie außerdem daran, dass im Lauf eines Jahres auch einmalige Ausgaben entstehen, zum Beispiel für den Urlaub, für Weihnachtsgeschenke oder für Reparaturen. Hier muss wieder auf monatliche Teilbeträge umgerechnet werden. Das Gleiche gilt für sonstige Haushaltsausgaben, etwa für die Neu- oder Ersatzanschaffung von Haushaltsgeräten.

Kräftig belastet wird das Haushaltsbudget durch die Ausgaben für das Auto und/oder öffentliche Verkehrsmittel. Als Autofahrer sollten Sie außer den reinen Unterhal-

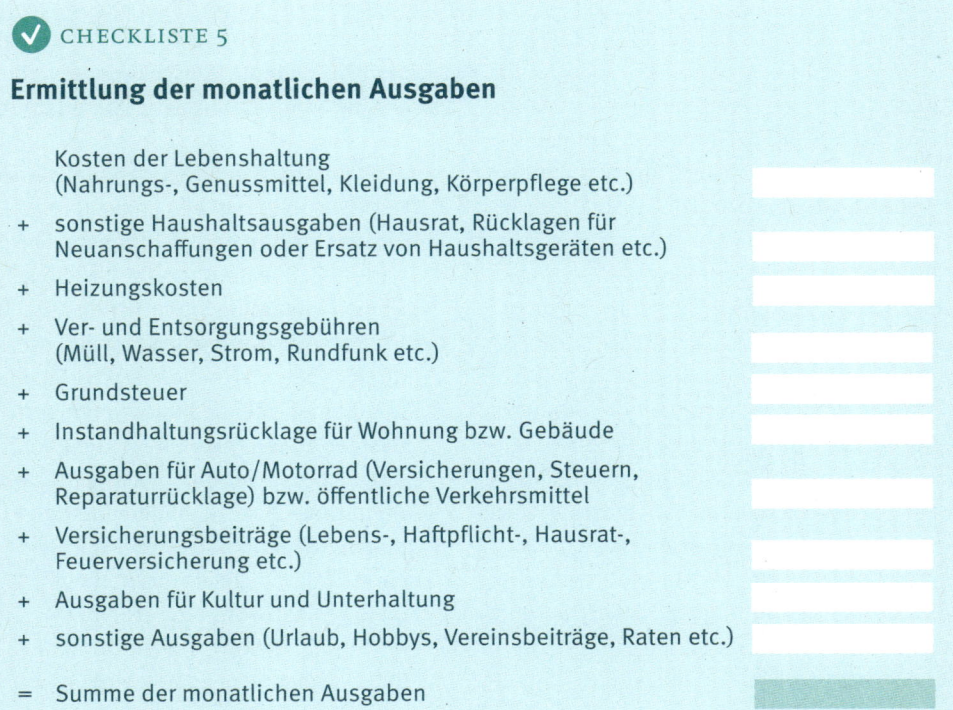

✓ **CHECKLISTE 5**

Ermittlung der monatlichen Ausgaben

	Kosten der Lebenshaltung (Nahrungs-, Genussmittel, Kleidung, Körperpflege etc.)	
+	sonstige Haushaltsausgaben (Hausrat, Rücklagen für Neuanschaffungen oder Ersatz von Haushaltsgeräten etc.)	
+	Heizungskosten	
+	Ver- und Entsorgungsgebühren (Müll, Wasser, Strom, Rundfunk etc.)	
+	Grundsteuer	
+	Instandhaltungsrücklage für Wohnung bzw. Gebäude	
+	Ausgaben für Auto/Motorrad (Versicherungen, Steuern, Reparaturrücklage) bzw. öffentliche Verkehrsmittel	
+	Versicherungsbeiträge (Lebens-, Haftpflicht-, Hausrat-, Feuerversicherung etc.)	
+	Ausgaben für Kultur und Unterhaltung	
+	sonstige Ausgaben (Urlaub, Hobbys, Vereinsbeiträge, Raten etc.)	
=	Summe der monatlichen Ausgaben	

CHECKLISTE MIT RECHNER AUCH UNTER
→ www.ratgeber-verbraucherzentrale.de/checklisten-immobilienfinanzierung

ACHTUNG

Betriebskosten realistisch einschätzen

Nicht selten steigt dieser Ausgabeposten, da es beim Eigentum ruhig ein paar Quadratmeter mehr sein dürfen. Hilfestellung bei der Schätzung der zukünftigen Kosten kann ein Architekt geben oder fragen Sie einfach Bekannte und Verwandte, die in ähnlichen Wohnverhältnissen leben.

tungskosten wie Benzingeld, Steuern und Kfz-Versicherungsbeiträgen auch einen monatlichen Betrag für Inspektionen, unvorhersehbare Reparaturen und den Ersatz von Verschleißteilen einrechnen. Wer auf den fahrbaren Untersatz angewiesen ist, sollte außerdem Rücklagen einkalkulieren, mit denen ein Ersatzfahrzeug angeschafft werden kann, wenn das alte den Geist aufgibt.

Erfreulich: Die Kaltmiete, die Sie unter Umständen für Ihre jetzige Wohnung zahlen, fällt künftig als Ausgabe weg. Anders ist es bei den Nebenkosten für Heizung, Wasser und Strom sowie sonstigen Ver- und Entsorgungsgebühren. Die müssen weiterhin von Ihrem Einkommen abgezogen werden, und zwar in der Höhe, in der sie nach dem Einzug in die eigenen vier Wände voraussichtlich anfallen.

Für Eigentümer andere Belastungen als für Mieter

Als zusätzliche Belastung kommen auf Eigentümer **Grundsteuern** zu. Die Höhe des Steuersatzes ist in jeder Gemeinde anders. Fragen Sie bei Ihrer Stadt- oder Gemeindeverwaltung, mit welchen Ausgaben zu rechnen ist, und vermerken Sie den monatlichen Steueranteil in der Checkliste. Insbesondere beim Kauf von älteren Immobilien sollten Sie eine angemessene monatliche **Instandhaltungsrücklage** einkalkulieren. Als Eigentümer einer Eigentumswohnung zahlen Sie zu diesem Zweck das sogenannte Hausgeld, dessen Höhe Sie vom zuständigen Hausverwalter erfahren.

→ **TIPP Einsparmöglichkeiten realisieren**
Wenn Sie die Ausgaben analysieren, bietet es sich an, gleich mögliche Einsparpotenziale herauszufinden. So lassen sich häufig die monatlichen Kosten durch eine Änderung des Einkaufverhaltens oder auch schon durch kleinere Maßnahmen wie die Kündigung überflüssiger Abos senken. Auch die Kündigung nicht notwendiger Versicherungen oder der Wechsel zu einem günstigeren Versicherungsanbieter kann viel Geld sparen. Mehr dazu erfahren Sie beispielsweise im Ratgeber „Richtig versichert", der von den Verbraucherzentralen herausgegeben wird und für 16,90 Euro erhältlich ist.

Versicherungsbeiträge für bestehende Sach- und Lebensversicherungen sollten Sie mit den monatlichen Belastungen oder den Monatsanteilen der Jahres- oder Halbjahresprämien eintragen. Prüfen Sie in diesem Zusammenhang zusätzlich, ob durch Ihren Wohneigentumserwerb eventuell der Abschluss weiterer Versicherungen oder höherer Versicherungssummen notwendig wird. Zu den neuen Policen zählt beispielsweise die Wohngebäudeversicherung und unter Umständen auch eine Hausratversicherung. Die Ausgaben in der Spalte „Versicherungen" müssen Sie dann entsprechend erhöhen.

Keinesfalls unter den Tisch fallen sollte bei der Aufstellung ein monatlicher Betrag, den Sie für sonstige Ausgaben ansetzen, insbesondere für Hobbys, Urlaub, kulturelle und Unterhaltungsaktivitäten. Denn auch wenn viele Bauherren und Käufer bereit sind, für die Realisierung des Traums vom Eigenheim kürzerzutreten: Irgendwann hat jeder das Bedürfnis, die eigenen vier Wände – auch wenn sie noch so schön sind – zu verlassen und etwas zu unternehmen oder in den Urlaub zu fahren. Wer die dafür nötigen Gelder von vornherein einkalkuliert, muss sich später nicht jeden Euro vom Mund absparen.

Sind sämtliche Ausgaben eines Monats aufgelistet, müssen Sie nur noch deren Gesamtsumme ermitteln.

3. Schritt: Ihre monatliche Belastbarkeit feststellen

Die Berechnung der Differenz zwischen der Summe der monatlichen Einnahmen und der Summe der monatlichen Ausgaben liefert Ihnen im dritten Schritt das gesuchte Ergebnis: Ihre finanzielle Belastbarkeit, also den Betrag, der für Zins und Tilgung von Baudarlehen unterm Strich zur Verfügung steht.

✓ **CHECKLISTE 6**

Ermittlung der monatlichen Belastbarkeit

	Monatliche Einnahmen (aus Checkliste 4)	
−	monatliche Ausgaben (aus Checkliste 5)	
=	maximal tragbare Belastung pro Monat	

CHECKLISTE MIT RECHNER AUCH UNTER
→ www.ratgeber-verbraucherzentrale.de/checklisten-immobilienfinanzierung

Runden Sie das Ergebnis auf volle hundert Euro ab, um etwas finanziellen Spielraum zu behalten. Falls Sie ganz sichergehen wollen, dass Sie Ihre Belastbarkeit nicht überschätzen, sollten Sie den ermittelten Betrag nochmals um einen Sicherheitsabschlag verringern. Das gilt vor allem, wenn Ihr Haushaltsbudget, auf lange Frist gesehen, einige schwer kalkulierbare Positionen aufweist.

→ **TIPP** **Einfache Schätzmethode**
Als vereinfachte Alternative zur Ermittlung der monatlichen Ausgaben können Sie auch eine Schätzmethode anwenden. Dabei addieren Sie die Kaltmiete und den Betrag, den Sie Monat für Monat auf die Seite legen können, ohne dass Ihr Girokonto in die roten Zahlen rutscht. Dabei sollten jedoch auch Zeiten mit erhöhten Ausgaben wie die Urlaubs- und Weihnachtszeit berücksichtigt werden. Von dieser Summe ziehen Sie nun die Mehrausgaben ab, die Sie als Eigentümer für Nebenkosten und Instandhaltungsrücklage tragen müssen. Das Ergebnis vermittelt dann die monatliche Belastbarkeit. Außerdem können Sie auf diese Weise prüfen, ob Ihre detaillierte Budgetplanung der Realität entspricht oder ob Sie dabei größere Ausgabenposten übersehen haben.

In drei Schritten: So berechnen Sie die laufenden Kosten der Finanzierung

In den beiden vorherigen Abschnitten haben Sie ausgerechnet, wie hoch Ihr Finanzierungsbedarf ist und welche Belastung aus einer Finanzierung Ihr Budget tragen kann. Im folgenden Teil der Planung sollen die beiden Ergebnisse nun miteinander in Verbindung gebracht werden.

Konkret sind zwei wichtige Fragen zu beantworten:
→ Welche monatliche finanzielle Belastung kommt durch die Aufnahme des benötigten Fremdkapitals auf Sie zu?
→ Liegt dieser Betrag noch im Rahmen Ihrer finanziellen Möglichkeiten?

1. Schritt: die Ermittlung der monatlichen Finanzierungsbelastung

Spätestens jetzt müssen Sie einen Blick auf den Markt für Baufinanzierungen werfen. Denn die laufenden Finanzierungskosten lassen sich nur ermitteln, wenn Sie die aktuellen Konditionen für langfristige Baufinanzierungskredite kennen. Als Kalkulationsbasis sollten Sie grundsätzlich den aktuellen Sollzinssatz für Darlehen mit 10- oder 15-jähriger Zinsbindungsfrist nehmen.

Einen aktuellen Marktüberblick bieten beispielsweise die im Internet angebotenen **Hypothekenzinsvergleiche**. Da im Markt Unterschiede von einem Prozentpunkt oder noch mehr bestehen können, müssen Sie sich für einen bestimmten Zins entscheiden. Wählen Sie für die Kalkulation der Belastung aus Sicherheitsgründen lieber eine Kondition, die teurer als der Durchschnitt ist. Dann haben Sie bei den günstigen Anbietern noch etwas Luft für zwischenzeitliche Zinserhöhungen oder können mit einer höheren Tilgung schneller schuldenfrei werden.

Zur Berechnung der laufenden Belastung genügt ausnahmsweise einmal der **Sollzinssatz**, und zwar für Darlehen mit hundertprozentiger Auszahlung bei einer Beleihungsgrenze von 80 Prozent (→ Seite 50). Beim Vergleich mehrerer konkreter Angebote hilft dagegen nur der effektive Jahreszins weiter – dazu später mehr (→ Seite 72).

Die Zinsbelastung lässt sich nun anhand des gewählten Zinssatzes und der benötigten Darlehenssumme berechnen. Die monatliche **Gesamtbelastung** aus der Finanzierung liegt allerdings höher, denn die Schulden müssen natürlich auch getilgt werden. Normalerweise verlangen Banken und Sparkassen eine Anfangstilgung von 1 Prozent der Darlehenssumme.

Im Rahmen der sogenannten **Annuitätentilgung** steigt der Tilgungsanteil während der weiteren Laufzeit dann durch die Umschichtung der rückläufigen Zinsanteile kontinuierlich an. Die Raten bleiben dabei aber gleich (→ Seite 56).

Um die komplette **Monatsbelastung** aus der Finanzierung zu berechnen, müssen Sie also den Anfangstilgungssatz auf den Sollzins aufschlagen. Mithilfe der Prozentrechnung können Sie jetzt den zu erwartenden monatlichen Aufwand für die Finanzierung ermitteln. Setzen Sie einfach Ihre Eckdaten in die folgende Formel ein:

$$\text{Monatliche Belastung} = \frac{\text{Finanzierungsbedarf in Euro} \times (\text{Sollzinssatz in \%} + \text{Tilgungssatz in \%})}{100\,\% \times 12 \text{ Monate}}$$

RECHNER AUCH UNTER
→ www.ratgeber-verbraucherzentrale.de/checklisten-immobilienfinanzierung

Verfügen Sie über bereits angesparte und zuteilungsreife Bausparverträge, dann sollten Sie sorgfältig vergleichen, ob die gesamten Zinsaufwendungen mit oder ohne Einbau des Bauspardarlehens niedriger sind. Ist das Bauspardarlehen teurer als das Bankdarlehen, lohnt sich der Einbau nur unter einer bestimmten Voraussetzung: nämlich dann, wenn Sie durch das reduzierte Bankdarlehen in eine günstigere Beleihungsklasse rutschen und dadurch weniger Zinsen für den Bankkredit zahlen müssen (→ Seite 112).

 BEISPIEL

Monatliche Belastung berechnen

Angenommen, Sie haben einen Finanzierungsbedarf von 100.000 Euro berechnet. Der aktuelle Marktzinssatz beträgt 6 Prozent, und zur Tilgung ist jährlich 1 Prozent der Darlehenssumme aufzubringen. Dann errechnet sich die zu erwartende monatliche Belastung aus der Finanzierung wie folgt:

$$\frac{100.000\,€ \times (6\,\% + 1\,\%)}{100\,\% \times 12} = 583{,}33\,€$$

Um das Darlehen in Höhe von 100.000 Euro zurückzahlen zu können, müssten Sie also in der Lage sein, zusätzlich zu Ihren sonstigen Ausgaben und Lebenshaltungskosten mindestens 583,33 Euro pro Monat aufzubringen.

Wird das Bauspardarlehen abgerufen, sollten Sie dessen Summe vom Gesamtfinanzierungsbedarf abziehen. Die monatliche Belastung wird zunächst also nur für den Restbetrag nach der angegebenen Formel berechnet. Dazu kommt dann allerdings die Zins- und Tilgungsrate für den Bausparkredit. Wie hoch diese ausfällt, können Sie entweder den Bausparbedingungen entnehmen oder direkt bei der Kasse erfragen. Grundsätzlich führt die schnelle Tilgung von acht bis zwölf Jahren bei Bausparverträgen zu einer vergleichsweise hohen monatlichen Belastung.

Dauert es noch einige Zeit, bis Ihr Bausparvertrag zuteilungsreif wird, entstehen bis zur Auszahlung der Vertragssumme Kosten für die Zwischenfinanzierung, die berücksichtigt werden müssen. Deshalb können Sie die Vertragssumme in diesem Fall nicht vom Finanzierungsbedarf abziehen. Falls auf den Vertrag auch noch Sparbeiträge zu zahlen sind, rechnen Sie diesen monatlichen Betrag ebenfalls zu den Belastungen hinzu.

Ebenfalls drücken können Sie die Finanzierungskosten durch öffentliche Förderdarlehen, weil diese meist zu deutlich niedrigeren Zinsen ausgegeben werden. Welche Mittel es wofür und unter welchen Voraussetzungen gibt, ist je nach Bundesland verschieden (→ Seite 153). Von Ihrem Finanzierungsbedarf abziehen sollten Sie die Fördergelder allerdings nur, wenn feststeht, dass Sie auch wirklich in deren Genuss kommen.

→ **TIPP Fördermittel recherchieren**
Einen Überblick über die aktuellen Förderprogramme finden Sie im Internet unter www.baufoerderer.de, einem gemeinsamen Angebot des Verbraucherzentrale Bundesverbands (vzbv) und der Förderbank KfW.

2. Schritt: der Vergleich von Finanzierungskosten und finanzieller Belastbarkeit

Die Stunde der Wahrheit schlägt im letzten Planungsschritt, wenn Sie Ihre voraussichtliche Monatsbelastung Ihrer finanziellen Belastbarkeit gegenüberstellen.

Bewegen sich die Finanzierungskosten innerhalb der Grenze Ihrer persönlichen Belastbarkeit, dann dürfte sich die Finanzierung grundsätzlich durchführen lassen. Übersteigt die voraussichtliche Belastung dagegen Ihren finanziellen Spielraum, müssen Sie Ihr Vorhaben nochmals gründlich überdenken.

Beeinflussen können Sie in der Theorie zwei Punkte: die Kosten der Immobilie und das Haushaltseinkommen. Da sich die persönlichen Einnahmen in der Regel leider nicht so einfach steigern lassen, bietet die Kostenseite den größten Handlungsspielraum. Vielleicht geht es auch etwas kleiner? Oder statt des großen Kellers gibt es nur einen Geräteschuppen? Hier muss jeder seine eigenen Prioritäten setzen.

Lassen sich die Kosten nicht senken, bleibt als Option noch die Verschiebung der Pläne, um in der Zwischenzeit mehr Eigenkapital anzusparen. Allerdings: Steigende Preise und Finanzierungszinsen können Ihnen schnell einen Strich durch die Rechnung machen.

Vorsicht ist bei Finanzierern und Vermittlern geboten, die Ihnen trotz eines negativen Ergebnisses der Gegenüberstellung von Belastung und Belastbarkeit die Finanzierung „passend rechnen".

→ **TIPP Nie ohne Reserve kalkulieren**
Sie sollten in Ihrem eigenen Interesse eine wichtige Grundregel beherzigen: Reizen Sie Ihre finanzielle Belastbarkeit nicht völlig aus! Kalkulieren Sie lieber mit einer angemessenen Sicherheitsreserve. Es kann immer irgendetwas passieren, mit dem Sie nicht gerechnet haben.

Beachten Sie auch, dass Sie nur so lange mit einer verlässlichen Rate kalkulieren können, wie die Zinskonditionen festgeschrieben sind. Sollte beispielsweise nach zehn Jahren der Kreditzins um 2 Prozent steigen, würde ein 100.000-Euro-Darlehen pro Monat rund

167 Euro mehr kosten. Wollen Sie dieses Kostenrisiko hinausschieben oder ganz ausschalten, gibt es nur eins: lieber die etwas höheren Konditionen in Kauf nehmen und eine längere Zinsbindung von 15 bis 20 Jahren oder bei hohem Sicherheitsbedürfnis sogar für den gesamten Finanzierungszeitraum wählen. Bei Bedarf können Sie trotzdem nach § 489 BGB nach 10 Jahren kündigen.

3. Schritt: die Ermittlung der möglichen Darlehenssumme

Sind Ihre Eigenheimpläne noch nicht so weit gediehen, dass Sie bereits ein konkretes Objekt vor Augen haben, können Sie anders an die Planung herangehen. Dabei zäumen Sie das Pferd von hinten auf:
→ Ausgehend von Ihren monatlich frei verfügbaren Mitteln rechnen Sie hoch, welchen **Darlehensbetrag** Sie damit finanzieren können.
→ Rechnen Sie dann noch das **bereitstehende Eigenkapital** dazu.
→ Ergebnis: Sie erhalten den Betrag, den ein Haus oder eine Wohnung inklusive aller Nebenkosten kosten darf. Grundsätzlich sollte jeder Bauherr oder Käufer einmal so rechnen, bevor es konkret wird mit den eigenen vier Wänden. Denn wer die **finanzielle Größenordnung** kennt, in der er sich bewegen kann, erspart sich den Frust, irgendwann vor der Traumimmobilie zu stehen und dann feststellen zu müssen, dass das Ganze für sein Budget eine Nummer zu groß ist.

Bei der Kalkulation der finanzierbaren Kreditsumme können Sie auf einige Teilergebnisse der vorangegangenen Berechnungen zurückgreifen. Zunächst benötigen Sie Ihre bereits ermittelte persönliche Belastbarkeitsgrenze pro Monat und den aktuellen Sollzins für langfristige Darlehen, den Sie bei der Ermittlung der monatlichen Finanzierungsbelastung eingesetzt haben. Auf diesen Satz muss wiederum 1 Prozent – in Zeiten niedriger Marktzinsen besser 2 bis 3 Prozent – für die Tilgung des Kredits aufgeschlagen werden. Mit der folgenden Formel können Sie dann errechnen, wie hoch ein Hypothekendarlehen höchstens sein darf, damit es Ihre finanziellen Möglichkeiten nicht übersteigt.

$$\text{Mögliche Darlehenssumme} = \frac{\text{Belastbarkeitsgrenze in Euro} \times 12 \text{ Monate} \times 100\,\%}{\text{Zinssatz in \%} + \text{Tilgungssatz in \%}}$$

 RECHNER AUCH UNTER
→ www.ratgeber-verbraucherzentrale.de/checklisten-immobilienfinanzierung

Die Rechnung zeigt, dass Sie mit den gegebenen finanziellen Möglichkeiten maximal ein Darlehen in Höhe von rund 120.000 Euro aufnehmen könnten. Liegt der Zinssatz niedriger, erhöht sich die Darlehenssumme entsprechend – bei einem Zins von 5 Prozent zum Beispiel auf 140.000 Euro. Höhere Marktzinssätze drücken dagegen das finanzierbare Kreditvolumen.

 **BEISPIEL**

Ihre Belastbarkeit berechnen

Nehmen wir an, nach Abzug aller Ausgaben verbleiben Ihnen von Ihrem Einkommen im Monat 750 Euro. Ihre Belastbarkeitsgrenze setzen Sie aus Sicherheitsgründen aber nur mit 700 Euro an. Der Zins für Darlehen mit zehnjähriger Zinsbindungsfrist liegt wiederum bei 6 Prozent pro Jahr, die Anfangstilgung bei 1 Prozent. Setzen Sie diese Daten in die Formel ein, führt das zu folgendem Ergebnis:

$$\frac{700\ € \times 12 \times 100\,\%}{(6\,\% + 1\,\%)} = 120.000\ €$$

In einer Phase niedriger Zinsen würden Sie, wenn der Zins bei lediglich 2,5 Prozent liegt, eine entsprechend höhere Tilgung von zum Beispiel 3,5 Prozent einsetzen. Daraus würde dann eine Obergrenze von 140.000 Euro resultieren.

Zusammen mit dem von Ihnen ermittelten Eigenkapitalbetrag (→ Seite 23) zeigt die finanzierbare Kreditsumme Ihnen die Größenordnung, in der Sie sich nach einem Kaufobjekt umschauen können bzw. wie viel Geld Ihnen für ein Bauvorhaben zur Verfügung steht, allerdings inklusive sämtlicher Nebenkosten, die wir ab Seite 18 aufgelistet haben.

Bei diesen Rechenmodellen sollten Sie berücksichtigen, dass in Phasen niedriger Marktzinsen zwar die Zinskosten entsprechend sinken, jedoch die Rückzahlung viel länger als in Hochzinszeiten dauert, wenn Sie die anfängliche Tilgung nicht erhöhen. So gilt die Formel, dass bei einer Baufinanzierung mit einer anfänglichen jährlichen Tilgung von 1,0 Prozent des Darlehensbetrags gestartet wird, bei Niedrigzinsfinanzierungen nicht.

Liegen die Darlehenszinsen bei 6,0 Prozent, dann ist bei 1,0 Prozent anfänglicher Tilgung das Darlehen nach 32 Jahren und 6 Monaten zurückgezahlt. Betragen die Marktzinsen hingegen nur 2,0 Prozent, dann würde der Bauherr bei gleicher anfänglicher Tilgung 55 Jahre für die Rückzahlung benötigen.

Grund für diese Differenz ist, dass bei hohen Zinsen auch die Gesamtrate höher ist und damit der Tilgungsanteil innerhalb der Kreditrate schneller ansteigt als bei einem Niedrigzinsdarlehen. Mehr Details zur Entwicklung des Tilgungsanteils innerhalb eines Annuitätendarlehens erfahren Sie im Abschnitt „Hypothekendarlehen der Kreditinstitute" ab Seite 55.

→ **TIPP Niedriger Zins, höhere Tilgung**
Als Bauherr sollten Sie in Zeiten niedriger Marktzinsen mit mindestens 2,5 Prozent anfänglicher jährlicher Tilgung kalkulieren. Diese Vorgehensweise schützt Sie auch davor, sich zu hoch zu verschulden und bei der späteren Anschlussfinanzierung in Schwierigkeiten zu geraten, falls bis dahin die Bauzinsen wieder gestiegen sind.

Die Auswirkung von Zins und Anfangstilgung auf die Rückzahlungsdauer

ZINSSATZ	RÜCKZAHLUNGSDAUER EINES ANNUITÄTENDARLEHENS IN JAHREN BEI EINER ANFÄNGLICHEN TILGUNG VON		
	1 %	2 %	3 %
2,0 %	55	34,7	25,6
3,0 %	46,3	30,6	23,1
4,0 %	40,3	27,5	21,2
5,0 %	35,9	25,1	19,7
6,0 %	32,5	23,2	18,4

Finanzielle Absicherung des Kreditnehmers

Weil Sie mit dem Abschluss eines Immobiliendarlehens eine über mehrere Jahrzehnte während feste Verpflichtung eingehen, sollten Sie sich frühzeitig darüber Gedanken machen, wie Sie Ihre finanzielle Leistungsfähigkeit langfristig sicherstellen können.

Die erste und wichtigste Maßnahme besteht darin, innerhalb der Finanzierungsplanung ausreichende Geldreserven einzuplanen, um auch bei der Entstehung ungeplanter Ausgaben oder einer Einkommensreduzierung – beispielsweise nach einem unfreiwilligen Jobwechsel – die monatlichen Kreditraten auch weiterhin entrichten zu können.

Doch es gibt auch Situationen, in denen die Einschnitte in die Lebensplanung so gravierend sind, dass die finanziellen Konsequenzen nicht vollständig aus eigenen Mitteln getragen werden können. Dies wäre etwa dann der Fall, wenn einer der Lebenspartner stirbt oder aufgrund einer Krankheit oder eines Unfalls seinen Beruf nicht mehr ausüben kann. Deshalb ist es sinnvoll, sowohl sich selbst als auch die Angehörigen finanziell abzusichern.

Die Berufsunfähigkeitsversicherung

Unabhängig vom Bestehen einer Immobilienfinanzierung zählt die private Absicherung für den Fall der Berufsunfähigkeit zu den wichtigsten Vorsorgemaßnahmen, die Sie treffen sollten. Denn die gesetzliche Rentenversicherung bietet hier nur minimale Leistungen, die im Ernstfall normalerweise bei Weitem nicht ausreichen. Vor allem in jungen Jahren verursacht die Berufsunfähigkeit die größte Lücke in der privaten Vorsorge. Wer nicht mindestens fünf Jahre lang erwerbstätig war, hat nur in Ausnahmefällen Anspruch auf Zahlung einer gesetzlichen Rente, wenn er erwerbsunfähig wird.

Diese Lücke lässt sich mit einer privaten **Berufsunfähigkeitsversicherung** schließen. Dabei sollten Sie jedoch die Angebote sorgfältig vergleichen und das Kleingedruckte akribisch studieren, denn der billigste Anbieter ist längst nicht immer die beste Alternative. Das beginnt schon bei der Antragstellung: Wenn Sie beispielsweise Allergien oder chronische Leiden haben, werden Sie von manchen Versicherungen entweder gar nicht erst aufgenommen oder mit happigen Risikozuschlägen belegt.

Die Vorgehensweise ist dabei alles andere als einheitlich. Was der eine Anbieter noch großzügig akzeptiert, kann für seinen Konkurrenten schon ein Grund für die Ablehnung des Antrags sein. Wenn Sie nicht riskieren wollen, dass bei einem Eintritt der Berufsunfähigkeit die Rentenzahlung verweigert wird, weil Sie dem Versicherer irgendwelche gesundheitlichen Risiken verschwiegen haben, sollten Sie die **Gesundheitsfragen** bei der Antragstellung lückenlos und wahrheitsgemäß beantworten.

 GESETZLICHE GRUNDLAGEN

Die staatliche Erwerbsunfähigkeitsrente

Für die gesetzliche Rentenversicherung zählt im Fall der eingeschränkten oder vollständigen Erwerbsunfähigkeit lediglich, wie viele Stunden pro Tag gearbeitet werden können. Nur wer weniger als drei Stunden pro Tag arbeiten kann, hat Anspruch auf die volle staatliche Erwerbsunfähigkeitsrente. Bei drei bis sechs Stunden gibt es die Hälfte, und wer länger arbeiten kann, bekommt kein Geld von der gesetzlichen Rentenversicherung.

Weil dabei der bisher ausgeübte Beruf keine Rolle spielt, kann beispielsweise ein Chefarzt gezwungen werden, zu niedrigerem Lohn eine Stelle als Pförtner anzutreten. Für die damit verbundene Einkommensminderung zahlt die Staatskasse keinen Ausgleich.

Holger Balodis, Versicherungsexperte und Buchautor, rät: „Die private Berufsunfähigkeitsversicherung sollte so dimensioniert sein, dass die versicherte Monatsrente nahe am aktuellen Nettoeinkommen liegt. Gehen Sie davon aus, dass Sie im Falle einer schweren Krankheit oder eines Unfalls nichts mehr dazuverdienen können. Sie müssen dann von der Rente leben und weiter die Finanzierung Ihrer Immobilie stemmen können. Eine zu niedrige Berufsunfähigkeitsrente von beispielsweise 1.000 Euro monatlich nutzt Ihnen dann vermutlich wenig."

Große Unterschiede existieren auch bei den Leistungen der einzelnen Anbieter. Die private Berufsunfähigkeitsversicherung tritt nämlich nicht automatisch dann ein, wenn der Versicherte eine gesetzliche Berufsunfähigkeits- oder Erwerbsminderungsrente bezieht.

Zwar gibt es für die Leistungen der Versicherer einen vorgeschriebenen Mindeststandard – aber der ist mehr als dürftig. Ob ein einzelner Versicherer seinen Kunden mehr Schutz bietet, lässt sich erst bei einer genauen Prüfung der Vertragsklauseln erkennen.

Wichtig ist gerade für Arbeitnehmer in hochqualifizierten Berufen, dass der Versicherer auf die sogenannte **abstrakte Verweisung** verzichtet. Mit dem Vorbehalt des Verweisungsrechts lassen sich nämlich viele Anbieter eine Hintertür offen, durch die sie ihrer Zahlungspflicht entkommen können. Wie bei der gesetzlichen Versicherung können die Kunden dann dazu verpflichtet werden, im Fall der Berufsunfähigkeit auf einen geringer qualifizierten und schlechter bezahlten Job umzusatteln. Verzichtet der Anbieter auf diese Klausel, muss er schon dann bezahlen, wenn der Versicherungsnehmer seinem Beruf oder einer vergleichbaren Tätigkeit nicht mehr nachgehen kann. Kundenfreundliche Klauseln sehen daher vor, dass die Berufsunfähigkeit schon dann eintritt, wenn entweder ein konkret bezeichneter Beruf oder der „Beruf, der der bisherigen Lebensstellung entspricht" nicht mehr ausgeübt werden kann.

Ein weiteres wichtiges Kriterium ist die sogenannte **Sechs-Monats-Prognose**. Hier verpflichtet sich die Versicherung zur Zahlung der Rente, wenn ein Arzt die voraussichtliche Berufsunfähigkeit für die nächsten sechs Monate bescheinigt. Ebenfalls kundenfreundlich ist die Zusage des Versicherers, bei verspäteter Meldung die Rente rückwirkend ab dem tatsächlichen Eintritt der Berufsunfähigkeit zu zahlen.

Der Rat von Holger Balodis, Versicherungsexperte und Buchautor:
„Orientieren Sie sich nicht allein an der Nettoprämie, also dem monatlichen Zahlbetrag, den der Versichereranfangs verlangt. Ein Berufsunfähigkeitsvertrag kann später teurer werden und theoretisch bis zur Höhe der vereinbarten Bruttoprämie steigen. Und diese Bruttoprämie müssen Sie sich notfalls leisten können."

→ **TIPP Ratgeber zur Berufsunfähigkeitsversicherung**
Wie Sie einen privaten Berufsunfähigkeitsschutz – in ausreichender Höhe und mit optimalen Vertragsklauseln – für sich finden, wird Schritt für Schritt erläutert im Ratgeber der Verbraucherzentralen „Berufsunfähigkeit gezielt absichern" (192 Seiten, 16,90 Euro).

Damit wird deutlich: Weil es bei der Berufsunfähigkeitsversicherung eher auf die tatsächliche Leistung im Bedarfsfall und weniger auf die Höhe der Beiträge ankommt, sollten Sie vor dem Abschluss vorrangig die Kundenfreundlichkeit der einzelnen Klauseln prüfen. Erst wenn bei vergleichbaren Leistungen unterschiedliche Beiträge verlangt werden, sollte die Wahl zugunsten des Anbieters mit der niedrigsten Prämie ausfallen. Auch wenn die Kosten für eine Berufsunfähigkeitspolice im Vergleich zu anderen Versicherungen recht hoch sind, sollten Sie an dieser Stelle nicht den Rotstift ansetzen, sondern lieber die dafür erforderlichen Aufwendungen in Ihre Finanzierungsplanung mit aufnehmen.

→ **TIPP Mit Lebensversicherung kombinieren**
Berufsunfähigkeitsversicherungen werden häufig als Kombipolice zusammen mit einer Risikolebensversicherung angeboten. Sofern für Sie beide Absicherungen sinnvoll sind, können Sie mit einer solchen Kombination Geld sparen, weil die Prämie oft deutlich niedriger ist als beim Abschluss zweier getrennter Verträge.

Die Risikolebensversicherung

Bei der Lebensversicherung gibt es zwei Varianten: die Kapital- und die Risikolebensversicherung. Während mit der Kapitallebensversicherung ein Sparplan verbunden ist, der nach Ablauf der Vertragsdauer zu einer Auszahlung führt und hohe Versicherungsprämien mit sich bringt, zahlt die Risikolebensversicherung die vereinbarte

Versicherungssumme nur beim Ableben der versicherten Person aus. Daher ist die Risikolebensversicherung im Vergleich zur kapitalbildenden Variante weitaus günstiger zu haben und als Absicherung für die Baufinanzierung empfehlenswert.

Wie hoch die Versicherungssumme angesetzt werden sollte, hängt sowohl von der Höhe des aufgenommenen Darlehens als auch von der **familiären Situation** ab. Wenn Kinder zu versorgen sind und sich womöglich noch einer der Lebenspartner in einer beruflichen Erziehungspause befindet, sollte die Versicherung auf jeden Fall die kompletten Verbindlichkeiten abdecken, sodass im Ernstfall das Darlehen abgelöst werden kann und die damit verbundene monatliche Rückzahlungsrate entfällt. Kinderlose Paare, bei denen beide Partner berufstätig sind, können unter Umständen die Versicherungssumme reduzieren. Auf jeden Fall sollte sie jedoch so bemessen sein, dass der hinterbliebene Partner die Finanzierung allein weiterführen kann.

Manche Versicherer bieten Policen mit **fallender Versicherungssumme** an. Bei diesen Verträgen wird der Auszahlungsbetrag im Todesfall Jahr für Jahr um einen bestimmten Faktor abgesenkt. Im Gegenzug sind die Prämien deutlich niedriger als bei Versicherungen mit konstanter Versicherungssumme. Wenn Sie sich für eine solche Police entscheiden, sollten Sie darauf achten, dass die Absicherung stets mindestens so hoch ist wie die noch ausstehende Restschuld.

Baufinanzierungsschutzbriefe

Mit sogenannten Finanzierungsschutzbriefen verkaufen Versicherungen Kombiprodukte, hinter denen sich meist eine Mischung aus verschiedenen Einzelpolicen verbirgt. Die Versicherer springen dann ein, wenn wegen längerer Krankheit, Arbeitslosigkeit oder beim Tod des Hauptverdieners in der Familie der Rückzahlungsplan ins Wanken gerät.

Am eindeutigsten sind die Regelungen zur **Todesfallabsicherung** – sofern diese Leistung überhaupt angeboten wird. Entweder wird wie bei der herkömmlichen Risikolebensversicherung eine feste Summe aus-

 ACHTUNG

Kein vollständiger Schutz

Als umfassende Absicherung für die Baufinanzierung können solche Produkte nicht bezeichnet werden. Die Versicherung der großen finanziellen Lebensrisiken Tod, Berufsunfähigkeit und Arbeitslosigkeit erfolgt nämlich in der Regel nur mit Einschränkungen.

gezahlt, oder die Versicherung übernimmt die zum Zeitpunkt des Ablebens bestehende Restschuld.

Schwieriger wird es schon bei der Absicherung für den Fall der **Berufsunfähigkeit**. Im Gegensatz zur klassischen Berufsunfähigkeitsversicherung, die sinnvollerweise oft bis zum 65. oder 67. Lebensjahr läuft, ist die Versicherungsdauer bei den Baufinanzierungsschutzbriefen oft viel kürzer. Manche Anbieter sichern den Kreditnehmer nur bis zum Ende der Zinsbindung ab. Die Folge: Wird der Versicherungsnehmer danach berufsunfähig, steht er trotz hoher Restschulden ohne Schutz da.

Ebenfalls nur kurzfristige Linderung bringt die **private Arbeitslosenversicherung**. Hier gilt von vornherein: Gezahlt wird nur bei der sogenannten unverschuldeten Arbeitslosigkeit, beispielsweise wegen Insolvenz des Arbeitgebers oder betrieblich bedingter Kündigung. Wer nach eigener Kündigung oder nach dem Auslaufen eines befristeten Anstellungsvertrags arbeitslos wird, hat keinen Anspruch auf die Versicherungsleistung. Ebenso wenig diejenigen, die wegen Krankheit oder persönlicher Differenzen mit dem Chef das Unternehmen verlassen müssen.

Selbst wenn die Arbeitslosigkeit nicht selbst verschuldet ist, gibt es zumeist erst mit Verspätung und nur für kurze Zeit Geld. Außer mit einer mehrmonatigen Karenzzeit müssen die Versicherten auch damit rechnen, dass je nach Anbieter die Zahlungen nach 12 bis 24 Monaten eingestellt werden – damit fallen die Zahlungen gerade dann weg, wenn es wegen drohender Langzeitarbeitslosigkeit wirklich an die Existenz gehen kann.

→ **TIPP Lieber getrennt absichern**
Sinnvoller ist es, das Geld für teure Finanzierungsschutzbriefe zu sparen und lieber den Todesfall und die Berufsunfähigkeit mit einem Vertrag ohne Haken und Ösen abzusichern. Ergänzt werden sollte dieser Schutz im Idealfall dann noch mit ausreichenden finanziellen Reserven für Engpässe wegen vorübergehender Arbeitslosigkeit oder Krankheit.

Der Markt für
Baufinanzierungen

Der Gang auf den kommerziellen Markt für Baufinanzierungen sollte immer erst am Ende Ihrer Bemühungen stehen, die Finanzierungslücke zu schließen. Zuvor ist unbedingt zu prüfen, ob sich ein Teil Ihres Geldbedarfs nicht anderweitig zu günstigeren Konditionen befriedigen lässt. Zum Beispiel durch staatliche Zuschüsse und zinsverbilligte öffentliche Förderkredite. Erfüllen Sie die Förderkriterien, sollten Sie die gebotenen Finanzhilfen natürlich voll ausschöpfen. Schließlich senkt das in der Regel Ihre Finanzierungskosten beträchtlich.

Nicht nur Vater Staat hilft dabei, in die eigenen vier Wände zu kommen. Auch Arbeitgeber, vor allem Großunternehmen, unterstützen zum Teil ihre Mitarbeiter auf dem Weg dorthin mit zinsverbilligten Darlehen. Informieren Sie sich, ob Ihr Brötchengeber dies ebenfalls tut. Wenn Sie allerdings in nächster Zeit einen Jobwechsel planen, ist ein Arbeitgeberdarlehen wenig sinnvoll. Denn mit dem Arbeitsverhältnis endet auch der Kreditvertrag. Dann müssen Sie unter Umständen schon in der Frühphase der Finanzierung neues – und meist teures – Geld für die Kreditablösung aufnehmen.

Den Markt sondieren

Sind die Möglichkeiten zur vergünstigten Geldbeschaffung ausgeschöpft, beginnt die Suche nach der richtigen Finanzierungsform und dem preiswertesten gewerblichen Geldgeber.

Bei der Finanzierung von Immobilien geht es um viel Geld. Nicht nur für die, die sich das Fremdkapital beschaffen müssen. Für die Geldgeber stellen Baudarlehen eine recht sichere Möglichkeit dar, die bei den Sparern eingesammelten oder auf dem Kapitalmarkt beschafften Mittel mit einer attraktiven Gewinnspanne auf Dauer zu verleihen. Da viele ein Stück von dem Kuchen abhaben wollen, tummelt sich auf dem Markt für Baufinanzierungen eine Vielzahl von Anbietern, die ein auf den ersten Blick kaum überschaubares Angebot von unterschiedlichen Finanzierungen an den Kunden bringen wollen.

Bei näherem Hinschauen werden Sie aber schnell feststellen, dass sich die Schar der Anbieter in wenige Gruppen einteilen lässt, die letztlich doch immer wieder die gleichen Produkte verkaufen. Was nicht zuletzt daran liegt, dass nicht jeder einfach Immobilienkredite ausgeben kann, sondern dieses Geschäft per Gesetz nur bestimmten Instituten erlaubt ist. Das sind vor allem Banken und Sparkassen, Hypothekenbanken, Bausparkassen und Lebensversicherungsgesellschaften.

Daneben ist auf dem Markt eine große Zahl von Finanzierungsvermittlern oder Maklern aktiv, die im Prinzip aber auch wieder nur die Produkte der genannten Institute verkaufen und dafür Provisionen kassieren. In der Vergangenheit war die Finanzierungsvermittlung eher das Geschäft einzelner Personen oder großer Strukturvertriebe. Das hat sich in den letzten Jahren stark gewandelt. Einige Finanzvermittler haben sich ganz gezielt auf Baufinanzierungen spezialisiert und nutzen die Kommunikation per Telefon und Internet sowie die persönliche Beratung in den eigenen Niederlassungen, um ihre Finanzierungsangebote an den Bauherrn zu bringen.

Die Rechnung dabei ist recht einfach: Kostengünstige Abwicklungswege sowie die Konzentration auf Finanzierungen mit geringem Ausfallrisiko lassen die Vermittler von den Provisionen der Banken, an die sie die Kredite vermitteln, gut leben. Dem Kunden kommt dabei zugute, dass er in einer einzigen Beratung aus den Angeboten vieler einzelner Banken wählen kann. Wird es mit dem Vertragsabschluss konkret, setzen Sie als Kreditnehmer Ihre Unterschrift letztlich unter den Darlehensvertrag einer normalen Bank. Der Umweg über einen Vermittler bringt so zuweilen im Vergleich zum Direktabschluss bei der Hausbank eine fünfstellige Ersparnis bei den Finanzierungskosten.

Ein paar Standardprodukte unter vielen verschiedenen Namen

Die Veränderungen auf der Anbieterseite haben auch Bewegung in die Angebotspalette der Finanzierer gebracht – allerdings nur, was die Flexibilität bei der Produktgestaltung betrifft. Die grundlegenden Finanzierungsformen sind dagegen nach wie vor dieselben: Hypothekendarlehen, Bausparverträge und Festdarlehen mit Tilgung über eine Lebensversicherung oder einen Fondssparplan. Alles, was Ihnen als Finanzierungslösung angeboten wird, baut auf einer dieser traditionellen Formen oder auf einer Kombination daraus auf. Daran ändern auch die peppigsten Produktbezeichnungen nichts.

Sehr unterschiedlich kann aber der Preis der Finanzierung ausfallen. Und das ist für den Laien auf den ersten Blick oft nicht zu erkennen. Spätestens wenn die ersten Angebote auf dem Tisch liegen, werden Sie entdecken müssen, dass die Preisgestaltung auf dem Baufinanzierungsmarkt alles andere als übersichtlich ist. Ein einfacher Preis, der als Maßstab zum schnellen Vergleich mehrerer Finanzierungsofferten dienen könnte, existiert nicht. Daran ändert auch die gesetzliche Pflicht der Geldinstitute nichts, einen effektiven Jahreszinssatz auszuweisen. Die Kosten der Angebote setzen sich vielmehr aus einer ganzen Reihe von Faktoren zusammen, die bei einer Gegenüberstellung zu beachten sind. Noch undurchsichtiger wird es bei Kombifinanzierungen, die sich gleich aus mehreren Produkten zusammensetzen. Nicht selten versuchen Anbieter bewusst, den Kunden damit beim Preisvergleich in die Irre zu führen.

Bester Weg zur günstigen Finanzierung: recherchieren und vergleichen

Die beschriebenen Schwierigkeiten sind aber noch lange kein Grund, die Flinte ins Korn zu werfen und beispielsweise die Finanzierung einfach bei Ihrer Hausbank abzuschließen. Mit einer Portion Eigeninitiative und den in diesem Buch enthaltenen Tipps sollte es Ihnen gelingen, verschiedenen Anbietern auf den Zahn zu fühlen. Haben Sie dabei aber immer eins im Hinterkopf: An keiner Stelle Ihres Bau- oder Kaufvorhabens können Sie mit geringem Aufwand so viel Geld sparen wie bei der Suche nach der günstigsten Finanzierung. Benötigen Sie persönliche Hilfestellung bei der Finanzierungsplanung sowie der Angebotseinholung und -bewertung, können Sie sich diese separat bei den Verbraucherzentralen kostenpflichtig einholen.

Selbst wenn Sie unter Zeitdruck stehen, sollten Sie nicht sofort beim erstbesten Angebot zugreifen – auch wenn der Bankmitarbeiter oder Vermittler noch so nett ist und Ihnen die meiste Arbeit bei der Abwicklung abnehmen will. Holen Sie immer mehrere Offerten ein und fällen Sie Ihre Entscheidung nur auf der Grundlage eines detaillierten Konditionenvergleichs.

→ **TIPP** Spielräume nutzen
Beachten Sie stets, dass es bei Finanzierungsangeboten durchaus Verhandlungsspielräume gibt. Der bei der ersten Anfrage genannte Kreditzins ist nur die Einladung zum Feilschen. Viele Bauherren wundern sich, wie schnell sich ein paar Zehntelprozente herunterhandeln lassen. Oft genügt schon der Hinweis auf die günstigere Konkurrenz. Merken Sie sich unbedingt: Bei den Summen, um die es geht, ist Großzügigkeit völlig fehl am Platz. Jede Stelle hinterm Komma zählt. So bringt bei einer 200.000-Euro-Finanzierung schon ein Zinsvorteil von 0,1 Prozentpunkten im Lauf von zehn Jahren eine Kostenersparnis von rund 2.000 Euro.

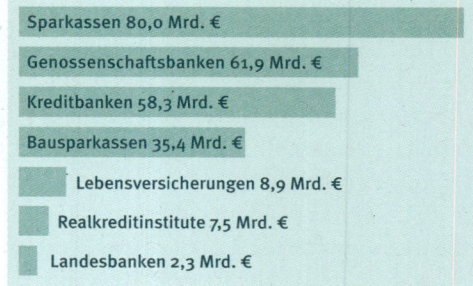

Wohnungsbaufinanzierung
Auszahlung von Immobilienkrediten 2019 nach Institutsgruppen

Sparkassen 80,0 Mrd. €
Genossenschaftsbanken 61,9 Mrd. €
Kreditbanken 58,3 Mrd. €
Bausparkassen 35,4 Mrd. €
Lebensversicherungen 8,9 Mrd. €
Realkreditinstitute 7,5 Mrd. €
Landesbanken 2,3 Mrd. €

Quelle: Verband der privaten Bausparkassen

Die Kreditabsicherung

Wer mit Kreditgebern verhandeln will, sollte deren Sichtweise kennen – insbesondere was die Bewertung der zu finanzierenden Immobilie angeht. Denn diese ist die Sicherheit für den gewünschten Kredit. Im Krisenfall wird der Gläubiger versuchen, sich sein Geld durch den Verkauf oder die Zwangsversteigerung des Objekts zurückzuholen. Je geringer dabei das Verlustrisiko erscheint, desto besser ist Ihre Verhandlungsposition beim Feilschen um die Konditionen. Eine weitere Rolle spielt bei der Kreditvergabe natürlich Ihre persönliche Kreditwürdigkeit. Wenn das Einkommen nicht ausreicht, um die Zins- und Tilgungsrate zu tragen, wird das Geldinstitut selbst dann kein grünes Licht geben, wenn Sie eine 1a-Immobilie zum Schnäppchenpreis kaufen könnten.

Zur Sicherung der Forderungen bedienen sich alle Finanzierer desselben Mittels: Sie

lassen sich vom Eigentümer im Grundbuch ein sogenanntes Grundpfandrecht in Höhe der Darlehenssumme einräumen, zum Beispiel eine Grundschuld. Damit sichern sie sich den Zugriff auf die Immobilie und können in letzter Konsequenz die Zwangsversteigerung einleiten und aus dem Erlös den für die Tilgung der Schulden notwendigen Teil einbehalten. Man spricht in diesem Fall zwar meist von einem „Hypothekendarlehen", doch als Absicherung dient fast immer eine Grundschuld. Hypotheken im juristischen Sinne kommen bei der Baufinanzierung fast nie zum Einsatz.

Grundschulden werden im **Grundbuch** eingetragen, wo sie von jedem eingesehen werden können, der ein berechtigtes Interesse – zum Beispiel Kaufabsichten – nachweisen kann. Das Grundbuch genießt „öffentlichen Glauben". Damit kann jeder davon ausgehen, dass das, was im Grundbuch steht, auch stimmt. Für die Eintragung einer Grundschuld fallen Gebühren für den Notar und das Grundbuchamt an. Die Kosten können je nach Höhe des Grundschuldbetrags einige Hundert bis über tausend Euro betragen.

 GESETZLICHE GRUNDLAGEN

Der Unterschied zwischen Grundschuld und Hypothek

Der wichtige Unterschied zwischen Grundschuld und Hypothek: Die Hypothek ist an die Höhe der damit gesicherten Darlehensforderung gebunden und entspricht somit immer exakt dem aktuellen Stand des Kreditkontos. Ist die letzte Rate bezahlt, erlischt die Hypothek automatisch. Die Grundschuld bleibt hingegen unabhängig vom Stand des Darlehens und besteht so lange, bis sie im Grundbuch gelöscht wird. Die Löschung wird gekennzeichnet, indem der entsprechende Grundschuldeintrag rot unterstrichen wird.

Grundschulden sind für die Banken einfacher zu handhaben als Hypotheken. Ist eine Hypothek eingetragen, muss im Fall der Zahlungsunfähigkeit des Kreditnehmers die Bank erst einmal nachweisen, dass dieser noch offene Schulden hat, da die Hypothek ansonsten hinfällig wäre. Bei der Absicherung über Grundschulden können die Außenstände schneller vollstreckt werden, ohne dass vorher ein zeitraubendes juristisches Verfahren eingeleitet werden muss.

Die Beleihungsprüfung

Die Finanzierungsexperten der Geldinstitute sind von Berufs wegen pessimistisch. Um auf Nummer sicher zu gehen, setzen sie häufig bei der Prüfung von Kreditanträgen als Sicherheit nicht einfach den aktuellen Verkehrswert des Objekts an, sondern ermitteln einen speziellen Beleihungswert. Dieser soll den langfristig erzielbaren Wert der Immobilie darstellen.

Die Ermittlung des Beleihungswerts

Als Bewertungsgrundlage müssen Sie den potenziellen Kreditgebern eine ganze Reihe von Unterlagen zur Verfügung stellen, unter anderem Grundbuch- und Katasterauszüge, Baupläne, Versicherungs- und Einkommensnachweise. Meist erhalten Sie bei der ersten Anfrage eine Liste der benötigten Unterlagen.

Wie der Beleihungswert im Einzelnen ermittelt wird, legen die Geldinstitute in der Regel durch interne Anweisungen für ihre Mitarbeiter fest. Es existieren jedoch grundlegende Bewertungsverfahren, die die gesamte Finanzierungsbranche anwendet:

→ das Sachwertverfahren,
→ das Ertragswertverfahren,
→ das Mittelwertverfahren.

In erster Linie entscheidet die Art des zu finanzierenden Objekts darüber, nach welchem Verfahren der Beleihungswert berechnet wird.

Sachwertverfahren. Bei eigengenutzten Einfamilienhäusern greifen die Geldgeber in der Regel auf das Sachwertverfahren zurück. Der Sachwert setzt sich aus zwei Teilen zusammen: dem Bau- und dem Bodenwert. Während der Bodenwert einfach durch Multiplikation der Grundstücksfläche in Quadratmetern mit einem auf Dauer erzielbaren Quadratmeterpreis ermittelt wird, ist die Berechnung des Bauwerts etwas komplizierter.

Als Ausgangsbasis werden zunächst die „Kubikmeter umbauter Raum" berechnet, also der Rauminhalt des Gebäudes. Im Rahmen des sogenannten Indexverfahrens werden die Kubikmeter dann mit einem Wert für den aktuellen Baukostenindex multipliziert. Das Ergebnis ist der für die Bank realistische Beleihungswert.

Gebräuchlicher ist in der Praxis allerdings das sogenannte Abschlagsverfahren. Der Bauwert wird hierbei berechnet, indem von den tatsächlichen Baukosten bzw. dem Kaufpreis – ohne Nebenkosten wie Grunderwerbsteuer, Notarkosten etc. – ein pauschaler Risikoabschlag erfolgt. Je nach Objekt werden hier 10 bis 30 Prozent der Kosten veranschlagt. Damit verschafft sich der Kreditgeber genug Luft für unerwartete Preiseinbrüche am Immobilienmarkt.

Ertragswertverfahren. Zum Ertragswertverfahren greifen die Finanzierer vor allem bei der Berechnung des Beleihungswerts für vermietete Objekte. Ausgangswert ist der „nachhaltig erzielbare Nettoertrag" der Immobilie, der auf Basis der langfristig zu erzielenden Mieterträge und der laufenden Kosten des Objekts ermittelt wird. Multipliziert mit einem sogenannten Kapitalisierungsfaktor ergibt sich der Ertragswert.

Mittelwertverfahren von Sach- und Ertragswert. Eher selten wählen die Kreditgeber heutzutage ein Bewertungsverfahren, bei dem der anzusetzende Beleihungswert dem Mittelwert von Sach- und Ertragswert entspricht. Dies ist zum Beispiel sinnvoll bei gemischt genutzten Gebäuden, bei denen sich unter einem Dach eine selbst genutzte und eine vermietete Wohnung befinden.

Nach welchem Verfahren auch gerechnet wird: Der Verkehrswert – der dauerhaft erzielbare Verkaufspreis der Immobilie – ist regelmäßig die absolute **Obergrenze des Beleihungswerts**. Und dessen Höhe wird vor allem durch die aktuelle Marktsituation und weitere preisbestimmende Faktoren beeinflusst, wie etwa die Lage des Objekts. Das Risiko: Auch wenn sich die Qualität des Eigenheims nicht verschlechtert, können äußere Einflüsse den Verkehrswert kräftig drücken. Denken Sie nur an den geplanten Bau einer befahrenen Durchgangsstraße in der Nähe des Grundstücks.

Dabei wäre es noch Glück, wenn die Bank darüber informiert wäre und Ihnen den niedrigeren Verkehrswert als Risiko vor der Unterzeichnung des Bau- oder Kaufvertrags darstellen würde. Leider funktioniert das oft nicht, weil die Geldgeber nicht verpflichtet sind, die Ergebnisse ihrer internen Wertermittlung offenzulegen.

Muss wegen ausreichenden Eigenkapitals ohnehin nur ein Teil der Kosten finanziert werden, gibt es für die Finanzierung auch dann grünes Licht, wenn der Verkehrswert deutlich unter dem Kaufpreis liegt. Eine allgemeine Pflicht der Kreditinstitute, den Kunden bei der Finanzierungsberatung auf den überhöhten Preis einer Immobilie hinzuweisen, gibt es nicht.

Der als Finanzierungsgrundlage berechnete Beleihungswert liegt in der Praxis meist deutlich unter dem Verkehrswert. Sie müssen davon ausgehen, dass Ihr Haus bzw. Ihre Wohnung für die Geldgeber nur rund 80 Prozent der tatsächlichen Baukosten oder des Kaufpreises wert ist. Und das hat unmittelbare Auswirkungen auf den möglichen Umfang und die Kosten Ihrer Finanzierung.

Die Bedeutung der Beleihungsgrenzen

Der Beleihungswert ist keineswegs automatisch der Betrag, den Ihnen ein Geldinstitut maximal als Kredit zu den angebotenen Konditionen zur Verfügung stellt. Denn vorher kommen die Beleihungsgrenzen ins Spiel. Je nach Anbieter liegen diese bei 60 oder 80 Prozent, unter Umständen aber auch nur bei 45 bis 50 Prozent des Beleihungswerts. Liegt ein Darlehen innerhalb dieses Bereichs, spricht man von einer „1a-Hypothek" oder der „1. Hypothek". Die Absicherung dieses Kredits erfolgt durch ein „erstrangiges" Grundpfandrecht. Das heißt: Bei einer Zwangsvollstreckung in das Objekt wird diese Forderung der Geldgeber zuerst bedient.

Bei der Festsetzung der Beleihungsgrenze haben die Kreditgeber durchaus gewisse Spielräume.

Beim Angebotsvergleich sollten Sie immer die Beleihungsgrenzen im Auge haben. Bei hohem Kreditbedarf kann es sogar günstiger sein, eine Offerte mit einem etwas höheren Zins dem Billigangebot vorzuziehen, wenn dieses wegen einer niedrigeren Beleihungsgrenze nur einen deutlich kleineren Teil zu Erstrangkonditionen abdeckt und im Übrigen satte Zinsaufschläge drohen.

Einen Trumpf spielen hier die Bausparkassen aus. Denn bei den gewährten Bauspardarlehen begnügen sie sich in der Regel mit einer nachrangigen Absicherung im Grundbuch, und das ohne Aufschlag. Bei kleineren Kreditsummen – die Obergrenze liegt bei 30.000 Euro – verzichten manche Bausparkassen sogar ganz auf die Bestellung einer Grundschuld. Allerdings muss der Bausparvertrag dann auch zuteilungsreif sein.

> **ACHTUNG**
>
> **Beleihungsgrenze beeinflusst Gesamtkosten der Finanzierung**
>
> Auch wenn Sie davon ausgehen, dass der Fall einer Zwangsvollstreckung bei Ihnen nicht eintritt: Die Beleihungsgrenze hat großen Einfluss auf die Gesamtkosten Ihrer Finanzierung. Wird die Grenze überschritten, drehen die meisten Anbieter den Geldhahn zwar nicht zu. Nachrangig gesicherte Darlehen – oder „1b-Hypotheken" – haben aber einen entscheidenden Nachteil: Sie sind teurer als erstrangige Kredite.
>
> Deshalb ist es in Ihrem Interesse, dass bei der Kreditprüfung der Beleihungswert und die Beleihungsgrenze so hoch wie möglich ausfallen, denn dadurch vergrößert sich der zinsgünstigere erstrangige Beleihungsraum.

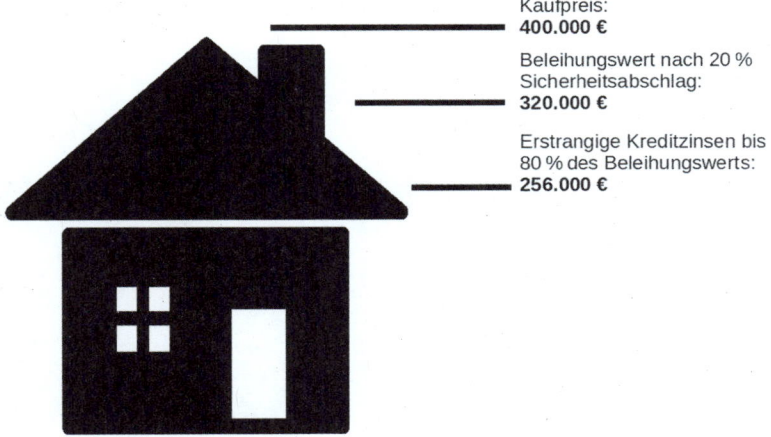

Wie Sie sehen, weist das Baufinanzierungsgeschäft eine Reihe von Besonderheiten auf, die Ihnen im Geschäft mit Raten- und Konsumentenkrediten nicht begegnen. Außer mit diesen – unabhängig von der gewählten Finanzierungsform auftretenden – allgemeinen Regelungen sollten Sie sich aber unbedingt auch mit den speziellen Eigenschaften der unterschiedlichen Finanzierungsmöglichkeiten beschäftigen.

Welche Alternativen es zur Deckung Ihres Finanzierungsbedarfs gibt, welche Besonderheiten diese aufweisen und worauf Sie vor dem Abschluss Ihrer Finanzierung unbedingt achten sollten, erfahren Sie in den folgenden Abschnitten.

 **BEISPIEL**

Nur 48 Prozent zu Topkonditionen

Kalkuliert eine Bank den Beleihungswert Ihres geplanten Hauses oder Ihrer gewünschten Wohnung mit 80 Prozent der tatsächlichen Kosten und setzt sie für die 1a-Hypothek eine Beleihungsgrenze von 60 Prozent an, dann deckt das erstrangig gesicherte Darlehen lediglich 48 Prozent der anfallenden Bau- oder Erwerbskosten. Liegt Ihr Kreditbedarf höher, muss entweder zusätzlich ein nachrangig gesichertes Darlehen zu teureren Konditionen abgeschlossen werden oder der Zins für die Gesamtfinanzierung steigt.

Die Finanzierung über Kreditinstitute

Wenn es um die Finanzierung der eigenen vier Wände geht, führt in der Regel kein Weg an der Aufnahme eines Hypothekendarlehens vorbei. Denn wegen der hohen Tilgungsbelastung kommen Bausparverträge nur für eine Teilfinanzierung infrage. Allerdings sollten Sie den faktischen Zwang zum Hypothekendarlehen nicht negativ sehen. Denn keine andere Finanzierungsform bietet Ihnen so viele Optionen, um die Finanzierung an Ihre persönlichen Bedürfnisse und Möglichkeiten anzupassen. Sie müssen jedoch dafür die Stellschrauben kennen, an denen gedreht werden kann. In den folgenden Abschnitten werden wir Ihnen diese zeigen und erklären.

Hypothekendarlehen der Kreditinstitute

Ansprechpartner für Hypothekendarlehen sind alle Banken und Sparkassen sowie die allein auf dieses Geschäft spezialisierten Hypothekenbanken. Dazu kommen dann auch wieder Darlehensvermittler, die die Hypothekendarlehen der genannten Geldinstitute vertreiben.

Banken und Sparkassen besorgen sich die Mittel für das Hypothekengeschäft vor allem aus ihrem Bestand an Spareinlagen oder durch die Ausgabe von Sparbriefen. Sie geben die von den Sparern erhaltenen Gelder an bau- oder kaufwillige Kunden weiter und erreichen durch den Unterschied zwischen höherem Darlehenszinssatz und niedrigerem Sparzins ihren Gewinn.

Hypothekenbanken verfügen dagegen nicht über Spareinlagen von Kunden. Sie refinanzieren sich, besorgen sich also die für das Kreditgeschäft notwendigen Gelder, indem sie Pfandbriefe an Kapitalanleger verkaufen, denen sie während der vorgegebenen Laufzeit des Pfandbriefs einen Guthabenzins zahlen. Als zusätzliche Sicherheit erhalten Pfandbriefanleger über den sogenannten Deckungsstock ein Anrecht an den Grundschulden, mit denen die Hypothekenbank ihre ausgegebenen Darlehen besichert. Die Gewinnspanne wird hier aus Sicht der Bank von dem Unterschied zwischen Pfandbrief- und Darlehenszins gebildet.

Wie Sie sehen, besteht ein direkter Zusammenhang zwischen den Zinsen, die Sie als Kapitalanleger erhalten, und den Prozentsätzen, die Sie als Darlehensnehmer zu zahlen haben. Steigt zum Beispiel auf dem Rentenmarkt – das ist der Markt für festverzinsliche Wertpapiere, an dem auch die Pfandbriefe der Hypothekenbanken gehandelt werden – die Marktrendite, so verteuern sich kurz darauf auch die langfristigen Baudarlehen. Der Blick auf die im Wirtschaftsteil der meisten Tageszeitungen täglich veröffentlichte Umlaufrendite für festverzinsliche Wertpapiere zeigt Ihnen, wo die Zinsen gerade stehen.

Dreh- und Angelpunkt: das Annuitätendarlehen

Wer seine Finanzierung im Griff haben will, muss wissen, wie sie funktioniert. Zum unverzichtbaren Einmaleins gehört dabei die Kenntnis über die gesamte Abwicklung eines Hypothekenkredits – von der Auszahlung bis zur vollständigen Rückzahlung der Darlehensschuld. Erst wenn Sie mit allen Besonderheiten vertraut sind, sollten Sie auf die Suche nach dem günstigsten Angebot gehen.

Annuitätendarlehen – dieser Fachbegriff steht für die Funktionsweise der von allen Banken und Sparkassen angebotenen Hypothekendarlehen. Die **Annuität** ist dabei der Betrag, den Sie insgesamt pro Jahr als Zins- und Tilgungsleistung an das Geldinstitut zahlen müssen. Im Normalfall geschieht das in monatlichen Raten. Wie hoch die Annuität ausfällt, hängt vom Sollzins des Kredits sowie dem gewählten Anfangstilgungssatz ab.

 BEISPIEL

Wie die Annuität errechnet wird

Ein 100.000-Euro-Darlehen ist nominal mit 6 Prozent pro Jahr zu verzinsen. Als Anfangstilgung wurde 1 Prozent der Vertragssumme vereinbart. Die Annuität beträgt 7.000 Euro. Sie ist in monatlichen Raten von 583,33 Euro zu zahlen.

Als feste Belastungsgröße können Sie die Annuität so lange einplanen, wie der Kreditzins bei Vertragsabschluss festgeschrieben wird – also beispielsweise 10 oder 15 Jahre. Läuft die Zinsbindung aus, werden die Karten neu gemischt und der Anschlusszins auf der Basis des dann geltenden Marktniveaus festgelegt.

Auch wenn der Gesamtbetrag konstant bleibt, tut sich während der Kreditlaufzeit innerhalb der Annuitätenrate einiges. Denn jede Tilgungsrate verringert Ihre Schulden. Und das hat wiederum sinkende Zinsbelastungen zur Folge. Diese werden aber nicht genutzt, um die Rate zu senken, sondern um den Tilgungsanteil aufzustocken. Im Kreditvertrag verbirgt sich dieser Mechanismus hinter Formulierungen wie „Tilgung: 1 Prozent zuzüglich ersparter Zinsen".

Dieser Vorgang wiederholt sich Jahr für Jahr und lässt den Tilgungsanteil Ihrer Raten ständig steigen. Nur so ist es möglich, dass Sie noch in diesem Leben den letzten Euro an die Bank zahlen können. Würde die Tilgung konstant beim Anfangssatz von 1 Prozent verharren, wäre das Darlehen erst nach 100 Jahren zurückgezahlt (100 Prozent geteilt durch 1 Prozent Tilgung pro Jahr). Da hätten selbst Ihre Enkel noch etwas von den Schulden. Der Trick mit der Annuitätentilgung führt dagegen dazu, dass Sie die eigenen vier Wände bei einem Sollzinssatz von 6 Prozent pro Jahr, 1 Prozent Anfangstilgung und einer sofortigen Verrechnung der Raten bereits nach rund 32,5 Jahren wirklich Ihr Eigen nennen können.

> **BEISPIEL**
>
> **Steigender Tilgungsanteil innerhalb der Annuität**
>
> Bei dem Darlehen in der ersten Infografik auf Seite 58 setzt sich die Annuität im ersten Jahr aus 6.000 Euro Zinsen und 1.000 Euro Tilgungsanteil zusammen. Werden die Raten zum Jahresende verrechnet, stehen im zweiten Laufzeitjahr auf dem Kreditkonto durch die Tilgung nur noch 99.000 Euro im Soll. Darauf werden 6 Prozent Zinsen fällig: 5.940 Euro. Die gegenüber dem Vorjahr eingesparten Zinsen von 60 Euro werden nicht eingespart, sondern auf den Tilgungsanteil aufgeschlagen. Die Folge: Die Annuität bleibt bei 7.000 Euro, aber der Tilgungsbetrag steigt auf 1.060 Euro an.
>
> Die zweite Infografik auf Seite 58 zeigt die Entwicklung von Zins- und Tilgungsanteilen in der Niedrigzinsphase. Hier wird deutlich: Bei niedrigen Zinsen nimmt der Tilgungsanteil deutlich langsamer zu, sodass nach 33 Jahren noch ein Schuldenstand von 41.537 Euro zu Buche steht und sich die Finanzierungsdauer verlängert.

Entwicklung von Zins- und Tilgungsanteil bei Annuitätendarlehen

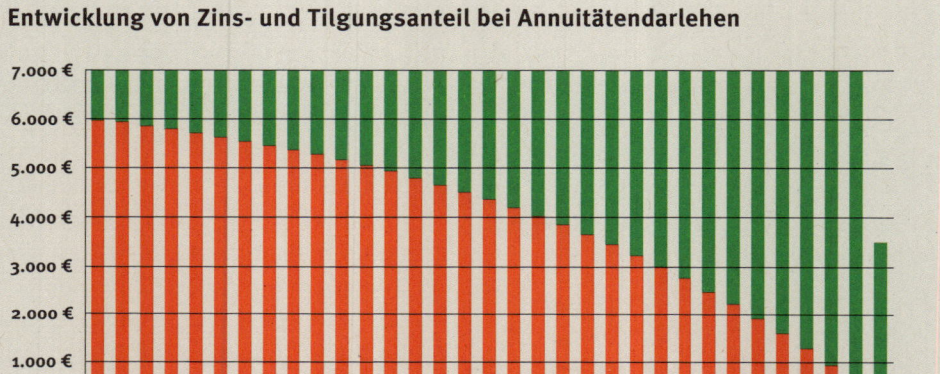

Annuitätendarlehen über 100.000 Euro, Sollzinssatz: 6 Prozent, Anfangstilgung: 1 Prozent, Annuität: 7.000 Euro, monatliche Zins- und Tilgungsverrechnung

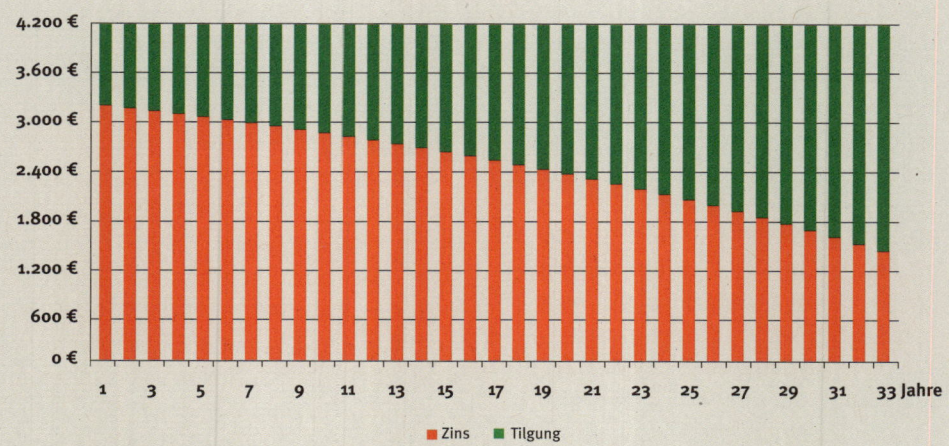

Annuitätendarlehen über 100.000 Euro, Sollzinssatz: 3,2 Prozent, Anfangstilgung: 1 Prozent, Annuität: 4.200 Euro, monatliche Zins- und Tilgungsverrechnung

Typisch für Annuitätendarlehen ist aber auch, dass in den ersten Laufzeitjahren nur recht wenig getilgt wird, während in der Endphase des Kredits fast alles in den Schuldenabbau fließt. So stehen bei dem im Beispiel genannten Kredit nach 16 Jahren, also nach knapp der Hälfte der Laufzeit, noch immer rund 73.200 Euro auf der Sollseite. Nicht selten lässt das bei Bauherren Zweifel an der Richtigkeit der Bankabrechnung aufkommen. In den letzten Jahren der Darlehenslaufzeit bereitet der Blick in die Kontoauszüge dagegen viel Freude. Da kaum noch Zinsen anfallen, dient die Monatsrate fast vollständig der Tilgung.

Allerdings gibt es diverse Möglichkeiten, mit zusätzlichen Mitteln deutlich schneller schuldenfrei zu werden, doch dazu mehr ab Seite 68.

Verwirrung stiftet immer wieder die Tatsache, dass ein Annuitätendarlehen umso schneller zurückgezahlt ist, je höher der Vertragszins ausfällt. Liegt dieser etwa bei 8 Prozent pro Jahr, sinkt die Gesamtlaufzeit bei 1-prozentiger Anfangstilgung auf rund 27,5 Jahre. Das liegt daran, dass bei der zu zahlenden höheren Monatsrate von 750 Euro bei fortgeschrittener Laufzeit natürlich auch mehr Mittel für die Tilgung zur Verfügung stehen. Unter dem Strich bringt die kürzere Gesamtlaufzeit aber nichts: Fünf Jahre Zeitvorsprung gegenüber dem 6-Prozent-Darlehen müssen nämlich mit um rund 20.400 Euro höheren Gesamtfinanzierungskosten bezahlt werden.

Umgekehrt zeigen die Beispielrechnungen jedoch auch, dass in Niedrigzinsphasen die traditionelle anfängliche 1-Prozent-Tilgung nicht praktikabel ist, weil sie zu Gesamtlaufzeiten von weit mehr als 40 Jahren führen kann. In der Regel schlagen Banken heutzutage von sich aus 2 oder 3 Prozent vor.

→ **TIPP Schuldenabbau und Gesamtkosten im Blick behalten**
Kalkulieren Sie in Zeiten niedriger Hypothekenzinsen lieber mit einer Anfangstilgung von 2 oder noch besser 3 Prozent. Das führt zwar zu einer höheren Monatsrate, beschleunigt jedoch den Schuldenabbau und senkt die Gesamtkosten der Baufinanzierung.

Konditionenvergleich bei Annuitätendarlehen

Die Suche nach dem billigsten Annuitätendarlehen ist kein Kinderspiel. Der Preis, den die verschiedenen Finanzierer dafür verlangen, die benötigten Geldmittel bereitzustellen, setzt sich aus mehreren Bestandteilen zusammen. Einfach wie beim Autokauf den Grundpreis und die Aufpreise für Sonderausstattungen zu addieren, das funktioniert hier nicht. Zudem tragen die Anbieter mit ihrer oft recht undurchsichtigen Konditionengestaltung nicht gerade dazu bei, den Vergleich zu erleichtern. Trotzdem haben selbst in finanziellen Dingen unerfahrene Bauherren die Chance, den Geldinstituten auf den Zahn zu fühlen. Allerdings nur, wenn sie sich zuvor das nötige Wissen über die diversen Preisbestandteile verschaffen, um sich dann einen Weg durch den Konditionendschungel bahnen zu können.

Sollzinssatz

Der sogenannte Sollzinssatz spielt bei jedem Hypothekendarlehen eine wichtige Rolle. Er gibt an, welchen Prozentsatz an Zinsen Sie im Jahr für ein Darlehen aufbringen müssen. Gemeinsam mit dem vereinbarten Tilgungssatz bildet er die Grundlage zur Berechnung der Annuität, also Ihrer jährlichen Gesamtbelastung aus dem Kredit. Darüber, wie teuer oder günstig ein Finanzierungsangebot ist, sagt der Sollzins allein allerdings überhaupt nichts aus. Um diese Frage zu beantworten, müssen noch andere preisbeeinflussende Faktoren beachtet werden.

Zinsbindungsfrist (Sollzinsbindung)

Eine weitere – direkt mit dem Sollzinssatz in Verbindung stehende – Kondition ist die Zinsbindungsfrist, die im Bankenjargon auch als „Sollzinsbindung" bezeichnet wird. Wie lange Sie den aktuellen Marktzins festschreiben, bestimmen Sie selbst. Mit der Wahl einer bestimmten Zinsbindungsfrist legen Sie fest,

→ wie lange Sie den bei Vertragsabschluss vereinbarten **Zinssatz** zahlen und damit auch

→ über welchen Zeitraum sich Ihre laufende **Ratenbelastung** aus dem Hypothekendarlehen sicher kalkulieren lässt.

Grundsätzlich bietet der Markt die Qual der Wahl zwischen Zinsfestschreibungen von zwei Jahren bis über die Gesamtlaufzeit des Kredits. Aber nicht alle Geldinstitute bieten alle Varianten an. Als Standard finden Sie bei den meisten Geldgebern Offerten für 5, 10 und 15 Jahre. Längere Zinsbindungen von 20 Jahren haben vor allem Hypothekenbanken und Versicherungen im Angebot. Eine große Auswahl über das gesamte Spektrum bieten einige Darlehensvermittler, denn sie können die Angebote verschiedener Banken bündeln. Da kann der Zins dann auch schon mal über 7 oder 12 Jahre festgeschrieben werden.

Normalerweise können Sie davon ausgehen, dass Sie eine längere Zinsbindungsfrist mit einem höheren Zinssatz bezahlen müssen. Aufgrund bestimmter wirtschaftlicher Konstellationen kann allerdings im Ausnahmefall auch einmal die umgekehrte Situation eintreten. Dann bieten die Kreditinstitute bei langen Zinsbindungsfristen günstigere Konditionen als im kurzfristigeren Bereich. Bei diesen Bedingungen sprechen die

Fachleute von einer inversen Zinsstruktur. In der Regel gilt jedoch: **je länger die Zinsbindungsfrist, desto höher der Zinssatz.**

Dies trifft insbesondere für Phasen niedriger Marktzinsen zu. Weshalb das so ist, zeigt der Blick auf den Kapitalanlagemarkt. Denn auch hier bekommen Anleger höhere Zinserträge, wenn sie ihr Erspartes längerfristig anlegen. Folglich müssen die Baufinanzierer für langfristige Kreditgelder auch einen höheren Einkaufspreis an die Anleger zahlen. Und der wird – zuzüglich Gewinnspanne – natürlich an die Darlehensnehmer weitergegeben. Bei einer Zinsbindung von 15 Jahren kann der Kreditzins so durchaus um einen Prozentpunkt höher liegen als bei einer 5-Jahres-Kondition.

Der Gegenwert für diesen Preis ist allerdings nicht zu unterschätzen: Mit der Vertragsunterschrift schließen Sie für die nächsten 15 Jahre böse Überraschungen bei der Kreditbelastung aus. Entscheiden Sie sich für die billigere Kurzfristvariante, geht dagegen das Bangen um steigende Ratenbelastungen schon nach wenigen Laufzeitjahren los. Sinnvoll ist diese Wahl deshalb nur in Zeiten überdurchschnittlich hoher Hypothekenzinsen, in denen es zukünftig eigentlich nur günstiger werden kann.

Manche Kreditinstitute bieten auch eine **variable Zinsvereinbarung** an. Hierbei kann der Kreditgeber den Vertragszins den jeweils veränderten Marktverhältnissen anpassen – und zwar sowohl nach oben als auch nach unten. Damit schwankt natürlich auch die laufende Rate. Der Vorteil für Sie: Variable Darlehen können jederzeit mit einer dreimonatigen Frist gekündigt werden. Allerdings bringen variable Darlehen auch hohe Risiken mit sich, denn mit jedem Anstieg der Marktzinsen verteuern sich mit sofortiger Wirkung auch die Zinskosten für die Finanzierung.

> **GESETZLICHE GRUNDLAGEN**
>
> ### Kein Ausstieg vor Ende der Zinsbindungsfrist
>
> Wichtig zu wissen: Der vorzeitige Ausstieg ist bei Darlehen mit Zinsbindung grundsätzlich nicht möglich. Hier besteht eine Ausstiegsoption erst zum Ablauf der Festschreibungsfrist. Nur bei langen Zinsbindungen besteht die Möglichkeit, nach zehn Jahren – gerechnet vom Zeitpunkt der Vollauszahlung des Kredits – mit sechsmonatiger Frist kündigen zu können (§ 489 BGB). Tritt durch besondere Umstände, wie etwa den Verkauf der Immobilie, ein vorzeitiges Vertragsende ein oder stimmt der Kreditgeber einer vorzeitigen Umschuldung zu, so hat das immer finanzielle Folgen. Der dadurch entstehende Zinsverlust wird Ihnen in Rechnung gestellt. Das Stichwort: Vorfälligkeitsentschädigung (→ Seite 161 ff.).

Sinnvoll kann eine variable Zinsvereinbarung eigentlich nur dann sein, wenn Sie die Kreditmittel lediglich kurzfristig benötigen, weil beispielsweise in nächster Zeit eine größere Erbschaft ansteht. Vor allem wenn nicht genau feststeht, wann die Gelder fließen, bieten variable Kredite eine gute Möglichkeit, die Schulden dennoch ohne größere Wartezeiten abtragen zu können.

→ **TIPP Kreditzins an neutralen Kapitalmarktzins koppeln**
Achten Sie auf einen wichtigen Punkt: Akzeptieren Sie nur einen Kreditvertrag, in dem das Geldinstitut die Anpassung des Kreditzinses fest an einen neutralen Kapitalmarktzins koppelt. Sonst droht Ihnen das, was viele Bauherren in der Vergangenheit erfahren mussten: Mit steigenden Marktzinsen wurde der Vertragszins sofort angepasst, bei fallenden nur mit Verspätung oder gar nicht.

Wie finden Sie die richtige Zinsbindung? Die entscheidende Einflussgröße für die Wahl der richtigen Zinsbindung ist das jeweilige **Zinsniveau**. Bietet der Markt Hypothekenkonditionen, die – wie in den letzten Jahren – um 2 und mehr Prozentpunkte unter dem langfristigen Durchschnittszins von rund 6 Prozent liegen, gibt es nur eine Devise: So lange wie möglich sichern! Laufzeiten von unter zehn Jahren kommen nur dann infrage, wenn der Kredit an deren Ende abgelöst werden soll, beispielsweise durch einen zuteilungsreifen Bausparvertrag.

In solch goldenen Zeiten mit kurzen Zinsfestschreibungen darauf zu spekulieren, dass die Zinsen noch tiefer in den Keller gehen, wäre zu riskant. Denn der Schuss kann schnell nach hinten losgehen. Ziehen die Marktzinsen plötzlich wieder an, stehen Sie unter Umständen bereits nach wenigen Jahren mit einer deutlich höheren Belastung da. Hält das Haushaltsbudget diese nicht aus, droht das Scheitern der Finanzierung und das Ende des Traums vom Eigenheim. Das gilt auch in Zeiten teurer Baudarlehen. Wer noch weiter steigende Zinsen nicht verkraften kann, muss in den sauren Apfel beißen und die ungünstigen Konditionen aus Sicherheitsgründen auf zehn Jahre festschreiben.

Die richtige Lösung kann aber auch in einem goldenen Mittelweg liegen. Denn Sie müssen sich nicht unbedingt nur für eine Zinsfestschreibungsfrist entscheiden.

→ **TIPP Teildarlehen vereinbaren**
Sie teilen das benötigte Gesamtdarlehen in zwei oder drei Teilbeträge auf. Für jedes Teildarlehen kann dann eine andere Zinsbindung vereinbart werden. Mit dem richtigen Laufzeitenmix schlagen Sie gleich mehrere Fliegen mit einer Klappe.

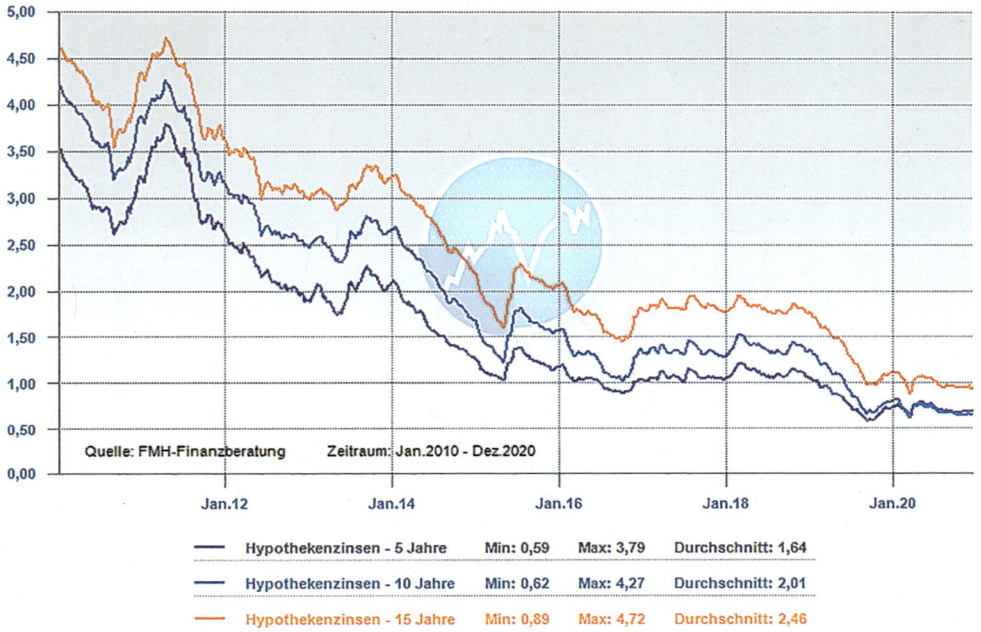

Entwicklung der durchschnittlichen Zinsen für Immobilienkredite

Wird das Kreditvolumen zum Beispiel auf 10 und 15 Jahre gesplittet, profitieren Sie zumindest teilweise von den günstigeren 10-Jahres-Konditionen, ohne gleichzeitig für die gesamte Darlehenssumme nach 10 Jahren einen Ratenanstieg bei höherem Anschlusszins zu riskieren. Beim Finanzierungsstart in der Hochzinsphase kann eine Aufteilung auf 5 und 10 Jahre den Mittelweg zwischen Belastungssicherheit und Hoffnung auf sinkende Marktzinsen bilden. Wie stark Sie welches Ziel gewichten wollen, entscheiden Sie einfach damit, wie Sie die jeweiligen Teildarlehensbeträge festlegen.

Ein Wechsel des Finanzierers ist in der Praxis oft nicht einfach, weil der neue Darlehensgeber mit seinem Grundpfandrecht

> **! ACHTUNG**
>
> **Wechsel des Finanzierers bei Teildarlehen schwieriger**
>
> Achten Sie im Rahmen des Laufzeitsplittings auf einen wichtigen Aspekt: Ein späterer Wechsel des Finanzierers wird dadurch erschwert. So lässt sich ein Darlehen mit 15 Jahren Zinsbindung erst 10 Jahre nach der Vollauszahlung mit sechsmonatiger Frist kündigen, während die 10-Jahres-Hypothek sofort zum Ablauf umgeschuldet werden kann. Ein Geldgeberwechsel müsste also in zwei Etappen erfolgen.

BEISPIEL

So ermitteln Sie den kritischen Anschlusszins

Nehmen wir an, Sie müssen entscheiden, welche Zinsbindung bei einem benötigten 100.000-Euro-Kredit vereinbart werden soll. Zur Auswahl stehen eine Zinsfestschreibung von 10 Jahren zu einem Sollzins von 6 Prozent p. a. (effektiv: 6,17 Prozent p. a.) und eine 15-jährige Konditionenbindung zu 6,3 Prozent p. a. (Effektivzins: 6,49 Prozent p. a.). Bei 1 Prozent jährlicher Anfangstilgung beträgt die Rate für die Langfristvariante monatlich 608,33 Euro. Nach 10 Jahren Laufzeit steht auf dem Kreditkonto noch eine Restschuld von 86.118 Euro zu Buche. Am Ende der 15 Jahre beträgt die Valuta 75.135 Euro.

Fließen dieselben Beträge in das zinsgünstigere Angebot mit 10-jähriger Zinsbindung, erhöht sich die Anfangstilgung auf 1,3 Prozent p. a. Die Folge: Nach 10 Jahren saldieren sich die Schulden nur noch auf 82.246 Euro. Der Vorteil gegenüber der Langfristabsicherung: 3.872 Euro. Allerdings werden jetzt die Karten neu gemischt. Denn die Zinshöhe für die nächsten Jahre bestimmt der aktuelle Marktzins. Um nach 15 Jahren nicht schlechter dazustehen als beim Alternativangebot, darf die Anschlussfinanzierung für die nächsten 5 Jahre in diesem Fall nicht teurer als effektiv 7,70 Prozent p. a. ausfallen – der kritische Anschlusszins.

sofort an die – dann noch besetzte – erste Stelle ins Grundbuch will. Vermeiden lässt sich das Problem, indem der Betrag des kürzer laufenden Kredits so gewählt wird, dass das Darlehen am Ende der Laufzeit komplett getilgt ist oder mit hoher Wahrscheinlichkeit durch eine Sonderzahlung abgelöst werden kann. Oder es wird bei einem Mix von 10 und 15 Jahren Zinsbindung gleich eine Bindung von 10,5 Jahren gewählt – sofern der Finanzierer das mitmacht. Wird das Problem bei Vertragsabschluss übersehen, kann es passieren, dass der Darlehensgeber bei der Anschlussfinanzierung an der Zinsschraube dreht, weil er weiß, dass der Kreditnehmer nicht wechseln kann.

Die Wahl der richtigen Zinsbindung bzw. des richtigen Mix sollte also gut überlegt sein. Es gilt vor allem bewusst zu entscheiden, ob Ihnen das Mehr an Zinssicherheit, das eine längere Zinsfestschreibung bietet, den geforderten Zinsaufpreis wert ist. Verlässliche Antworten gibt es dabei leider nur im Nachhinein. Denn entscheidend ist letztlich die

Die Finanzierung über Kreditinstitute

Zinssituation nach Ablauf der Zinsbindung. Treffen Sie nach 10 Jahren auf einen stark verteuerten Hypothekenmarkt, werden Sie wahrscheinlich der längeren Festschreibung nachtrauern. Ist Baugeld weiterhin günstig, werden Sie froh sein, den Zinsaufschlag gespart zu haben.

Als wichtige Entscheidungshilfe sollten Sie in diesem Zusammenhang eine Kennziffer kennen: den kritischen Anschlusszins (Beispiel → Seite 64).

Kennen Sie den kritischen Zins, liegt es nun bei Ihnen, die zukünftige Zinsentwicklung einzuschätzen. Gehen Sie davon aus, dass der Marktzins für 5-jährige Festzinsdarlehen in 10 Jahren höher als der kritische Zins liegen wird, ist die Entscheidung klar: Sie vereinbaren eine Zinsfestschreibung von 15 Jahren. Gehen Sie dagegen auch in Zukunft von günstigeren Marktverhältnissen aus, sparen Sie sich den Zinsaufschlag und hoffen, dass sich Ihre Einschätzung nach 10 Jahren bestätigen wird.

In gleicher Weise lässt sich natürlich auch ein kritischer Zins für alle anderen denkbaren Optionen bei der Wahl der Laufzeit, etwa 5 und 10 Jahre oder 15 und 20 Jahre, ermitteln. Eigenständig lösen können diese Aufgaben allerdings wohl nur Hobbymathematiker. Von Bankmitarbeitern und Vermittlern, die sich als Finanzierungsfachleute vorstellen, sollten Sie das aber verlangen. Keine schlechte Möglichkeit, um deren Fachwissen zu testen! Müssen die Anbieter passen, wenden Sie sich an die Verbraucherzentralen (Adressen → Seite 192). Im Rahmen der persönlichen Finanzierungsberatung führen die Experten auch solche Vergleichsrechnungen durch.

→ **TIPP** **Zinsrechner nutzen**
Die Stiftung Warentest bietet einen Rechner zum „kritischen Zins" zum kostenlosen Download an: www.test.de, Suchbegriff „Baudarlehen"

Disagio

Bei einzelnen Geldinstituten weisen Darlehen zwar einen sehr niedrigen Sollzins auf. Dafür werden sie jedoch nicht in voller Höhe, sondern beispielsweise nur zu 98 Prozent ausgezahlt. Hierbei handelt es sich um eine Spielart der Zinsgestaltung, für die ein Fachbegriff steht: das Disagio. Dieses Wort stammt – wie viele Begriffe der Bankensprache – aus dem Italienischen und bedeutet „Abgeld" oder „Abschlag". Das Disagio – zum Teil wird auch von „Damnum" gesprochen – steht für die Differenz zwischen dem 100 Prozent entsprechenden Nominalbetrag des Darlehens und dem tatsächlichen Prozentsatz der Auszahlung.

Nun werden Sie sich berechtigterweise fragen, was dieses vermeintliche Zahlenspiel überhaupt soll. Wer möchte schon Geld zu-

BEISPIEL

So funktioniert das Disagio

Beim Abschluss eines Kredits über 100.000 Euro vereinbaren Sie ein 2-prozentiges Disagio. Die Vereinbarung verbirgt sich im Vertrag oft hinter Bezeichnungen wie „Auszahlung der Darlehenssumme zu 98 Prozent". Ausgezahlt wird dann nur ein Betrag von 98.000 Euro. Zurückzahlen und verzinsen müssen Sie dagegen volle 100.000 Euro.

 ACHTUNG

Disagio ist kein Wundermittel

Vereinbaren Sie ein Disagio niemals, um die laufende Finanzierungsbelastung zu senken! Dies gilt vor allem dann, wenn Sie nicht in der Lage sind, die bei einer 100-prozentigen Auszahlung des Darlehens entstehenden Zins- und Tilgungsbeträge zu tragen. Vor allem unseriöse Vermittler nutzen ein hohes Disagio gern als „Wundermittel", um ihren Kunden vorzugaukeln, dass eine Finanzierung und deren Folgebelastungen ohne Probleme realisierbar sind.

rückzahlen und verzinsen, das er überhaupt nicht bekommen hat? Die Antwort liefert der Blick darauf, um welche Art von Kosten es sich bei einem Disagio überhaupt handelt. Die einbehaltenen Beträge sind nämlich ganz einfach Zinsen – allerdings mit der Besonderheit, dass sie nicht erst ratenweise während der Vertragslaufzeit, sondern schon vorab in einer Summe gezahlt werden.

Dafür gibt es an anderer Stelle einen Nachlass vom Kreditgeber: beim Sollzins. Je höher das Disagio ausfällt, desto stärker sinkt der Sollzins und mit ihm auch die monatliche Zinsbelastung. Wirklich billiger wird der Kredit dadurch aber nicht. Denn in der Regel fällt der effektive Jahreszins bei Vollauszahlung der Kreditsumme und bei den verschiedenen Disagio-Varianten gleich aus. Ein weiterer Beleg dafür, dass der Sollzins nicht zum Angebotsvergleich taugt.

Die geringere Ratenbelastung ist trotzdem eine verlockende Aussicht. Denn wer möchte nicht den laufenden Aufwand für die Finanzierung so gering wie möglich halten, um auch noch Geld für andere Dinge im Leben zu haben? Den Effekt zeigt das Vergleichsbeispiel (→ Seite 67).

Entscheidend ist: Wenn Sie wirklich in einem vernünftigen Zeitraum von den Schulden herunterkommen wollen, müssen Sie bei Disagio-Darlehen eine höhere Tilgung vereinbaren als beim klassischen Darlehen. Damit steigen jedoch die monatlichen Kreditraten und der vermeintliche Vorteil entpuppt sich als Milchmädchenrechnung.

Fazit: Durch ein Disagio und die damit verbundene Absenkung der Kreditraten verschieben Sie die Finanzierungskosten letztlich nur in die Zukunft. Zudem steigt durch die höhere Darlehenssumme bei der Anschlussfinanzierung die Gefahr, bei kräftig gestiegenen Marktzinsen die monatlichen

 BEISPIEL

Disagio-Vergleichsrechnung: nur auf dem Papier günstiger

Eine Bank bietet 10-jährige Hypothekendarlehen mit einem Auszahlungssatz von 100 Prozent für einen Sollzins von 6 Prozent pro Jahr an. Bei einer Auszahlung von nur 90 Prozent – also einem 10-prozentigen Disagio – sinkt der Sollzins auf 4,60 Prozent. Die Belastungsrechnung sieht dann bei einer Anfangstilgung von jährlich 1 Prozent folgendermaßen aus: Ohne Disagio müssen Sie monatlich 583,33 Euro an die Bank überweisen, mit Disagio nur 466,67 Euro.

Allerdings müssen Sie bedenken, dass bei einem Disagio die Kreditsumme höher ausfällt, wenn der Auszahlungsbetrag so hoch sein soll wie bei der 100-Prozent-Variante. Bei einem Darlehen von 100.000 Euro und Disagio von 10 Prozent sieht die Rechnung für die Disagio-Variante dann folgendermaßen aus: 100.000 € x 100 % / 90 % = 111.111 €

Bei Wahl des 10-prozentigen Disagios müssen Sie also 111.111 Euro Kredit aufnehmen, um unter dem Strich die benötigten 100.000 Euro zu bekommen. Als Disagio würden dann 11.111 Euro abgezogen. Um die monatliche Rate zu ermitteln, ist der Sollzinssatz von 4,6 Prozent jetzt natürlich auf die höhere Kreditsumme zu berechnen. Die Monatsrate inklusive Tilgungsanteil steigt dadurch auf 518,52 Euro, liegt aber immer noch um rund 65 Euro unter der Belastung des Normalkredits.

Aber: Dadurch, dass Sie bei der Darlehensvariante mit Disagio nicht 100.000 Euro, sondern 111.111 Euro zurückzahlen müssen, erhöht sich natürlich auch die nach Ablauf der Zinsbindung bestehende Restschuld des Kredits. Im Beispiel stehen nach 10 Jahren so noch 97.036 Euro zu Buche, gegenüber 86.343 Euro beim Normaldarlehen. Das sind also fast 10.700 Euro mehr Schulden. Im weiteren Verlauf der Finanzierung führt das zu deutlich höheren Gesamtkosten.

Raten nicht mehr bedienen zu können. Zumal hier der Sprung deutlich größer ausfällt als beim Normaldarlehen, da die Rate durch das Disagio in der ersten Finanzierungsphase künstlich gedrückt wurde.

Tilgungssatz und Sondertilgungen

Wie lange Sie Ihre Schulden abzahlen müssen, hängt vor allem davon ab, welchen Tilgungssatz Sie mit Ihrem Kreditgeber bei Vertragsabschluss vereinbaren. Als Standard sehen viele Finanzierer eine anfängliche Tilgung von 1 Prozent der Darlehenssumme vor. Wie Sie bereits gesehen haben, kommen im Lauf der Zeit die ersparten Zinsen hinzu. In Zeiten niedriger Marktzinsen ist es allerdings sinnvoll, von vornherein eine höhere Anfangstilgung von 2 oder 3 Prozent zu vereinbaren. Während in den meisten Fällen dabei die Wahl zwischen bestimmten Prozentsätzen – etwa 1,5 Prozent, 2 Prozent oder 3 Prozent – besteht, bieten einige Anbieter auch die Option, dass Kreditnehmer einfach ihre Wunschrate festlegen können. Da kann der anfängliche Tilgungssatz dann auch schon mal einen völlig krummen Wert haben. Wie so vieles ist aber auch die Tilgungsgestaltung letztlich Verhandlungssache.

Unerfahrene Bauherren unterschätzen oft das mit höheren Tilgungen verbundene Einsparpotenzial. Wer mit einem höheren Tilgungssatz in die Finanzierung einsteigt, wird aber mit deutlich schnellerer Schuldenfreiheit und stark sinkenden Finanzierungskosten belohnt. Das zeigt auch das Beispiel (→ Seite 69).

Mit relativ geringem Einsatz können Sie bei Hypothekendarlehen also eine hohe Kos-

 WICHTIG

Höhere Tilgung vorteilhaft

Wenn es Ihr Haushaltsbudget erlaubt, sollten Sie immer über eine höhere Tilgung nachdenken. Im Normalfall ist es – die eiserne Reserve ausgenommen – wenig sinnvoll, Geld anzusparen, das auch zur Schuldenrückzahlung verwendet werden könnte. Denn dafür gibt es gewöhnlich geringere Zinsen, als Sie auf der anderen Seite an die Bank oder Sparkasse zahlen müssen.

Ihre Anlagerendite bei der Tilgung ist der ersparte Effektivzins des Darlehens. Und die gibt es zudem völlig steuerfrei, ohne den Sparerfreibetrag zu belasten. Nur wenn Sie zu extrem günstigen Konditionen in die Finanzierung eingestiegen sind und anschließend die Kapitalmarktzinsen kräftig anziehen, kann der Ertrag einer Kapitalanlage die Tilgungsrendite schlagen. Dann sollte das angesparte Geld aber spätestens nach Ablauf der Zinsbindung zur Sondertilgung verwendet werden.

tenersparnis erzielen. Das zeigen auch die in der Tabelle (→ Seite 70) enthaltenen weiteren Rechenbeispiele. Alle Berechnungen gelten allerdings nur für den Fall, dass der angenommene Zinssatz von 6 Prozent während der gesamten Darlehenslaufzeit bestehen bleibt. Durch Zinsveränderungen bei der Anschlussfinanzierung variieren auch die konkreten Endergebnisse. Die generelle Größenordnung der Einsparmöglichkeiten bleibt aber bestehen.

Außerdem zeigt schon der Blick auf die nach Ablauf einer zehnjährigen Zinsbindung bestehenden Restschulden, dass sich die höhere Tilgung lohnt. Bei 2 Prozent Anfangstilgung stehen Sie dann schon mit 13.475 Euro weniger in der Kreide als im Standardfall. Aber nicht nur höhere Tilgungsraten bringen massive Vorteile. Auch **einmalige Sondertilgungen** entwickeln ähnliche Effekte. Wird in dem Kredit des Rechenbeispiels (100.000 Euro, 6 Prozent jährlich Sollzins, 1 Prozent Anfangstilgung) nach 5 Jahren eine Sonderzahlung von 10.000 Euro eingeschossen, hat das folgende Auswirkungen: Nach 10 Jahren liegt die Restschuld mit 72.854 Euro schon um fast 13.500 Euro niedriger und bei konstantem Zins verkürzt sich die Laufzeit um 6 Jahre und 2 Monate auf 26 Jahre und 5 Monate. Das bringt unter dem Strich immerhin eine Kostenersparnis von 33.039 Euro.

Wenn Sie von diesen Optionen profitieren wollen, müssen Sie allerdings die Vor-

 BEISPIEL

1 Prozent mehr tilgen, 42.000 Euro sparen

Für ein Standarddarlehen über 100.000 Euro mit 1-prozentiger Anfangstilgung und einer Auszahlung von 100 Prozent wird bei einem Vertragszins von jährlich 6 Prozent monatlich eine Zins- und Tilgungsrate von 584,33 Euro fällig. Angenommen, diese Konditionen blieben über die Gesamtlaufzeit konstant, wäre der letzte Euro nach rund 32 Jahren und 7 Monaten (bei monatlicher Zins- und Tilgungsverrechnung) zurückgezahlt. Insgesamt müssen Sie während dieser Zeit 227.590 Euro an die Bank überweisen. Nach Abzug des Darlehensbetrags verbleiben reine Zinskosten in Höhe von 127.590 Euro.

Vereinbaren Sie eine Anfangstilgung von 2 Prozent, steigt die Monatsrate auf 666,67 Euro. Unter sonst gleichen Voraussetzungen verkürzt sich die Laufzeit durch die höhere Tilgung aber auf 23 Jahre und 2 Monate. Als reine Zinskosten müssen Sie 85.301 Euro verbuchen. Der monatliche Mehraufwand von rund 83 Euro wird also damit belohnt, dass Sie 9 Jahre und 5 Monate früher schuldenfrei sind und dadurch satte 42.289 Euro Zinsen sparen.

So wirken sich unterschiedliche Tilgungsraten aus

Hochzinsphase – Darlehensbetrag: 100.000 Euro, Sollzinssatz 6 Prozent p. a.

ANFANGSTILGUNG P. A.	1 %	1,5 %	2 %	2,5 %	3 %
Monatsrate	583,33 €	625 €	666,67 €	708,33 €	750 €
Restschuld nach 10 Jahren	86.343 €	79.515 €	72.868 €	65.858 €	59.030 €
Gesamtlaufzeit	32 J. 7 Mte.	26 J. 11 Mte.	23 J. 2 Mte.	20 J. 6 Mte.	18 J. 5 Mte.
Gesamtaufwand	227.590 €	227.590 €	227.590 €	173.801 €	165.203 €
Zinskosten	127.590 €	227.590 €	227.590 €	73.801 €	65.203 €

100 Prozent Auszahlung, monatliche Zins- und Tilgungsverrechnung

Niedrigzinsphase – Darlehensbetrag: 100.000 Euro, Sollzinssatz 3 Prozent p. a.

ANFANGSTILGUNG P. A.	1 %	1,5 %	2 %	2,5 %	3 %
Monatsrate	333,33 €	375,00 €	416,67 €	458,33 €	500,00 €
Restschuld nach 10 Jahren	88.355 €	82.532 €	76.709 €	70.888 €	65.065 €
Gesamtlaufzeit	46 J. 3 Mte.	36 J. 8 Mte.	30 J. 7 Mte.	26 J. 4 Mte.	23 J. 2 Mte.
Gesamtaufwand	185.072 €	164.998 €	152.905 €	144.732 €	138.803 €
Zinskosten	85.072 €	64.998 €	52.905 €	44.732 €	38.803 €

100 Prozent Auszahlung, monatliche Zins- und Tilgungsverrechnung

aussetzungen dafür schaffen. Und zwar schon vor Vertragsabschluss. Denn es gibt keinen gesetzlichen Anspruch darauf, zusätzlich zu der normalen Tilgungsrate Sonderzahlungen leisten zu dürfen. Bereits wenn Sie Finanzierungsangebote einholen, sollten Sie die angesprochenen Geldinstitute über Ihre Sondertilgungswünsche informieren. Mittlerweile sind viele Kreditgeber zu entsprechenden Vereinbarungen bereit.

Sondertilgungsrecht unbedingt vertraglich regeln

In der Praxis kann die Ausgestaltung dieser Vereinbarungen recht unterschiedlich aussehen. Entweder wird ein jederzeitiges unbeschränktes Sondertilgungsrecht vereinbart – was aber eher selten geschieht – oder es wird ein bestimmter Betrag oder ein Prozentsatz der Kreditsumme festgelegt, den Sie pro Jahr zusätzlich zurückzahlen können. Wird davon in einem Jahr nicht Gebrauch gemacht, lässt sich der Anspruch regelmäßig nicht in die Folgejahre mitnehmen. Wie auch immer das Sondertilgungsrecht gestaltet wird, auf eins ist zu achten: Es muss schwarz auf weiß im Vertrag stehen. Nur dann können Sie später darauf bestehen, Sondertilgungen auf Ihr Darlehenskonto zu zahlen.

Das gilt auch für die mittlerweile von einigen Geldgebern angebotene Möglichkeit, während der Vertragslaufzeit den anfänglichen Tilgungssatz zu senken oder zu erhöhen. Dabei kann teilweise zwischen einer Spanne von 1 bis 10 Prozent gewählt und sogar mehrfach gewechselt werden, meistens jedoch begrenzt auf drei- bis viermal in den ersten zehn Jahren. Eine interessante Option vor allem für Bauherren, bei denen das Familieneinkommen deutlich schwanken kann.

Kostenlos sind nicht alle Kreditinstitute zu einem solchen Entgegenkommen bei den Rückzahlungsmodalitäten bereit. Je nachdem wie umfangreich die Tilgungsoptionen ausfallen, können Zinsaufschläge die Folge sein. Allerdings ist auch hier Ihr Verhandlungsgeschick gefragt – zumal es günstige Anbieter gibt, die komplett auf Sonderzuschläge verzichten. Generell ist der Einbau solcher

Peter Sachs, öffentlich bestellter und vereidigter Sachverständiger für private Baufinanzierung in Bad Homburg, warnt vor Gebührenfallen bei Extraleistungen: „Manche Banken verlangen hohe Gebühren, wenn bei laufenden Darlehensverträgen Änderungen wie beispielsweise eine Erhöhung der Monatsrate erfolgen sollen. Daher sollten Sie beim Anbietervergleich auch das Preisverzeichnis der Bank kritisch prüfen."

Optionen immer empfehlenswert, da sie bei einer vorzeitigen Darlehensablösung die Vorfälligkeitsentschädigung deutlich senken. Mehr dazu finden Sie ab Seite 161.

Zins- und Tilgungsverrechnung

Sehr eng mit Sollzins und Tilgungssatz ist eine weitere Darlehenskondition verbunden: die vom Kreditgeber praktizierte Zins- und Tilgungsverrechnung. Um zu erfassen, wie Ihre Darlehensraten auf dem Kreditkonto verbucht werden, müssen Sie sich bei der Bewertung von Angeboten folgende Fragen stellen, deren Antwort Sie oft nur im Kleingedruckten finden:

→ Zu welchen Zeitpunkten sind die laufenden Raten für Zinsen und Tilgung zu zahlen?

Rechtsanwalt Markus Feck, Fachanwalt für Bank- und Kapitalmarktrecht aus Erkelenz, weist auf ein Urteil hin: „Lösen Sie das Darlehen vorzeitig ab, muss die Bank bei der Berechnung der Vorfälligkeitsentschädigung die vereinbarten Sondertilgungsrechte bis zum vertraglich vereinbarten Ende in ihrer Kalkulation berücksichtigen. Dies hat der Bundesgerichtshof mit Urteil vom 19. Januar 2016 entschieden, Az. XI ZR 388/14."

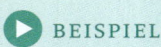 **BEISPIEL**

Einfluss der Zins- und Tilgungsverrechnung auf den Effektivzins

Bei einer sofortigen Verrechnung der monatlichen Zins- und Tilgungsraten beträgt der anfängliche effektive Jahreszins eines mit nominal 6 Prozent pro Jahr zu verzinsenden und mit 1 Prozent zu tilgenden Hypothekenkredits 6,17 Prozent pro Jahr. Werden die monatlichen Raten dagegen erst am Jahresende verrechnet, steigt der Effektivzins auf jährlich 6,21 Prozent.

→ **Wann werden die gezahlten Leistungen auf dem Darlehenskonto zinswirksam verrechnet?**

Es ist nämlich nicht automatisch der Fall, dass Ihre Raten sofort mit der Verbuchung auch wirklich angerechnet werden. Vertragsformulierungen wie „... die Zinsen werden vom jeweiligen Stand des Kapitals am Schluss des vergangenen Kalendervierteljahres berechnet" regeln die Sache ganz anders. So kann es im Extremfall sein, dass Sie zwar Monat für Monat brav Ihre Raten überweisen, die Bank sie auf Ihrem Kreditkonto aber erst am Ende des Jahres verrechnet. Der Effekt: Sie zahlen Zinsen für Schulden, die schon längst beglichen wurden. Das verteuert den Kredit deutlich. Zwar kann jede Bank die Zahlungs- und Verrechnungstermine von Raten trennen; der damit verbundene Teuerungseffekt wird aber erfasst und offengelegt, und zwar bei der Ermittlung des **effektiven Jahreszinssatzes**. Damit kann es Ihnen also egal sein, wie die Bank rechnet. Der Effektivzinsvergleich schafft Klarheit über den Kosteneffekt.

Effektiver Jahreszinssatz

Beim Lesen der letzten Abschnitte werden Sie sich wahrscheinlich nicht nur einmal die Frage gestellt haben, wie Sie all diese verschiedenen Preisbestandteile eines Hypothekendarlehens unter einen Hut bringen sollen, um das günstigste Angebot herausfinden zu können.

Glücklicherweise haben sich bereits vor Jahren Politiker, Finanzierungsexperten und Mathematiker den Kopf darüber zerbrochen. Das Ergebnis ihrer Überlegungen: der effektive Jahreszinssatz. Dieser Zins, der auf der Basis eines gesetzlich fest vorgegebenen Rechenmodells zu ermitteln ist, soll die jährlichen Gesamtkosten eines Kredits in einem Prozentsatz zusammenfassen. Das Ziel: Verbraucher sollen Kreditangebote durch Gegenüberstellung der effektiven Jahreszinssätze schnell vergleichen können. Deshalb verpflichtet § 6 der Preisangabenverordnung (PAngV) die Anbieter zur Angabe des Effektivzinses bei allen Kredit- und Finanzierungsangeboten.

Bei der Berechnung des Effektivzinssatzes von Hypothekendarlehen müssen alle in diesem Abschnitt bisher angesprochenen Preisbestandteile berücksichtigt werden, also:

→ Sollzinssatz,
→ Zinsbindungsfrist,
→ Disagio,
→ Tilgungssatz,
→ Zeitpunkt der Verrechnung von Zins- und Tilgungsleistungen.

Eigentlich müsste die Suche nach dem günstigsten Hypothekenkredit jetzt ein Klacks sein. Doch das vereitelte im Jahr 2010 der Gesetzgeber mit einer Neuregelung, die ein folgenschweres Problem enthielt. Denn bislang galt als Allgemeinwissen: Der Effektivzins ist

 GESETZLICHE GRUNDLAGEN

Der Effektivzins in der Preisangabenverordnung

In der Preisangabenverordnung (PAngV) steht in § 6, Absatz 1: „Wer Verbrauchern gewerbs- oder geschäftsmäßig oder wer ihnen regelmäßig in sonstiger Weise den Abschluss von Verbraucherdarlehen im Sinne des § 491 des Bürgerlichen Gesetzbuches anbietet, hat als Preis die ... Gesamtkosten des Verbraucherdarlehens für den Verbraucher, ausgedrückt als jährlicher Prozentsatz des Nettodarlehensbetrags, soweit zutreffend, einschließlich der Kosten ... anzugeben und als effektiven Jahreszins zu bezeichnen."

stets höher und nie kleiner als der Sollzins. Doch mittlerweile gibt es Darlehensangebote, bei denen der angegebene Effektivzins unter dem Sollzins liegt.

Hintergrund für dieses Kuriosum ist die Umsetzung der europäischen Kreditrichtlinie in deutsches Recht und speziell in die deutsche Preisangabenverordnung. Eine der Neuigkeiten dabei ist: Der effektive Jahreszins ist nun auch bei Immobilienkrediten für die gesamte planmäßige Laufzeit zu berechnen. Bislang war das anders. Da bei Immobilienkrediten üblicherweise der Zinssatz nicht für die gesamte Laufzeit festgeschrie-

ben wird, wurde der Effektivzins auch nur für die Dauer der **Zinsfestschreibung** berechnet. Da niemand weiß, wo später der Zinssatz für die Anschlussfinanzierung liegen wird, ist das auch die einzig richtige Methode.

Sie wurde jetzt allerdings aufgegeben – und zwar im Wesentlichen, um Lockvogelangeboten in anderen europäischen Ländern den Garaus zu machen. Für Deutschland hat das aber zur Folge, dass der Effektivzins unter Umständen zu niedrig ausgewiesen wird – bis hin zu dem Unfug, dass der angegebene Effektivzins unter dem Sollzins liegt, also dem Zinssatz, mit dem die zu zahlenden Zinsen berechnet werden. Zu unterscheiden sind in der Praxis drei Fälle.

→ **Erster Fall, eher selten:** Zum Ablauf der Zinsfestschreibung ist vertraglich die Rückzahlung des verbleibenden Darlehens vereinbart; die Zinsfestschreibung entspricht also der planmäßigen Darlehenslaufzeit. In diesem Fall ändert sich an der bisherigen Effektivzinsberechnung nichts.

→ **Zweiter Fall:** Der Vertrag sieht vor, dass die Bank am Ende der Zinsbindungsfrist einen neuen Zinssatz für die Anschlussfinanzierung anbietet. Können sich die Vertragsparteien nicht einigen, ist das Darlehen zurückzuzahlen. In diesem Fall muss nun bei der Berechnung des Effektivzinses unterstellt werden, dass der Anschlusszins gleich hoch ist wie der anfängliche Nominal- oder Sollzins. Dies entspricht der früheren Vorgehensweise.

→ **Dritter Fall, eher irreführend:** Manche Verträge sehen vor, dass das Darlehen nach Auslaufen der Zinsfestschreibung mit einem variablen Zins fortgesetzt wird, wenn sich die Vertragsparteien nicht auf einen neuen Festzins einigen. Hier bestimmt die Preisangabenverordnung nun Folgendes: Ist im Darlehensvertrag angegeben, wie sich der spätere variable Anschlusszins mit Bezug auf einen Referenzzins ergibt, dann ist dessen Höhe zum Zeitpunkt des Vertragsabschlusses anzusetzen.

Liegt der variable Zins deutlich unter den Zinssätzen für 10- oder 15-jährige Zinsbindungen, sieht man plötzlich Angebote mit – beispielsweise – einem Sollzins von 4,1 Prozent und einem Effektivzins von 3,02 Prozent. Das ist natürlich völlig irreführend und für einen Vergleich mit anderen Angeboten gänzlich ungeeignet.

Wie können Sie nun das Zins-Wirrwarr auflösen? Es gibt zwei Möglichkeiten:
1. Sie bestehen darauf, dass alle anbietenden Banken den Effektivzins nach der zweiten Variante ermitteln.
2. Weigern sich die Kreditinstitute, hilft nur noch eins: Lassen Sie sich alle Kredite mit derselben Darlehenshöhe, Zinsbindungsfrist und Monatsrate anbieten – dann ist der Kredit mit der niedrigsten Restschuld am Ende der günstigste.

Bereitstellungszinsen

Eine nicht in den Effektivzins einfließende Einnahmequelle der Geldinstitute sind die sogenannten Bereitstellungszinsen. Denn die Geldgeber berechnen nicht nur Zinsen auf die bereits ausgezahlten Darlehensbeträge. Auch für die zur Auszahlung bereitgehaltenen, aber noch nicht vom Kunden abgerufenen Gelder werden Zinsen fällig. Diese Situation tritt vor allem bei Bauvorhaben ein, da hier der Kredit nicht in einer Summe, sondern in Raten nach Baufortschritt ausgezahlt wird. Die Bereitstellungszinsen sollen zum Ausgleich des Zinsverlustes dienen, der dem Kreditgeber durch die Bereithaltung des noch nicht ausgezahlten Darlehensteils angeblich entsteht.

Der Zinssatz beträgt in der Regel 0,25 Prozent pro Monat bzw. 3 Prozent pro Jahr. Die Zinsberechnung beginnt je nach Anbieter zwei oder drei Monate, zum Teil aber auch erst sechs oder zwölf Monate nach dem Vertragsabschluss. Auch wenn der Zins auf den ersten Blick nicht allzu hoch wirkt: Vor allem, wenn sich Ihr Bauvorhaben etwas in die Länge zieht, können schnell Bereitstellungszinsen von mehreren Tausend Euro anfallen. Deshalb sollten Sie diese Zusatzkosten im Rahmen eines Angebotsvergleichs keinesfalls unter den Tisch fallen lassen.

→ **TIPP Die Frist verhandeln**
Versuchen Sie, zumindest die Karenzfrist bis zum Start der Zinsberechnung durch Verhandlungen zu verlängern. Jeder Monat, den Sie heraushandeln können, ist im Bedarfsfall bares Geld wert.

So können Sie verschiedene Darlehensangebote vergleichen

Bevor Sie Kontakt mit potenziellen Geldgebern aufnehmen, müssen Sie wissen, was Sie genau benötigen. Legen Sie daher Ihren konkreten Darlehensbedarf zunächst in allen wichtigen Einzelheiten fest. Das erleichtert es Ihnen später, die vorliegenden Kreditangebote zu vergleichen.

Ermittlung des Darlehensbedarfs

Berechnen Sie zuerst, welchen Geldbetrag Sie tatsächlich benötigen. Hierbei können Sie auf den auf Seite 26 bereits ermittelten Gesamtfinanzierungsbedarf zurückgreifen. Ziehen Sie davon die Beträge ab, die sich anderweitig günstiger beschaffen lassen – zum Beispiel durch öffentliche Mittel, Arbeitgeber- oder Bauspardarlehen. Bei dem verbleibenden Restbetrag handelt es sich dann um den Finanzierungsanteil, der durch ein oder mehrere Hypothekendarlehen gedeckt werden muss.

Diese Summe sollten Sie gegenüber Ihren potenziellen Finanzierern als **„effektiv benötigten Auszahlungsbetrag"** bezeichnen. Eine solche Formulierung ist notwendig, weil – wie Sie bereits gesehen haben – die nominelle Darlehenssumme nicht immer dem Betrag entspricht, der Ihnen bei der Auszahlung des Darlehens auch tatsächlich zur Verfügung steht. Ursache hierfür kann vor allem der durch ein Disagio entstehende Auszahlungsverlust sein. Alternativ dazu können Sie das auch durch den Zusatz **„Auszahlung des Darlehens zu 100 Prozent"** deutlich machen.

Notwendig ist auch die Entscheidung darüber, wie lange Sie sich den aktuellen Darlehenszinssatz sichern wollen. Geben Sie den Anbietern eine **feste Zinsbindungsfrist** verbindlich vor. Nur dann lassen sich verschiedene Angebote vergleichen. Falls Sie mehrere Hypothekendarlehen mit unterschiedlichen Zinsfestschreibungen wünschen: Lassen Sie sich für die gewünschten Teilbeträge separate Angebote unterbreiten.

Schließlich müssen Sie unter Berücksichtigung Ihrer finanziellen Möglichkeiten entscheiden, welchen anfänglichen Tilgungssatz Sie pro Jahr zahlen wollen bzw. können. Wie Sie bereits wissen, liegt in Zeiten hoher Marktzinsen der Standard bei 1 Prozent der Darlehenssumme, in Niedrigzinsphasen bei 2 bis 3 Prozent. Möchten Sie die Möglichkeit wahrnehmen, auch außerplanmäßig zu tilgen oder den Tilgungssatz nachträglich zu verändern, sollten Sie auch den Wunsch nach einer Option auf Sondertilgungen und Tilgungswechsel den Kreditinstituten bereits bei der Angebotsanfrage mitteilen.

Zeichnet sich ab, dass der benötigte Finanzierungsbetrag die für erstrangig gesicherte Hypothekendarlehen geltende Beleihungsgrenze von meist 60 Prozent des Beleihungswerts überschreiten wird, benötigen Sie als Zusatzinformation den für den nachrangig gesicherten Darlehensteil fälligen **Zinszuschlag** bzw. den dann **für das Gesamtdarlehen geltenden Effektivzins**. Bitten Sie die Anbieter ausdrücklich um diese Angabe.

So wählen Sie potenzielle Kreditgeber aus

Stehen die Eckpunkte Ihres Darlehensbedarfs fest, ist in einem weiteren Schritt zu klären, an welche Institute Sie sich mit Ihrem Finanzierungswunsch überhaupt wenden sollten. Eine Vorauswahl können Sie dabei zum Bei-

✓ CHECKLISTE

Welche Rahmenbedingungen Sie den Anbietern vorgeben sollten

Halten Sie als Merkposten fest, dass zur Vorbereitung eines aussagefähigen Preisvergleichs folgende Eckpunkte für alle infrage kommenden Anbieter verbindlich festgelegt werden müssen:
- effektiv benötigter Auszahlungsbetrag,
- Kaufpreis bzw. Verkehrswert der Immobilie (für die Angabe eines eventuellen Zinsaufschlags bei nachrangiger Besicherung),
- Zinsbindungsfrist,
- anfänglicher Tilgungssatz,
- jährliches Sondertilgungskontingent,
- Möglichkeit zum Tilgungswechsel.

spiel anhand der Konditionenübersichten für Hypothekendarlehen vornehmen, die unter anderem von der Stiftung Warentest gegen Entgelt angeboten werden. Sie finden dort die laufend aktualisierten Kreditkonditionen einer Vielzahl von Banken und Sparkassen sowie der bekanntesten Direktbanken und Discountvermittler. Und zwar nicht nur die jeweiligen Zinssätze für verschiedene Zinsfestschreibungen, sondern auch eine Aufstellung der wichtigsten Nebenkosten und -bedingungen. Anhand dieser Informationen können Sie die Spreu vom Weizen trennen und den Kreis der möglichen Finanzierer deutlich einschränken.

→ **TIPP Regionale Einschränkungen beachten**
Bei der Auswertung der Übersichten sollten Sie beachten, dass einige der aufgeführten Institute – insbesondere die Volksbanken und Sparkassen – ihre Leistungen aufgrund des sogenannten Regionalprinzips nur in einem bestimmten Geschäftsgebiet anbieten. Deshalb hat es keinen Zweck, wenn Sie zum Beispiel in Köln wohnen, ein Angebot der Sparkasse München einzuholen, nur weil diese in einem Konditionenvergleich gut abschneidet.

Bei einem Markt von über 2.000 Kreditinstituten in Deutschland kann im Rahmen solcher Hypothekenzinsvergleiche natürlich nur eine begrenzte Anzahl der regional oder lokal tätigen Anbieter erfasst werden. Außerdem halten einige Baufinanzierer nicht allzu viel davon, sich durch veröffentlichte Konditionen dem Wettbewerb mit der Konkurrenz zu stellen.

→ **TIPP Hausbank immer in die Recherche einbeziehen**
Auch wenn Ihre Hausbank nicht in den Konditionenlisten auftaucht, ist es sinnvoll, diese – und eventuell auch die lokale Konkurrenz – um ein Finanzierungsangebot zu bitten. Schließlich lässt sich die Trumpfkarte einer guten Bonität da am besten ausspielen, wo Sie auch persönlich bekannt sind.

Wie die Anbieter am Markt agieren

Nicht nur Banken und Sparkassen, sondern auch andere Finanzdienstleister bieten Baufinanzierungen an – teils mit eigener Kreditvergabe, teils in Form der Vermittlung. Selbst Banken treten nicht immer selbst als Kreditgeber auf. So ist es durchaus keine Seltenheit, dass eine Bank die Finanzierung an eine **Hypothekenbank** weitervermittelt, die zur selben Konzerngruppe wie das jeweilige Kreditinstitut zählt. Bei Hypothekenbanken handelt es sich um Kreditinstitute, die sich auf die Vergabe von Immobilienfinanzierungen an private und gewerbliche Darlehensnehmer spezialisiert haben, jedoch im Privatkundenbereich keine eigene Beratung anbieten. Daher sind sie darauf angewiesen, dass ihnen Vermittlungspartner Kreditanfragen zuführen.

Versicherungsunternehmen vergeben ebenfalls Kredite an Häuslebauer und nutzen dieses Geschäft als Kapitalanlage, um ihre Vermögenswerte zu diversifizieren. Häufig erfolgt der Vertrieb der Baufinanzierungen über die hauseigenen Vermittlerorganisationen oder über Versicherungsmakler.

In den vergangenen Jahren haben bankenunabhängige Finanzierungsvermittler stark an Bedeutung gewonnen. Diese Unternehmen treten nicht selbst als Kreditgeber auf, sondern vermitteln die Darlehensanfragen an eine Bank weiter, die ihnen für die Zuführung des Neukunden eine Provision bezahlt.

Der Markt der Finanzierungsvermittler ist breit gefächert und reicht vom kleinen Einmannunternehmen bis hin zu bundesweit agierenden Konzernen wie der Interhyp AG oder der Dr. Klein & Co. AG, die eine Vielzahl an Filialen betreiben. Große Unterschiede gibt es auch bei der Anzahl der Geldinstitute, die sich im Portfolio der einzelnen Anbieter befinden: Während manche Vermittler nur eine Handvoll Banken in der Hinterhand haben, filtern andere aus einem Pool von mehr als hundert möglichen Kreditgebern die günstigsten Konditionen für ihre Kunden heraus.

Finanzierungsvermittler bieten ihren Kunden meist eine persönliche Beratung, die entweder in den Geschäftsräumen des Vermittlers oder zu Hause beim Kunden stattfindet.

In der Regel helfen die Anbieter ihren Kunden beim Ausfüllen der Darlehensanträge und bereiten die Unterlagen wie beispielsweise Einkommens- und Vermögensnachweise für die infrage kommende Bank auf. Allerdings liegt die Entscheidung über eine Kreditvergabe nicht beim Vermittler. Erst wenn die Bank den Darlehensantrag genehmigt, steht dem Abschluss der Finanzierung nichts mehr im Weg.

Direktbanken gehören ebenfalls zu den Akteuren am Finanzierungsmarkt, die kein eigenes Filialnetz betreiben, sondern die Geldgeschäfte mit ihren Kunden über das Internet oder telefonisch abwickeln. Wenn Sie sich an ein solches Institut wenden, sollten Sie keine Scheu vor dem Ausfüllen von Formularen haben und recht genau wissen, welches Finanzierungsmodell für Sie infrage kommt. Weil die Beratung telefonisch oder über das Internet stattfindet, ist diese Variante nichts für Bauherren, die im persönlichen Gespräch ihrem Berater in die Augen schauen wollen.

Ihre Stärken haben Direktbanken mit ihren oft günstigen Konditionen bei Standardfinanzierungen oder auch bei Anschlussfinanzierungen, bei denen aufgrund einer klaren Sachlage keine komplexe Beratung und Prüfung erforderlich ist. Schwieriger wird es hingegen, wenn bei knappem Budget eine Finanzierungslösung gesucht wird oder das Finanzierungsmodell komplex wird, weil beispielsweise ein noch nicht zuteilungsreifer Bausparvertrag integriert werden soll. Bei solchen Konstellationen stellen im Regelfall Anbieter mit persönlicher Beratung vor Ort die sinnvollere Alternative dar.

Discountvermittler fallen in dieselbe Kategorie. Sie zählen zwar zum Kreis der Finanzierungsvermittler, die Beratung jedoch wie Direktbanken nur per Telefon oder Internet anbieten. Auch hier werden mögliche Konditionenvorteile mit der Einschränkung erkauft, dass eine Finanzierung nur möglich ist, wenn der Kunde eine sehr gute Bonität vorweisen kann und die Rahmenbedingungen ein einfaches Standarddarlehen ermöglichen.

→ **TIPP** **Holen Sie mehrere Angebote ein**
Als Basis für einen aussagefähigen Vergleich sollten Sie immer von mindestens drei bis vier verschiedenen Geldinstituten Finanzierungsangebote anfordern. Zur Auswahl gehört auch Ihre Hausbank, denn hier dürften Sie grundsätzlich die beste Verhandlungsposition haben. Und wenn sie zu teuer ist, können Sie sich zumindest darüber freuen, wie viel Sie durch die Wahl eines Konkurrenzangebots gespart haben.

Ablauf der Angebotseinholung

Den ausgewählten möglichen Finanzierern sollten Sie entweder schriftlich oder in einem persönlichen Gespräch kurz einige Angaben zu Ihrem Bau- oder Kaufvorhaben und Ihrer finanziellen Ausgangssituation mitteilen. Zum Beispiel die geschätzte Höhe der Baukosten bzw. den Kaufpreis, Ihren Eigenkapitalanteil, sonstige Finanzierungsmöglichkeiten, Ihr Einkommen etc. Um einen Überblick über die Angaben zu bekommen, die Anbieter für ein Angebot brauchen, lohnt sich der Blick ins Internet. Die Online-Anbieter fragen diese Daten nämlich direkt am Rechner ab.

Wenn eine Finanzierung aufgrund Ihrer guten Einkommens- und Vermögenssituation keine Probleme verursachen dürfte, sollten Sie dies auch selbstbewusst vortragen. Sie verbessern dadurch Ihre Verhandlungsposition, denn die Geldgeber investieren ihre Kredite natürlich am liebsten in risikolose Finanzierungen.

Genau definierte Angaben verlangen

Im Anschluss an die kurze Darstellung Ihrer Ausgangssituation sollten Sie nun Ihre vorab festgelegten Wünsche in Bezug auf effektiven Auszahlungsbetrag, Disagio, Tilgungsmodalitäten und Zinsfestlegungsfrist äußern und um ein Angebot bitten. Geben Sie hierbei den Kreditinstituten exakt vor, welche konkreten Angaben das Angebot enthalten soll. Falls Sie die Angebote auf schriftlichem Weg einholen, können Sie Ihrem Anschreiben einfach eine Auflistung der gewünschten Informationen beifügen.

Um einen späteren Vergleich der verschiedenen Darlehensofferten zu ermöglichen, sollten Sie vom jeweils angesprochenen Institut präzise Angaben zu den in der Liste auf der Seite 82 angegebenen Positionen verlangen.

Auch wenn es sich auf den ersten Blick um eine Fülle von Informationen handelt: Ein sachkundiger Berater kann diese Liste in kurzer Zeit ausfüllen. Lassen Sie sich deshalb auf keinen Fall mit irgendwelchen Entschuldigungen wie „Wir können das so nicht berechnen" oder „Unsere Konditionen können nur im Zusammenhang mit unserer Beratungsleistung bewertet werden" abspeisen. Günstige Baufinanzierer haben solche Versteckspiele nicht nötig.

→ **TIPP Intransparenz als Ausschlusskriterium**
Streichen Sie Anbieter, die ihre Karten nicht auf den Tisch legen wollen, aus der Liste Ihrer potenziellen Geldgeber!

Auswertung der Angebote

Liegen Ihnen die Darlehensangebote mehrerer Finanzierer vor, stellt sich zwangsläufig die Frage, wie sich aus diesem Wust von Beträgen und Prozentsätzen nun der güns-

✓ CHECKLISTE 7

Angebotsauswertung

	Angebot 1	Angebot 2	Angebot 3
1. Nominalbetrag des Darlehens			
2. Sollzinssatz			
3. Beleihungsgrenze in Euro, bis zu der die angegebenen Konditionen gelten			
4. Disagio bzw. Auszahlungskurs der Darlehenssumme			
5. Effektiv benötigter Auszahlungsbetrag nach Abzug der gemäß Preisangabenverordnung zu erfassenden Kosten			
6. Zinsbindungsfrist			
7. Tilgungssatz			
8. Ratenhöhe und Termine der Ratenfälligkeit			
9. Zeitpunkt der Verrechnung von Zins- und Tilgungsleistungen			
10. Anfänglicher effektiver Jahreszinssatz gemäß Preisangabenverordnung			
11. Darlehensrestschuld nach Ablauf der Zinsbindungsfrist			

Nebenkosten

12. Bereitstellungszins und Monat, ab dem Berechnung erfolgt			
13. Kosten für eventuell abzuschließende Versicherungen			
14. Sonstige anfallende Nebenkosten			

CHECKLISTE AUCH UNTER
www.ratgeber-verbraucherzentrale.de/checklisten-immobilienfinanzierung

tigste Finanzierungsvorschlag herausfinden lässt. Kein Grund zum Verzweifeln: Schritt für Schritt werden Sie dem Ergebnis näher kommen. Orientieren Sie sich dabei einfach an der Reihenfolge der in der **Checkliste zur Angebotsauswertung** (→ Seite 82) enthaltenen Punkte.

Punkt 1: Er zeigt Ihnen, welchen Darlehensbetrag Sie beim jeweiligen Anbieter aufnehmen müssen, um Ihre gewünschte effektive Auszahlung zu erreichen. Er ist außerdem Berechnungsbasis für eventuelle Bearbeitungsgebühren und die meisten Nebenkosten.

Punkt 2: Der angegebene Sollzins des Angebots bestimmt zusammen mit dem Darlehensbetrag außerdem die Höhe der laufenden Zinsrate. Wie preiswert der Kredit ist, lässt sich daran allerdings nicht messen. Für einen Wirtschaftlichkeitsvergleich brauchen Sie weitere Daten.

Punkt 3: Der benötigte Darlehensbetrag darf die angegebene Beleihungsgrenze nicht überschreiten, da bei den meisten Kreditinstituten dann andere Konditionen gelten und somit die vorliegenden Daten nicht zutreffend sind. Sollte dies bei einigen Angeboten der Fall sein, so müssen Sie entweder nochmals die bei einer höheren Beleihung zutreffenden Konditionen erfragen oder die Angebote vom Vergleich ausschließen.

Die Höhe des Tilgungssatzes ist vor allem im Hinblick auf die zu erwartende Tilgungsbelastung interessant. Gemeinsam mit der Darlehenssumme und dem Sollzins bestimmt er die Ratenhöhe.

Punkt 4 bis 7: Daran können Sie überprüfen, ob sich die einzelnen Anbieter auch an die von Ihnen gemachten Vorgaben gehalten haben. Auf keinen Fall dürfen Unterschiede bei der gewählten Zinsbindungsfrist bestehen. Abweichende Angebote können in einen Vergleich nicht einbezogen werden.

Der effektive Auszahlungsbetrag sollte grundsätzlich ebenso mit der von Ihnen vorgegebenen Summe übereinstimmen. Die in der Regel erfolgende Rundung der Darlehenssumme auf volle 1.000 Euro kann allerdings zu geringen Abweichungen von Ihrer Vorgabe führen. Solange sich die Differenz lediglich in einem Bereich von wenigen Hundert Euro bewegt, können Sie solche Angebote trotzdem weiterhin berücksichtigen.

In Bezug auf ein eventuell gewähltes Disagio besteht ebenfalls die Möglichkeit, dass eine Bank oder Sparkasse nur einige bestimmte – von Ihren Vorstellungen abweichende – Varianten anbietet. Wenn der Unterschied zu Ihrem Disagio-Wunsch nicht zu groß ist, sollten Sie auch solche Offerten nicht von vornherein ausschließen, denn auf die Vergleichbarkeit hat diese Abweichung keinen wesentlichen Einfluss.

Punkt 8: Aus den Angaben zu Ratenhöhe und Terminen der Fälligkeit können Sie entnehmen, welche Ratenbeträge Sie zu welchen Zeitpunkten (monatlich, vierteljährlich oder halbjährlich, zum 1. oder 15. des Monats) zu zahlen haben. Bestehen bestimmte Wünsche in Bezug auf die Ratenzahlung, sollten diese den Instituten bereits bei der Anfrage mitgeteilt werden. Betrag und Zahlungszeitpunkt der Darlehensraten sind vor allem im Rahmen eines Restschuldvergleichs zu beachten.

Punkt 9: Wann die Zins- und Tilgungsverrechnung auf Ihrem Darlehenskonto erfolgt, ist eine Zusatzinformation, damit Sie wissen, wie der Anbieter abrechnet. Beim Preisvergleich müssen Sie nicht darauf achten, da der Effektivzins die Abrechnungsweise erfasst.

Punkte 10 und 11: Hier finden Sie die Maßstäbe, an denen Sie die Preiswürdigkeit der einzelnen Angebote messen können – zunächst allerdings ohne dass die entstehenden Nebenkosten berücksichtigt sind.

Schwieriger gestaltet sich die Ermittlung des preiswertesten Angebots durch einen Vergleich der Darlehensrestschulden, die nach Ablauf der vereinbarten Zinsfestschreibung noch zu zahlen sind. Außer Zinsbindungsfristen und Beleihungsgrenzen müssen hier-

> **WICHTIG**
>
> **Einheitliche Angaben für Vergleiche absolut notwendig**
>
> Ein Vergleich anhand des anfänglichen effektiven Jahreszinssatzes setzt unbedingt voraus, dass die Zinsbindungsfristen aller zur Auswahl stehenden Darlehensofferten übereinstimmen und die effektiven Auszahlungsbeträge allenfalls geringfügig voneinander abweichen. Außerdem dürfen keine zusätzlichen Aufschläge mehr für eine Überschreitung von Beleihungsgrenzen hinzukommen. Sind diese Voraussetzungen gegeben, steht der niedrigste anfängliche effektive Jahreszinssatz für das günstigste Hypothekendarlehen.

bei auch die effektiven Auszahlungsbeträge, die Tilgungssätze sowie Ratenhöhe und Zahlungstermine übereinstimmen. Nur dann gibt die niedrigste Restschuld zuverlässig an, bei welchem Kreditinstitut Sie das billigste Darlehen bekommen. Bei der unterschiedlichen Ausgestaltung von Darlehensangeboten dürfte eine Übereinstimmung in sämtlichen Punkten allerdings nur schwer zu erreichen sein. Deshalb ist der Preisvergleich anhand des effektiven Jahreszinssatzes letztlich die einfachere und am ehesten durchzuführende Vergleichsmethode.

Wie Nebenkosten den Effektivzins beeinflussen

Nebenkosten in Prozent des Darlehens	Effektivzinserhöhung in Prozentpunkten bei einer Zinsbindung von ...		
	5 JAHREN	10 JAHREN	15 JAHREN
0,25	0,06	0,04	0,03
0,50	0,13	0,07	0,06
0,75	0,19	0,11	0,09
1,00	0,25	0,15	0,12
1,25	0,31	0,19	0,15
1,50	0,38	0,23	0,18
1,75	0,44	0,26	0,21
2,00	0,51	0,30	0,24

Quelle: „Finanztest Spezial: Bauen und Kaufen"

So lesen Sie die Tabelle: Angenommen, Sie benötigen ein Darlehen von 100.000 Euro mit einer Zinsbindung von 10 Jahren, bei dem außer den im Effektivzins erfassten Kostenfaktoren Nebenkosten – etwa Bereitstellungszinsen – in Höhe von 500 Euro anfallen. Das sind 0,5 Prozent des Darlehens. Auf der Basis der Eckpunkte „0,5 Prozent Nebenkosten" und „10 Jahre Zinsbindung" lässt sich aus der Tabelle (→ oben) der Wert „0,07" entnehmen. Das heißt, die Nebenkosten erhöhen den von der Bank angegebenen Effektivzins um ca. 0,07 Prozentpunkte. Fallen Nebenkosten in gleicher Höhe bei einem Darlehen mit 5-jähriger Zinsbindung an, erhöht sich der Effektivzins des Darlehens dadurch um ca. 0,13 Prozentpunkte.

Die weiteren möglichen Nebenkosten in Form der Bereitstellungszinsen sind bisher noch nicht berücksichtigt. Das soll nun in einem weiteren Schritt geschehen. Da der effektive Jahreszinssatz als Maßstab dienen soll, sind die Auswirkungen der Nebenkosten auf den Effektivzins zu berücksichtigen. Eine exakte Berechnung der durch die Nebenkosten bedingten Erhöhung des Effektivzinses ist nur mit einem entsprechenden PC-Programm möglich. Näherungsweise lassen sich die Werte für die am häufigsten angebotenen Zinsbindungsfristen von 5, 10 und 15 Jahren aber auch anhand der Tabelle ermitteln. Die aufgeführten Tabellenwerte zeigen Ihnen, wie stark der Effektivzinssatz durch Nebenkosten in Höhe eines bestimmten Prozentsatzes vom Darlehensbetrag bei einer bestimmten Zinsbindungsfrist erhöht wird.

Darüber hinaus sollten Sie vor dem Abschluss eines Finanzierungsvertrags prüfen, welche **Gebühren für nachträgliche Änderungen des Vertrags** verlangt werden. Sonst drohen nämlich teure Überraschungen, wenn sich nach Vertragsabschluss die Lebenssituation ändert und die Finanzierung angepasst werden soll. Denn eine Stichprobe der Verbrau-

 BEISPIEL

Verhandeln bringt hohe Einsparungen

Angenommen, Sie schaffen es, Ihre Hausbank durch Verhandeln dazu zu bewegen, den Sollzins eines 100.000-Euro-Kredits von 6 Prozent p. a. auf 5,8 Prozent zu senken. Dann ergeben sich für die beiden Darlehensvarianten im Vergleich folgende Daten.

	erstes Angebot	verbessertes Angebot
Darlehensbetrag	100.000 €	100.000 €
Sollzins p. a.	6,0 Prozent	5,8 Prozent
Rate pro Monat	583,33 €	583,33 €
Restschuld nach 10 Jahren	86.343 €	83.788 €
Gesamtlaufzeit bei konstantem Zinssatz	32 Jahre 7 Monate	30 Jahre 6 Monate
Gesamtzinskosten	127.590 €	113.361 €

Bei gleicher Ratenzahlung fällt die Restschuld des verbesserten Angebots schon nach zehn Jahren um 2.555 Euro geringer aus. Blieben die Konditionen sogar über die Gesamtlaufzeit konstant, wäre der günstigere Kredit zwei Jahre und einen Monat früher getilgt. Die Zinsersparnis: 14.229 Euro!

cherzentrale NRW aus dem Jahr 2014 hat ergeben: Wenn ein Darlehensvertrag nachträglich geändert werden soll, kassieren die Institute teils extrem hohe Gebühren.

Eine solche Anpassung kann etwa dann erforderlich sein, **wenn sich ein Paar trennt** und einer der Partner die zuvor gemeinsam finanzierte Wohnung allein übernehmen will. In diesem Fall wird der andere Partner aus dem Kreditvertrag entlassen – und das kann teuer werden. Die Gebühren können bei einer 200.000-Euro-Finanzierung je nach Geldinstitut zwischen 200 und 2.000 Euro liegen.

Auch bei einem **Umzug in eine andere Wohnung** müssen Eigentümer mit hohen Extragebühren rechnen. Zwar ist die Übertragung eines Darlehensvertrags von der alten auf die neue Wohnung meist möglich. Aber gratis ist die Umschreibung der Grundschulden nicht, und die Gebühren liegen weit auseinander. Günstige Banken verlangen rund 200 Euro, teure Institute mehr als 1.000 Euro.

Wenn Sie bei Ihrer Baufinanzierung die **monatliche Rückzahlungsrate** erhöhen oder reduzieren wollen, können Sie dies bei einigen Finanzierungsanbietern zum Nulltarif in die Wege leiten. Andere Banken wiederum kassieren dafür eine Extragebühr von mehreren Hundert Euro.

Damit zeigt sich: Beim Festsetzen der Entgelte für solche außerplanmäßigen Leistungen regiert die pure Willkür. Sie als Finanzierungssuchender stehen damit vor der Aufgabe, die entsprechenden Gebühren möglichst schon im Vorfeld abzufragen. Dann können Sie sich bei eng beieinander liegenden Angeboten für die Bank entscheiden, die im Fall einer nachträglichen Änderung die günstigeren Gebühren in Rechnung stellt.

Haben Sie für die in die engere Wahl gelangten Hypothekenangebote die „wahren" Effektivzinssätze inklusive Nebenkosten ermittelt, können Sie diese Ergebnisse anschließend zur Auswahl der günstigsten Offerte gegenüberstellen.

Es lohnt sich auf jede Fall, Darlehensangebote bis in die Einzelheiten zu vergleichen. Sie sollten dabei allerdings nicht vergessen, die Geldgeber von vornherein durch zähes Verhandeln zu einem Verzicht auf solche Zusatzeinnahmen oder zumindest zu einer günstigeren Regelung zu bewegen. Auch nur kleine Zinszugeständnisse bringen viel, das zeigt das Beispiel auf Seite 86.

→ **TIPP Schneller tilgen statt weniger zahlen**
Vollständig realisieren lassen sich Einsparungen durch Verhandlungserfolge vor allem dann, wenn Sie die ausgehandelte Zinssenkung nicht dazu verwenden, Ihre Belastung zu drücken. Behalten Sie lieber die ursprüngliche Rate bei und stocken Sie Ihre Anfangstilgung um die ersparten Prozentpunkte auf!

Endfällige Hypothekendarlehen mit Tilgung über Investmentfonds

Wenn die Aktienmärkte eine Zeit lang gut gelaufen sind, tauchen vermehrt sogenannte **Investmentfinanzierungen** auf. Hierbei wird der Immobilienkredit mit einem Fondssparplan oder einer fondsgebundenen Lebensversicherung gekoppelt.

Das funktioniert so: Anstatt die Schulden Monat für Monat durch Tilgungszahlungen zu verringern, werden die Beträge in Investmentfonds angelegt. Renditerenner sollen dabei vor allem Aktienfondssparverträge sein. Am Ende der Darlehenslaufzeit soll dann auf einen Schlag der Kredit aus dem Erlös des Wertpapierverkaufs zurückgezahlt werden. Und möglichst soll auch noch etwas für andere Wünsche übrig bleiben. Soweit der Idealfall. Doch funktionieren kann das wiederum nur, wenn die Anlagerendite dauerhaft höher als der effektive Kreditzins ausfällt. Und zwar nach Steuern, denn im Gegensatz zu Zins- und Dividendenerträgen sind ersparte Zinsaufwendungen bei der selbst genutzten Immobilie immer steuerfrei.

Genau da liegt der entscheidende Haken: Nur **Risikoprodukte** bieten die Chance, dauerhaft überdurchschnittliche Renditen zu erzielen. Denn die Zinssätze sicherer festverzinslicher Anlagen liegen im Normalfall unter dem Niveau der Hypothekenzinsen. Selbst bei steigenden Anlagezinsen während der Zinsfestschreibung wäre hier der Vorteil nicht von Dauer: Spätestens bei der Anschlussfinanzierung steigt auch der Darlehenszins.

Geht die Spekulation nicht auf und fällt die Rendite der Fondsanlage niedriger als der effektive Kreditzins aus, zahlen Sie kräftig drauf. Allerdings kann es noch wesentlich schlimmer kommen: Dezimiert etwa ein Börsencrash das angesparte Tilgungskapital kurz vor der Kreditfälligkeit auf einen Bruchteil, dürfte das in vielen Fällen das Scheitern der Finanzierung bedeuten. Bei einem Börsencrash während der Zinsbindungszeit müssen unter Umständen auch noch Gelder nachgeschossen oder zusätzliche Sicherheiten bereitgestellt werden.

→ **TIPP Keine Spekulation auf Kredit**
Wenn Sie auf Nummer sicher gehen wollen, sollten Sie von Finanzierungsmodellen mit Fondstilgung die Finger lassen. Denn es geht nur um eins: Spekulation auf Kredit.

Wenn Sie risikobereit sind, sollten Sie zumindest mit gebremstem Risiko einsteigen. Gibt die Haushaltskasse mehr her als Zinsrate plus Anfangstilgung, könnten die zusätzlichen Mittel in einen Aktienfonds fließen. Die Rückzahlung der Schulden ist dann auf jeden Fall durch die laufende Tilgung gesichert. Und wenn sich die Renditehoffnungen für die Fondsanlage erfüllen, winkt die Schuldenfreiheit sogar deutlich früher. Bei dieser Konstellation sollten Sie sich ein ausreichendes Sondertilgungskontingent sichern, um in Zeiten guter Aktiengewinne sofort Ihr Kapital in die Schuldentilgung umschichten zu können.

Fremdwährungsdarlehen

Die Finanzierung zum absoluten Dumpingpreis versprechen Vermittler von Krediten, die auf fremde Währungen lauten. Der Trick: Das Darlehen wird in der Währung eines Landes aufgenommen, in dem sich die Zinsen im Keller und deutlich unter dem Niveau des deutschen Kapitalmarkts befinden. Nach der Umrechnung fließt der in der Fremdwährung abgeschlossene Kreditbetrag dann in Euro an den Bauherrn. Das Konto wird aber weiter in der Auslandswährung geführt. Dabei wurde bisher vor allem auf den japanischen Yen und Schweizer Franken gesetzt. Denn in den beiden Ländern lagen die Zinsen vor einigen Jahren häufig deutlich niedriger als in Deutschland. Auf den ersten Blick bringt das für Bauherren traumhafte Konditionen mit sich.

Bei näherem Hinschauen zeigen sich aber die Tücken des Modells. Anders als beim Euro-Kredit wissen Sie nie genau, welcher Darlehensbetrag letztlich zurückzuzahlen ist. Denn dessen Höhe hängt von der Entwicklung der Vertragswährung ab:

→ **Steigt der Wert des Euro** gegenüber der Fremdwährung, machen Sie ein gutes Zusatzgeschäft, weil Sie weniger tilgen müssen, als Sie bekommen haben.

→ **Verliert der Euro** dagegen an Wert, schlägt das Pendel in die andere Richtung. So bedeuten 10 Prozent Kursanstieg bei der Fremdwährung gleichzeitig eine Erhöhung des Rückzahlungsbetrags um 10 Prozent. Dass der Hebel noch ganz anders umschlagen kann, zeigt der Blick in die Vergangenheit. So stieg beispielsweise von Mitte 2008 bis Mitte 2013 der Schweizer Franken gegenüber dem Euro um rund 30 Prozent. Da ist der niedrige Vertragszins noch nicht mal mehr ein schwacher Trost – zumal dieser in der Regel variabel ist und bei steigendem Zinsniveau jederzeit nach oben gehen kann.

Zwar besteht die Möglichkeit, die Notbremse zu ziehen und auf einen normalen Festzinskredit in Euro umzusteigen. Allerdings heißt das, dass Sie während der Laufzeit ständig ein Auge auf die Zins- und Währungsentwicklung haben und schnell handeln müssen, wenn die Kurse aus dem Ruder laufen. Vermittler bieten zwar zum Teil an, diese Aufgabe für Sie zu erledigen, scheinen den eigenen Fähigkeiten aber selbst nicht zu trauen: Während von erzielten Kursgewin-

> ▶ BEISPIEL
>
> **Wie Währungsschwankungen die Tilgung zunichtemachen**
>
> Angenommen, Sie nehmen ein Schweizer-Franken-Darlehen über 100.000 Euro zu einem Sollzins von 0,75 Prozent auf und leisten eine anfängliche Tilgung von 2,25 Prozent. Wenn zu diesem Zeitpunkt 1 Euro 1,15 Schweizer Franken wert ist, resultieren daraus eine anfängliche Darlehenssumme von 115.000 Franken und eine monatliche Zins- und Tilgungsrate von 287,50 Franken.
>
> Nach Ablauf von fünf Jahren haben Sie eine Restschuld von 101.821 Franken. Wenn jedoch bis dahin der Kurs des Euro gegenüber dem Franken um 15 Prozent gesunken ist und 1 Euro nur noch 0,98 Franken wert ist, steigt nach der Umrechnung in die heimische Währung die Restschuld auf 103.899 Euro. Damit haben Sie aufgrund der ungünstigen Kursentwicklung trotz Tilgung höhere Schulden als beim Abschluss des Darlehens.

Rechtsanwalt Markus Feck, Fachanwalt für Bank- und Kapitalmarktrecht aus Erkelenz, weist auf eine neue Vorschrift hin: „In der Vergangenheit haben Verbraucher mit Fremdwährungsdarlehen hohe Verluste erlitten. Zumindest abgemildert wird dies durch eine neue gesetzliche Vorschrift. Nach § 503 BGB haben Darlehensnehmer Anspruch auf Umrechnung des Darlehens in Euro, wenn der Wechselkurs ab Vertragsschluss um 20 Prozent oder mehr steigt. Hierdurch sollen Verluste begrenzt werden."

> **! ACHTUNG**
>
> **Besonders riskant: Kombination von Aktienfonds und Lebensversicherungen**
>
> Insbesondere Vermittler von Währungsdarlehen koppeln diese aus Provisionsgründen zusätzlich gern mit einer Tilgung über fondsgebundene Lebensversicherungen oder Fondssparpläne. Dann kaufen Sie sich zusätzlich noch das bereits im vorigen Abschnitt beschriebene Risiko von Aktienanlagen ein.

nen 15 Prozent kassiert werden sollen, versuchen die vermeintlichen Dienstleister für den Fall, dass es schiefgeht, die Haftung in den Vertragsbedingungen komplett auszuschließen.

Fazit: Die Finanzierung über einen Fremdwährungskredit erweist sich als reines Glücksspiel. Wer Glück hat, spart viel Geld. Doch geht die Spekulation schief, kann es Sie das Eigenheim kosten. Und zum Zocken ist die Immobilienfinanzierung nun einmal denkbar ungeeignet.

Die Bausparfinanzierung

Der Abschluss eines Bausparvertrags ist wohl die traditionellste Form, um die finanzielle Grundlage für den Bau oder Kauf eines Eigenheims zu schaffen. Für Generationen von Bauherren war es nahezu unvorstellbar, ohne Bausparvertrag in die eigenen vier Wände zu kommen. Dazu hat nicht zuletzt auch Vater Staat kräftig beigetragen. Denn seit es die staatliche Förderung der privaten Vermögensbildung gibt, gehört Bausparen zu den begünstigten Sparformen.

Doch die Zeiten ändern sich. Oft vor mehr als hundert Jahren als reine Selbsthilfeorganisationen gegründet, haben sich die Bausparkassen mittlerweile zu gut verdienenden Großunternehmen entwickelt, die entweder als Tochtergesellschaft von Finanzkonzernen agieren oder selbst Bank- und Versicherungstöchter gegründet haben.

Zentrale Aufgabe der am Markt agierenden privaten Bausparkassen sowie der zum Sparkassenverbund gehörenden Landesbausparkassen ist es daher schon lange nicht mehr, ihre Kunden möglichst kostengünstig ins eigene Heim zu bringen; es geht vielmehr ums eigene Geldverdienen. Was nicht ausschließt, dass der Abschluss eines Bausparvertrags auch heute eine sinnvolle Art der Immobilienfinanzierung sein kann.

Um die Vorteile des Bausparmodells zu nutzen, müssen Sie sich allerdings mit dessen **Besonderheiten und Nachteilen** vertraut machen. Denn anders als bei herkömmlichen Hypothekendarlehen handelt es sich bei der Finanzierung mittels Bausparvertrag um ein ausgeklügeltes System von Geben und Nehmen. An günstige Darlehensmittel kommt nämlich nur heran, wer zuvor als Sparer etwas für die Bausparergemeinschaft getan hat.

Der Grundstock für die Finanzierung muss in diesem Fall in der Regel bereits Jahre vor dem ersten Spatenstich gelegt werden. Das Spektrum der möglichen Ergebnisse ist dabei groß: Während ein zur richtigen Zeit abgeschlossener und optimierter Bausparvertrag zu einer tragenden und kostensparenden Säule Ihrer Finanzierung werden kann, kann sich ein falsch abgeschlossener und besparter Bausparvertrag zum teuren Risikofaktor entwickeln. Schutz vor solch negativen Erfahrungen bietet nur eins: der gründliche Einstieg in das Einmaleins der Bausparfinanzierung.

Der Gesamtablauf der Bausparfinanzierung

Mit dem Abschluss eines Bausparvertrags steigen Sie in ein Vertragsverhältnis ein, das aus zwei Phasen besteht: der **Ansparphase** und der **Darlehensphase**. Durch die Zahlung von Sparbeiträgen während der Ansparphase sichern Sie sich den Anspruch auf ein Bauspardarlehen, dessen Konditionen grundsätzlich schon bei Vertragsabschluss feststehen. Damit können Sie allerdings nicht finanzieren, was Sie wollen. Die Kreditmittel dürfen nur für sogenannte **wohnungswirtschaftliche Zwecke** verwendet werden, etwa den Bau oder Kauf von Wohneigentum, die Finanzierung von Renovierungen und Modernisierungen oder die Ablösung von Schulden, die durch solche Vorhaben entstanden sind.

Während das Bausparkassengesetz solche generellen Richtlinien festlegt, finden Sie die Bestimmungen, die Ihr Vertragsverhältnis mit der Bausparkasse regeln, in den bei Vertragsabschluss geltenden **Allgemeinen Bedingungen für Bausparverträge (ABB)**. Dabei ist zu beachten, dass für unterschiedliche Tarife – so werden die verschiedenen Vertragsvarianten bezeichnet – desselben Anbieters auch gesonderte Bausparbedingungen gelten.

Von ihrem Aufbau her sind die Bausparbedingungen bei allen Bausparkassen gleich. Was die nähere Ausgestaltung der Vertragskonditionen angeht, unterscheiden sie sich in der Regel aber beträchtlich. Damit Sie wissen, auf welche Rahmenbedingungen Sie sich mit dem Vertragsabschluss einlassen, sollten Sie sich das Kleingedruckte vorher unbedingt zu Gemüte führen – und bei Unklarheiten Ihren Bausparkassenberater um Aufklärung bitten. Ein wirtschaftlicher Vergleich verschiedener Angebote ist allein auf dieser Basis natürlich nicht möglich. Sie können aber zumindest prüfen, ob der angebotene Tarif von seiner Grundstruktur her überhaupt zu Ihren Zielvorstellungen passt.

Die Bausparsumme

Jeder Bausparvertrag wird über eine bestimmte Vertragssumme – die Bausparsumme – abgeschlossen. Mit deren Wahl legen Sie fest, welcher Betrag bei der Fälligkeit des Bausparvertrags an Sie ausgezahlt wird. Gleichzeitig bestimmt die Bausparsumme aber auch die Ansparleistung, die Sie erst einmal erbringen müssen, um an das günstige Bauspardarlehen zu kommen. Denn das von den Bausparkassen geforderte „Mindestsparguthaben" wird als Prozentsatz der vereinbarten Bausparsumme festgelegt; meist liegt es bei 40 bis 50 Prozent.

Die Vertragssumme bestimmt außerdem die Höhe der einmaligen Abschlussgebühr – 1 oder 1,6 Prozent – sowie der monatlichen Sparbeiträge und der späteren monatlichen Tilgungsraten. In den Bausparbedingungen wird festgelegt, welche Rate Sie grundsätzlich ansparen bzw. in der Darlehensphase für Zinsen und Tilgung aufbringen müssen. Die sogenannten Standardtarife sehen meist Sätze von 4 Promille der Bausparsumme in der Ansparphase und 6 Promille bei der Darlehensrückzahlung vor.

Bevor Sie die Bausparsumme festlegen, sollten Sie möglichst genau kalkulieren, wel-

 BEISPIEL

So ermitteln Sie die Standardraten

Bei einer Bausparsumme von 50.000 Euro sind monatlich 200 Euro (= 4 Promille von 50.000 Euro) zu sparen und später 300 Euro (= 6 Promille von 50.000 Euro) zurückzuzahlen.

cher Teilbetrag Ihres späteren Finanzierungsbedarfs durch den Bausparvertrag gedeckt werden soll. Beachten Sie, dass die Bausparkassen Darlehen grundsätzlich nur bis zu einer Beleihungsgrenze von 80 Prozent des Beleihungswerts vergeben. Das heißt, dass ein Bauspardarlehen zusammen mit allen im Grundbuch eingetragenen Vorlasten, wie zum Beispiel einem erstrangig gesicherten Bankkredit, nicht über 80 Prozent des Beleihungswerts hinausgehen darf. Das entspricht einer Gesamtfinanzierung von etwa zwei Dritteln der tatsächlichen Bau- oder Anschaffungskosten.

Werden die Grenzen überschritten, kann die Bausparkasse die Bereitstellung der Kreditmittel ganz oder teilweise verweigern. Und das auch, wenn Sie vorher den Vertrag treu und brav angespart haben. Bleiben Sie im finanzierbaren Rahmen, kann das Bauspardarlehen einen Vorteil gegenüber vielen Bankfinanzierungen ausspielen: Auch nachrangig gesicherte Darlehen werden ohne Zinsaufschlag vergeben.

Was die **Wahl der Bausparsumme** angeht, sollten Sie ohnehin beim Vertragseinstieg kleine Brötchen backen. Vor allem, wenn die weitere zeitliche und finanzielle Planung noch vage ist, empfiehlt sich zunächst der Abschluss eines kleineren Vertrags. Denn damit eröffnen Sie sich die Möglichkeit, den weiteren Vertragsverlauf mit relativ geringem finanziellem Aufwand nach Bedarf steuern zu können.

Zeigt sich später, dass es mit dem Eigenheim noch etwas länger dauern wird, oder steigt der abzusehende Finanzierungsbedarf, können Sie die Vertragssumme aufstocken, sofern die Bausparkasse zustimmt, und auf diese Weise mit weiteren Einzahlungen auch den Darlehensanspruch erhöhen. Beachten Sie allerdings, dass bei einer Vertragserhöhung die nächste Zuteilungschance häufig erst nach einer Sperrfrist besteht, die bis zu zwölf Monate dauern kann. Im Normalfall wird das jedoch kein Problem sein, da sich die Vertragsfälligkeit ohnehin nach hinten verschiebt. Denn mit der Erhöhung der Bausparsumme steigt auch der Mindestanspar-

> ▶ BEISPIEL
>
> **Schnellere Zuteilung bei kleineren Vertragssummen**
>
> Ein zum Standardtarif abgeschlossener Bausparvertrag über 50.000 Euro wird bei Zahlung der Regelsparbeiträge normalerweise erst nach ca. sieben bis acht Jahren ausgezahlt. Einen Vertrag über lediglich 25.000 Euro können Sie dagegen mit den gleichen Einzahlungen in der halben Zeit ansparen; somit verfügen Sie bedeutend schneller über die Bausparsumme.

betrag und die für die Zuteilung maßgebliche sogenannte Bewertungszahl sinkt.

→ **TIPP Denken Sie an die Rückzahlungsrate**
Sie sollten schon beim Vertragsabschluss die spätere Finanzierungsbelastung im Hinterkopf haben, auch wenn es bis dahin noch weit ist.

Lassen Sie sich bei der Wahl einer kleineren Vertragssumme auch nicht von redegewandten Bausparkassenvertretern oder Bankmitarbeitern umstimmen. Deren Verkaufsprovisionen werden häufig auf der Basis der Vertragssumme festgelegt. Sitzen Sie später auf einem zu hohen Vertrag, der noch nicht auszahlungsreif ist, muss unter Umständen teuer zwischenfinanziert werden.

Selbst bei Verträgen, die zum Abruf bereitstehen, kann Ihnen eine zu hohe Summe Probleme bereiten. Denn Bauspardarlehen müssen deutlich schneller als Bankkredite getilgt werden, mit entsprechend hohen Monatsraten. Übersteigen diese Ihre finanziellen Möglichkeiten, müssen Sie unter Umständen ganz oder teilweise auf das zinsgünstige Bauspardarlehen verzichten und ein normales Hypothekendarlehen aufnehmen, obwohl Sie sich den Darlehensanspruch über Jahre sauer erspart haben.

Die Ansparphase

Die Ansparphase des Bausparvertrags ist das notwendige Übel, das Sie hinter sich bringen müssen, um an das Bauspardarlehen heranzukommen. Und zwar nicht nur, weil Sie fleißig Geld auf das Bausparkonto einzahlen müssen. **Ihre Vorleistung** besteht vor allem darin, dass Sie Ihre Ersparnisse dem Bausparkollektiv für einen mageren Anlagezinssatz zur Verfügung stellen. So liegt die jährliche Guthabenverzinsung derzeit bei den meisten Verträgen auf Sparbuchniveau. Mit normalen Banksparverträgen und vergleichbaren Anlageformen lassen sich vor allem in Hochzinsphasen deutlich bessere Anlagerenditen erzielen.

Nur mit dem Dumpingzins in der Anlagephase funktioniert aber die Bereitstellung der günstigen Bausparkredite. Denn wenn die Kassen einen höheren Anlagezins zahlen, wird auch die Finanzierungsseite teurer. Als Faustregel gilt: Die Spanne zwischen Anlagezins und Sollzins des Darlehens liegt meist bei 1,50 bis 2,75 Prozent.

Wie Sie den Vertrag besparen müssen, regeln im Einzelnen die Vertragsbedingungen. Meist verpflichten Sie sich zur Zahlung eines **Regelsparbeitrags**. Je nach Tarif liegt der üblicherweise zwischen 3 und 5 Promille der Bausparsumme. Allerdings sehen die Bausparkassen die Sache nicht so eng. Wenn Sie weniger zahlen, wird Sie im Normalfall nie-

§ URTEIL

Bausparkassen dürfen Sparphase beenden

Wenn Bausparer einen – oftmals mit hohen Zinsen aus vergangenen Zeiten ausgestatteten – Bausparvertrag trotz Zuteilung nicht abrufen, darf die Bausparkasse nach Ablauf von zehn Jahren nach Eintritt der Zuteilungsreife die Sparphase per Vertragskündigung beenden. Dies entschied der Bundesgerichtshof (BGH) in zwei Urteilen vom 21. Februar 2017 (Az. XI ZR 185/16 und XI ZR 272/16).

mand ermahnen. In Ihrem eigenen Interesse sollten Sie aber zumindest den Regelsparbeitrag einzahlen. Schließlich liegt das Ziel des Bausparens sinnvollerweise darin, das Darlehen möglichst schnell zu erhalten. Finanziererverträge, die über Jahre ohne gezielte Besparung „vor sich hin dümpeln", sind ein Minusgeschäft. Neben den Regelsparbeiträgen sind auch zusätzliche Sonderzahlungen möglich. Hiermit können Sie die Vertragszuteilung deutlich beschleunigen.

→ TIPP Sparbeitrag prüfen
Vor dem Abschluss eines Bausparvertrags sollten Sie prüfen, ob der vom

Finanzvermittler empfohlene Sparbeitrag dem Regelsparbeitrag entspricht. Manchmal versuchen Vermittler, Verträge mit überhöhter Bausparsumme zu verkaufen, da sich ihre Provision nach der Vertragssumme richtet.

Die Zuteilung

Am Ende der „Durststrecke" Ansparphase steht das Ziel, auf das jeder Bausparer konkret hinarbeiten sollte: die Zuteilung. Ab dem Zeitpunkt, zu dem sie erreicht ist, hält die Bausparkasse die Bausparsumme zur Auszahlung bereit. Die setzt sich dann aus Ihrem Guthaben und dem Bauspardarlehen zusammen.

Um eine Chance auf die Zuteilung zu haben, müssen einige Voraussetzungen erfüllt sein, die jeweils in den Bausparbedingungen festgeschrieben sind. Häufig fordern die Bausparkassen, dass Ihr Bausparvertrag eine bestimmte **Mindestsparzeit** und ein Mindestsparguthaben erreicht hat:

Die Mindestsparzeit beträgt bei vielen Standard- und Kurzzeittarifen 18 oder 24 Monate. Bei den sogenannten Langzeittarifen oder reinen Renditeverträgen kann sie aber auch bis zu 84 Monate betragen. Vor allem bei neuen flexiblen Tarifen verzichten viele Bausparkassen jedoch darauf, eine Mindestspardauer festzulegen. Das Zuteilungssystem ist dann allerdings so aufgebaut, dass Sie in der Praxis ohne die Erfüllung einer bestimmten Anspardauer keine Möglichkeit haben, Ihren Vertrag in die Zuteilung zu bekommen.

Bei fast allen Bausparverträgen müssen Sie dagegen als Zuteilungsvoraussetzung ein bestimmtes **Mindestsparguthaben** ansparen. Nur bei einigen Finanzierertarifen reicht ein Ansparen von 40 Prozent der Vertragssumme noch aus. Standard ist mittlerweile aber, dass mindestens die Hälfte der Bausparsumme auf dem Ansparkonto stehen muss, damit Sie die Zuteilung erreichen. Ein Nachteil, der nicht zu unterschätzen ist. Denn während Sie bei einem 40-Prozent-Tarif für 1 Euro Ansparleistung 1,50 Euro Darlehen bekommen, beträgt das Verhältnis bei 50-prozentiger Mindestansparung lediglich 1:1.

Wenn Ihr klares längerfristiges Ziel der Immobilienerwerb ist, sollten Sie grundsätzlich einen Vertrag mit 40 Prozent Mindestansparung wählen. Danach müssen Sie bei den Bausparkassen oft gezielt fragen. Gezielt werden diese Tarife nämlich eher selten verkauft.

Ganz anders verhalten sich die Bausparkassen jedoch, wenn es um Vergleichstests zum Beispiel der Stiftung Warentest geht. Dann schicken die Kassen gern ihre Klassiker ins Rennen. Viele neu entwickelte, flexible Tarife sehen keine feste Mindestansparung mehr vor. Allerdings gelten auch hier die Bauspargrundregeln: Hohe Bausparkredite gibt es nur, wenn vorher auch entsprechend viel gespart wurde. Und wer früher an sein Geld will, zahlt höhere Darlehenszinsen und muss schneller tilgen.

Erfüllt Ihr Bausparvertrag irgendwann die **Mindestzuteilungsvoraussetzungen**, so heißt das noch lange nicht, dass die Vertragssumme unverzüglich ausgezahlt wird. Vielmehr landen Sie erst einmal nur auf der langen Liste der Verträge, die für eine Zuteilung grundsätzlich infrage kommen. Wie viele dann tatsächlich zugeteilt werden, hängt davon ab, wie viel Geld sich im Zuteilungstopf befindet. Fließen die Mittel aus den Ansparraten neuerer Verträge und den Tilgungsraten ausgezahlter Darlehen üppig in die Zuteilungsmasse, erhalten auch entsprechend viele Bausparer die Zuteilung der Vertragssumme. Ist der Topf dagegen nur spärlich gefüllt, kann es auch nach dem Erreichen der Mindestvoraussetzungen noch einige Zeit dauern, bis die Zuteilungsmitteilung kommt. Wer dabei zu den Glücklichen gehört, wird jedoch nicht per Los entschieden. Die Bausparkassen haben vielmehr komplizierte Systeme entwickelt, um eine einigermaßen gerechte Verteilung des Zuteilungsvolumens zu gewährleisten.

Zwar unterscheiden sich die Zuteilungssysteme von Institut zu Institut, sie beruhen aber alle auf demselben Grundprinzip. Im Mittelpunkt steht dabei die **Bewertungszahl**. Diese Kennziffer wird bei allen Bausparkassen zu bestimmten Bewertungsstichtagen – halbjährlich, vierteljährlich oder monatlich – für sämtliche noch nicht zugeteilten Bausparverträge berechnet. Die jeweils aktuelle Bewertungszahl finden Sie auf Ihren Bausparkontoauszügen. Sie ist eine Art Zensur, mit der Ihre bisherige Ansparleistung bewertet wird.

Die Formel, nach der die Berechnung erfolgt, können Sie den Bausparbedingungen entnehmen. Damit alles mit rechten Dingen zugeht, muss sogar die Bundesanstalt für Finanzdienstleistungsaufsicht (BaFin) als Aufsichtsbehörde ihren Segen geben. Aber wie die Formel letztlich auch gestrickt wird, die Grundregel ist immer gleich: Es gilt das sogenannte **Zeit-mal-Geld-Prinzip**. Das heißt, die Höhe der Bewertungszahl ist vor allem von der Ansparaduer sowie von der im Verhältnis zur Bausparsumme erbrachten Sparleistung abhängig. Dieser Zusammenhang lässt sich gut an einem konkreten Beispiel verdeutlichen (→ Seite 101).

Wie hoch die Bewertungszahl ausfällt, hängt maßgeblich von der Höhe des Sparguthabens sowie den gutgeschriebenen Sparzinsen ab. Hohe Bewertungszahlen lassen sich zum Beispiel auch bei relativ kurzer Ansparaduer durch hohe Sparleistungen erreichen, denn diese erhöhen sowohl das Guthaben als auch die Zinsen. Der gleiche Effekt lässt sich erzielen, wenn ohne Sonderzahlungen über einen langen Zeitraum

>  **BEISPIEL**
>
> ## Berechnung der Bewertungszahl
>
> Eine Bausparkasse berechnet in ihrem Standardtarif die Bewertungszahl, indem sie zunächst die Summe aus dem zum Bewertungsstichtag bestehenden Sparguthaben und dem zehnfachen Betrag der bisher insgesamt entstandenen Guthabenzinsen bildet. Diese Summe wird dann durch den auf der Basis der Bausparsumme ermittelten Regelsparbeitrag geteilt. Dieser beträgt im Standardtarif 4 Promille der Bausparsumme. Die Bewertungsformel sieht dann folgendermaßen aus:
>
> $$\text{Bewertungszahl} = \frac{\text{Sparguthaben zum Bewertungsstichtag} + \text{10-Faches der Guthabenzinsen}}{\text{Regelsparbeitrag}}$$

angespart wird. Dann sammeln sich außer dem Guthaben auch hohe Zinsen an, was wiederum die Bewertungszahl hebt.

Ein stärkerer Anstieg der Bewertungszahl lässt sich bei gleichen Einzahlungen außerdem durch eine kleinere Bausparsumme erreichen. Der in der Formel zu berücksichtigende Regelsparbeitrag verringert sich und die Bewertungsziffer steigt. Allerdings muss dann die gegenüber der höheren Vertragssumme entstehende Finanzierungslücke anderweitig geschlossen werden.

Grundsystem gilt für alle

Auch wenn die Berechnungsmethoden mancher Bausparkassen anders aussehen und neue Tarife wesentlich mehr Wahlmöglichkeiten versprechen: An der beschriebenen Bauspararithmetik kommt keine Kasse vorbei.

Vervollständigt wird das Zuteilungssystem durch eine **Zielbewertungszahl**. Diese wird von der Bausparkasse für jeden Bewertungsstichtag berechnet, und zwar so, dass die für die Zuteilung verfügbaren Mittel durch die in die Zuteilung fallenden Verträge komplett abgerufen werden. Um in die Zuteilung zu kommen, muss Ihr Vertrag – außer Mindestansparguthaben und -laufzeit – mindestens die Zielbewertungszahl erreichen.

Hat Ihr Bausparvertrag auch diese Hürde genommen, so ist das Ziel erreicht: Die Bausparsumme steht zum Abruf bereit. Die Bausparkasse informiert Sie darüber und sendet Ihnen einen **Antrag auf Zuteilung**. Allerdings erfolgt die Auszahlung nicht unbedingt direkt nach der Antragstellung, sondern in der dem Bewertungsstichtag zugeordneten Zuteilungsperiode. Die beginnt in der Regel erst einen oder drei Monate nach dem Stichtag und dauert drei bis sechs Monate. Innerhalb dieses Zeitraums werden dann die Vertragssummen ausgezahlt, wobei die Verträge mit den höchsten Bewertungsziffern zuerst an der Reihe sind. Rutschen Sie also nur knapp in die Zuteilung, kann zwischen Stichtag und Auszahlung noch bis zu einem halben Jahr liegen. Das muss natürlich bei der Finanzierung eingeplant werden, um Engpässe zu vermeiden. Die Bausparkasse sollte Ihnen hier konkrete Daten liefern.

Die Darlehensphase

Blind zahlen die Bausparkassen ihre Kreditmittel natürlich nicht aus. Wie jeder andere Finanzierer prüfen die Institute vor der Kreditbewilligung, ob **ausreichende Sicherheiten** vorhanden und Sie in der Lage sind, die Finanzierungsbelastung zu tragen. Außerdem müssen Sie nachweisen, dass die Darlehensmittel tatsächlich für wohnwirtschaftliche Maßnahmen verwendet werden. Fällt das Prüfergebnis negativ aus, muss die Bausparkasse Ihnen den Kredit nicht gewähren – trotz der erbrachten Sparleistungen. Sie erhalten lediglich das angesparte Guthaben ausgezahlt. Geht die Bonitätsprüfung problemlos über die Bühne, steht der langersehnten Auszahlung der Finanzierungsgelder dagegen nichts mehr im Weg.

 **BEISPIEL**

Die Höhe des Darlehensanspruchs

Haben Sie im Rahmen eines zum Standardtarif abgeschlossenen Bausparvertrags über 50.000 Euro exakt die Mindestansparung von 40 Prozent erbracht, so beträgt Ihr Darlehensanspruch 60 Prozent, also 30.000 Euro.

Bei einem Guthaben von 45 Prozent würde sich das Darlehen entsprechend auf 55 Prozent oder 27.500 Euro verringern.

Der Zuteilungsbetrag setzt sich aus dem angesammelten Bausparguthaben und dem Bauspardarlehen zusammen. Wie hoch das Darlehen ausfällt, hängt von der vereinbarten Bausparsumme sowie vom angesparten Kapital ab.

Wer in einen Bausparvertrag mehr als notwendig einzahlt, schneidet sich also ins eigene Fleisch. Nicht nur, dass mehr Vorleistungen als nötig erbracht werden. Die **Überzahlung** reduziert auch noch den Anspruch auf das billige Baugeld. Allerdings existieren auch einige Tarife, die Ihnen unabhängig von der Sparleistung immer ein Darlehen in Höhe eines festen Prozentsatzes der Bausparsumme garantieren. Eine Übersparung sollten Sie aber auch bei diesen Verträgen möglichst vermeiden, da sie meist wirtschaftliche Nachteile bringt.

Nach der Vollauszahlung des Darlehens beginnt die **Zeit der Tilgung**. Sie müssen nun monatlich die in den Bausparbedingungen festgelegte Zins- und Tilgungsrate leisten. Anders als bei den Ansparraten gibt es hier keine Flexibilität. Zumindest nicht, was die regelmäßigen Zahlungen angeht. Wer Geld übrig hat, kann dagegen jederzeit Sondertilgungen leisten: ein Vorteil gegenüber normalen Hypothekendarlehen.

Allerdings sollten Sie kritisch prüfen, ob Sie mit der schnelleren Rückzahlung eventuell ein Eigentor schießen. Denn schließlich erbringen Bausparer jahrelang Vorleistungen, um an das zinsgünstige Darlehen heranzukommen. Sinnvoller ist es daher, zunächst teurere Darlehen zu tilgen oder, wenn ein höherer Zins nach Steuer zu erzielen ist, den Sondertilgungsbetrag vielleicht sogar auf die hohe Kante zu legen.

Verläuft die Rückzahlung planmäßig, lässt sich bereits bei der Kreditauszahlung

 BEISPIEL

Höhere Belastung als Preis für die schnellere Tilgung

Bei einer Bausparsumme von 50.000 Euro zahlen Sie pro Jahr eine Annuität von 12 x 300 Euro, also insgesamt 3.600 Euro. Bezogen auf den Darlehensbetrag von 30.000 Euro sind das immerhin 12 Prozent. Bei einem Darlehenszinssatz von 4 Prozent werden somit im ersten Jahr bereits 8 Prozent der Darlehensschuld getilgt.

Dagegen tilgen Sie bei einer normalen ersten Hypothek im gleichen Zeitraum lediglich 1 oder 2 Prozent der Darlehensschuld. Entsprechend niedriger fällt auch die jährliche Belastung aus. Selbst bei einem hohen Sollzinssatz von 8,5 Prozent und einer 1-prozentigen Anfangstilgung hätten Sie für ein vergleichbares Hypothekendarlehen von 30.000 Euro nur 2.850 Euro pro Jahr aufzubringen, also 750 Euro weniger als für das Bauspardarlehen.

Sieht der Vertrag ein Darlehen von nur maximal 50 Prozent der Bausparsumme – also 25.000 Euro – vor, erhöht sich der anfängliche Tilgungssatz bei 300 Euro Monatsrate sogar auf 10,4 Prozent. Die Mehrbelastung gegenüber dem Vergleichskredit beträgt 1.225 Euro.

die **Gesamtlaufzeit** der Finanzierung exakt berechnen. Denn der Zinssatz und die sonstigen Konditionen stehen von Beginn an fest. Bei einem Standardtarif mit 40-prozentiger Ansparung, einem nominellen Kreditzins von 4 Prozent jährlich und einer Tilgungsrate von 6 Promille der Bausparsumme ist so der letzte Euro nach rund zehn Jahren und zwei Monaten getilgt.

Bauspardarlehen haben bedeutend **kürzere Laufzeiten** als vergleichbare Hypothekendarlehen der Banken oder Sparkassen. Dies liegt daran, dass die Bausparkassen von Ihnen deutlich höhere Tilgungsleistungen verlangen als andere Anbieter von Baufinanzierungen.

Die Rückzahlungsweise von Bauspardarlehen unterscheidet sich dagegen nicht vom Ablauf normaler Annuitätendarlehen. Eine Besonderheit besteht lediglich darin, dass bei Bauspardarlehen fast immer von Beginn an der Tilgungsanteil deutlich über dem Zinsanteil liegt. Dies ist bei normalen Hypothekendarlehen der Banken und Sparkassen nicht der Fall.

Das Wartezeitproblem

Wie bereits erwähnt, hängt der Zeitpunkt der Zuteilung nicht nur von Ihren Ansparleistungen ab, sondern auch davon, wie gut der Zuteilungstopf gefüllt ist. In mageren Zeiten kann es sein, dass Ihr Vertrag zwar die Mindestvoraussetzungen erfüllt, Sie aber dennoch Jahre warten müssen, bis die Vertragssumme ausgezahlt wird. Eine unangenehme Erfahrung, die schon viele Bausparer in der Vergangenheit machen mussten.

Hier zeigt sich eine **systembedingte Schwäche** der Bausparfinanzierung: Sie wissen im Voraus nie genau, wann die Mittel bereitgestellt werden. Je länger es dauert, desto teurer wird in der Regel die Finanzierung, da Sie als Bausparer im Normalfall in der Ansparphase geringere Zinserträge erzielen als bei anderen Anlageformen. Und die so eintretenden Zinseinbußen müssen Sie zu den Kosten des Bausparvertrags rechnen. Brauchen Sie das Baugeld früher, muss der Vertrag zwischenfinanziert werden, was die Kosten weiter in die Höhe treibt.

Nicht zuletzt deshalb ist die Dauer der Wartezeit bis zur Zuteilung ein wichtiges **Leistungskriterium**, das bei den Bausparkassen die Spreu vom Weizen trennt. Das Problem: Die Kasse kann und darf Ihnen bei Vertragsabschluss keine verlässliche Aussage zum Zuteilungszeitpunkt machen. Denn der Gesetzgeber trägt dem Unsicherheitsfaktor dadurch Rechnung, dass er den Instituten eine verbindliche Zusage zum Vertragsbeginn sogar verbietet. Hintergrund für diese Regelung war, dass in der Vergangenheit einige Bausparkassen und auch zweifelhafte Vertragsvermittler Kunden mit entsprechenden Zusagen geködert haben, ohne ihre Versprechungen später einlösen zu können.

Unverbindliche Aussagen sind dagegen zulässig. Und so werden Sie in allen Finanzierungsangeboten von Bausparkassen auch einen Termin finden, zu dem der Kredit fließen soll. Allerdings immer mit dem Zusatz „voraussichtlich" oder „nach heutigem Stand der Geschäftsentwicklung".

Bei **Bauspartarifen mit Wahlzuteilung** scheint das Wartezeitproblem komplett ausgeschaltet zu sein. Hier können Sie nach Erfüllen bestimmter Mindestvoraussetzungen, wie etwa einer zwölfmonatigen Mindestlaufzeit, jederzeit die Zuteilung beantragen. Allerdings hat die Flexibilität auch ihren Preis. Wenn Sie früher an das Geld wollen, müssen Sie den Kredit in der Regel deutlich schnel-

 HINTERGRUND

Zu viel Geld im Topf

In der jüngeren Vergangenheit hatten Bausparer kaum Probleme, schnell an ihr Geld zu kommen, wenn die Mindestvoraussetzungen für die Zuteilung erfüllt waren. Denn viele Bausparkassen verfügten sogar über mehr flüssige Mittel, als ihnen lieb war. Das lag vor allem an zwei Faktoren: Im Zinstal wurden Bausparverträge selbst ohne staatliche Förderung mit hohen Ansparzinsen zur attraktiven Anlagemöglichkeit auch für Nichtfinanzierer. Gleichzeitig verzichteten viele enttäuschte Bausparer bei zuteilungsreifen Verträgen auf das Bauspardarlehen, da es Baugeld bei Banken und Sparkassen noch günstiger gab. Diese Situation bereitete einigen Kassen ernsthafte Probleme, weil das Bausparsystem aus dem Gleichgewicht zu geraten drohte. Denn hohe Anlagezinsen können auf Dauer nur dann gezahlt werden, wenn die Anlagegelder zu einem höheren Kreditzins ausgeliehen werden.

Die Reaktion der Bausparkassen: die Einführung neuer Tarife mit geringerem Ansparzins und niedrigerem Zins für das Bauspardarlehen.

> **ACHTUNG**
>
> **Zuteilungstermin niemals sicher!**
>
> Völlig ausschließen lässt sich das Problem einer langen Wartezeit aber nicht. Schon der Wegfall der staatlichen Förderung könnte zu deutlichen Einbrüchen bei den Spargeldern und entsprechend verzögerten Vertragszuteilungen führen. Deshalb sollten Sie bei Vertragsabschluss in Aussicht gestellte Zuteilungstermine nie als festen Termin in Ihre Finanzierung einkalkulieren.

ler zurückzahlen, mit entsprechend hoher Tilgungsbelastung – oder der Schuldzins steigt. Außerdem können sich die Kassen auch bei diesen Verträgen nicht von der Geschäftsentwicklung abkoppeln. Läuft das Geschäft schlecht, können die Bedingungen, zu denen die Wahlzuteilung erfolgt, geändert werden.

Trotz der neuen Vertragsvarianten mit geringerem Ansparzins und niedrigerem Zins für das Bauspardarlehen ist das Risiko, deutlich länger als vermutet auf das Baugeld warten zu müssen, derzeit eher gering. Dazu trägt auch ein von den Kassen vorzuhaltender Ausgleichstopf bei, der in Zeiten rarer Geldzuflüsse größerer Schwankungen bei der Wartezeit verhindern soll.

Selbst wenn sich die Lage verschlechtert, müssen Sie aber nicht tatenlos zuschauen. Wann ein Vertrag zugeteilt wird, lässt sich nämlich zumindest teilweise von Ihnen steuern. Konkretisiert sich der Zeitpunkt des Baubeginns oder Immobilienkaufs, sollten Bausparer bei ihrer Bausparkasse nachfragen, wann regulär mit der Zuteilung zu rechnen ist. Passt der Termin nicht in Ihren Zeitplan, können Sie zum Beispiel mit Sonderzahlungen zu bestimmten Zeitpunkten die Wartezeit deutlich verkürzen. Fehlt Ihnen hierfür das nötige Geld, bringt eine Reduzierung der Vertragssumme den gleichen Effekt, allerdings verbunden mit dem Verzicht auf einen Teil des Bauspardarlehens.

Eigeninteressen der Bausparkassen ins Kalkül ziehen

Ein Problem besteht allerdings: Oft beherrschen Vermittler und Mitarbeiter der Bausparkassen ihr Handwerk nicht gut genug, um solche Optimierungen vorzunehmen. Oder sie haben einfach kein Interesse daran, weil der Beratungsaufwand keine Provisionseinnahmen bringt. Deshalb beschränkt sich der Kontakt zu den Kunden leider oft vor allem darauf, diesen von Zeit zu Zeit eine Vertragsaufstockung oder einen weiteren Vertragsabschluss anzubieten.

Interessieren Sie sich für den Abschluss eines Bausparvertrags, sollten Sie deshalb Ihrem Berater vor der Unterzeichnung auf den

Zahn fühlen. Lassen Sie ihn verschiedene Vertragskonzepte für unterschiedliche Zeithorizonte entwickeln und fragen Sie auch danach, welche Optimierungsmöglichkeiten durch Sonderzahlungen bestehen. Gibt es keine befriedigenden Antworten und Lösungsvorschläge, sollten Sie sich lieber nach einem anderen Anbieter umschauen. Denn wenn der Vertrag unterschrieben ist, wird das Engagement bestimmt nicht größer werden.

Die staatliche Bausparförderung

Außer mit der direkten Förderung des Wohnungsbaus durch öffentliche Baudarlehen unterstützt der Staat traditionell auch die langfristige private Vermögensbildung. Im Katalog der begünstigten Sparformen findet sich seit jeher auch das Bausparen. Und dabei haben Sie die Wahl zwischen drei Förderarten:
→ Förderung mit Wohnungsbauprämie,
→ Förderung mit Arbeitnehmer-Sparzulage,
→ Förderung im Rahmen des Riester-Sparens (→ Seite 137 ff.).

Die Wohnungsbauprämie

Als Bausparer können Sie für Ihre Einzahlungen auf einen Bausparvertrag zusätzlich vom Staat eine Wohnungsbauprämie kassieren. Die wesentliche Voraussetzung dafür ist allerdings, dass Ihr Jahreseinkommen eine bestimmte Höhe nicht übersteigt – für Alleinstehende liegt die Grenze seit 1.1.2021 bei 35.000 Euro und für Verheiratete bei 70.000 Euro. Maßgeblich ist das zu versteuernde Einkommen, also das Einkommen, das auf Ihrem Steuerbescheid am Ende unterm Strich steht und nach dem die zu zahlende Einkommensteuer festgesetzt wird.

Der Vorteil: Brutto können Sie unter Umständen deutlich mehr verdienen, denn zur Ermittlung des zu versteuernden Einkommens werden vom Bruttoentgelt Werbungskosten, Sonderausgaben und diverse Freibeträge abgezogen.

Doch zur **Prämie** selbst: Sie beträgt seit 1.1.2021 10 Prozent und wird auf einen Einzahlungsbetrag von jährlich bis zu 700 Euro bei Alleinstehenden und 1.400 Euro bei Verheirateten gezahlt. Die maximal erreichbare Prämie liegt also bei 70 Euro bzw. 140 Euro. Als begünstigte Beträge erkennt das Finanzamt außer den Sparbeiträgen unter anderem auch die gutgeschriebenen Zinsen sowie die gezahlte Abschlussgebühr an. Die Prämie wird natürlich auch bei geringeren Einzahlungen gewährt. Um den Anspruch für spätere Sparjahre zu erhalten, müssen Sie allerdings mindestens 50 Euro pro Jahr sparen. Prämienbegünstigt sind auch Einzahlungen, die Ihr Arbeitgeber für Sie als vermögenswirksame Leistungen überweist. Allerdings nur dann, wenn für die Beträge nicht gleichzeitig vom Staat eine Arbeitnehmer-Sparzulage gezahlt wird.

Der Prämienantrag muss für jedes Jahr der Ansparphase neu gestellt werden. Daher kann es durchaus sein, dass Sie, auch wenn anfangs kein Anspruch bestanden hat, in späteren Jahren unter die Einkommensgrenze rutschen und dann die Voraussetzungen für die Wohnungsbauprämie erfüllen. In diesem Fall bekommen Sie die Prämie für das jeweilige Jahr – nicht aber rückwirkend für die gesamte bisherige Ansparzeit.

Der **Prämienantrag** für das abgelaufene Jahr muss bei der Bausparkasse gestellt werden, und zwar innerhalb von zwei Jahren. Für das Jahr 2019 zum Beispiel kann die Prämie also noch bis zum 31. Dezember 2021 beantragt werden. Die Bausparkasse übernimmt den Job des Finanzamts und prüft, ob Ihnen eine Prämie zusteht. Wenn ja, wird die Prämie allerdings nicht sofort auf den Vertrag gebucht, sondern nur Ihr Anspruch vermerkt. Sie erhalten eine entsprechende Mitteilung auf Ihrem Bausparkontoauszug.

Die Gutschrift auf dem Konto erfolgt erst bei der Vertragszuteilung, bei einer prämienunschädlichen Kündigung oder bei den nicht der Zweckbindung unterliegenden Verträgen junger Bausparer nach Ablauf der siebenjährigen Bindungsfrist in einer Summe. Die Kasse zieht die Gesamtprämien beim Finanzamt ein.

Vermögenswirksame Leistungen (vL) und Arbeitnehmer-Sparzulage

Als Arbeitnehmer können Sie den Staat auch über die Arbeitnehmer-Sparzulage am Ansparen eines Bausparvertrags beteiligen. Rechtsgrundlage hierfür bildet das Fünfte Vermögensbildungsgesetz.

> ### § GESETZLICHE GRUNDLAGEN
> **Was bedeutet die Zweckbindung?**
>
> Für alle ab dem 1. Januar 2009 abgeschlossenen Bausparverträge besteht eine feste Zweckbindung. Das heißt, die Wohnungsbauprämie bleibt nur dann erhalten, wenn die geförderten Einzahlungen auch tatsächlich für eine sogenannte wohnungswirtschaftliche Maßnahme verwendet werden – in erster Linie den Bau oder Kauf, die Renovierung oder den Umbau einer Immobilie. Nur wer bei Vertragsabschluss noch nicht den 25. Geburtstag gefeiert hat, kann über das angesparte Geld auch in Zukunft nach Ablauf der siebenjährigen Bindungsfrist völlig frei verfügen, ohne den Staatszuschuss zu verlieren.

Viele Arbeitgeber zahlen ihren Arbeitnehmern zusätzlich zu Lohn und Gehalt vermögenswirksame Leistungen, im Idealfall sogar bis zum maximal geförderten Einzahlungsbetrag von 470 Euro jährlich. Übernimmt Ihr Brötchengeber nicht den vollen Betrag, können Sie ihn beauftragen, den Rest direkt von Ihrem Lohn abzuziehen und auf den Sparvertrag zu überweisen. Selbst einzahlen können Sie nicht, da Beträge nur dann als **vermögenswirksame Leistungen (vL)** anerkannt werden, wenn sie direkt vom Arbeitgeber fließen.

Staatlich gefördert wird nur das Ansparen bestimmter Anlageformen, insbesondere Bauspar- und Aktienfondssparverträge. Zwar können Sie die vermögenswirksamen Leistungen auch in Banksparverträge und Lebensversicherungen investieren, eine **Arbeitnehmer-Sparzulage** gibt es dafür aber nicht.

Bausparer erhalten dagegen vom Finanzamt zusätzlich 9 Prozent der jährlichen Sparraten auf maximal 470 Euro, also pro Jahr 42,30 Euro, aufgerundet 43 Euro. Ehepaare, die beide Arbeitnehmer sind, können die Förderung durch den Abschluss eines gemeinsamen oder von zwei einzelnen Bausparverträgen und die Einzahlung von insgesamt 940 Euro pro Jahr verdoppeln.

Wer in den Genuss der Zulagen kommen will, muss allerdings eine entscheidende Hürde nehmen: **die Einkommensgrenze**. Denn Vater Staat öffnet die Kasse nur für Sparer, die als Ledige nicht mehr als 17.900 Euro und als Verheiratete maximal 35.800 Euro pro Jahr verdienen. Dabei zählt – wie bei der Wohnungsbauprämie – wieder das zu versteuernde Einkommen. Brutto darf es also mehr sein. Liegt Ihr Einkommen trotzdem höher, aber unter den Grenzen für die Wohnungs-

> ### 👁 HINTERGRUND
> **Direkte Zusatztilgung von Baudarlehen mit vL-Förderung**
>
> Als vermögenswirksame Leistungen (vL) mit wohnwirtschaftlicher Verwendung werden nicht nur Einzahlungen in einen Bausparvertrag anerkannt, sondern auch direkte Tilgungen eines Darlehens für die Finanzierung des selbst genutzten Eigenheims. Das funktioniert jedoch nur, wenn die kreditgebende Bank der Einrichtung monatlicher vL-Tilgungen zustimmt. Sofern die Einkommensgrenzen eingehalten werden, kann der Kreditnehmer für die vL-Tilgungsanteile Arbeitnehmer-Sparzulage erhalten.

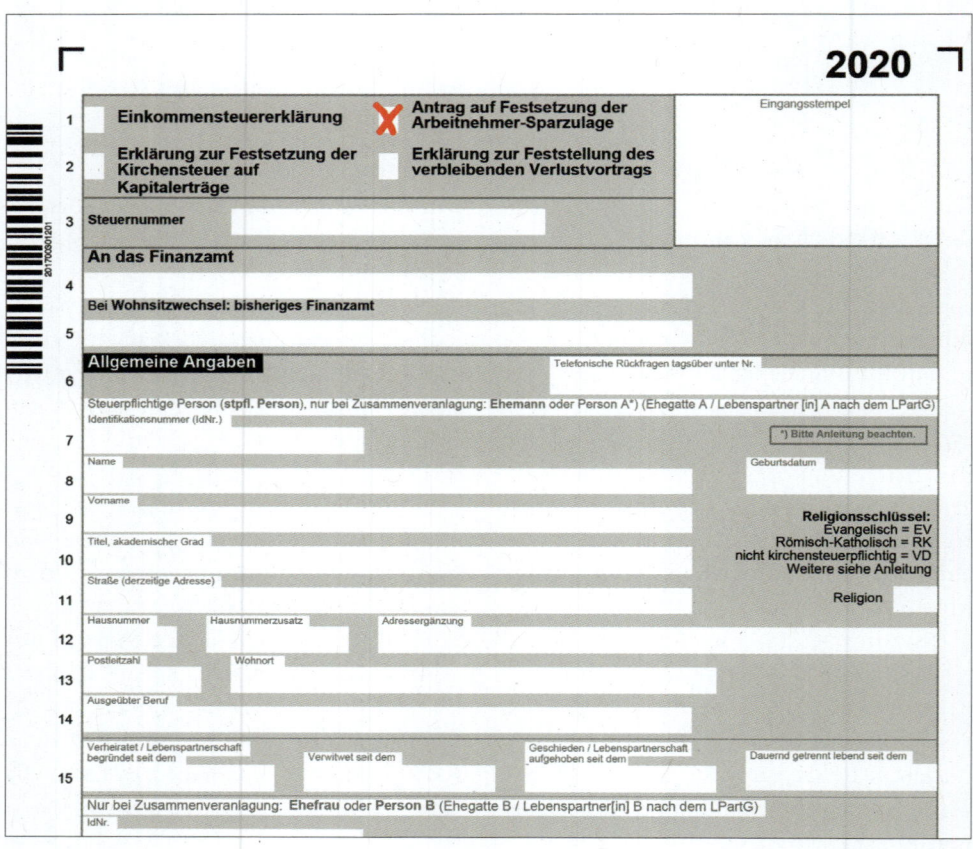

bauprämie, so können Sie immerhin noch die Wohnungsbauprämie auf die vermögenswirksamen Leistungen beantragen.

Zulagenberechtigte können dagegen außer der Bausparförderung auch noch zusätzliche Zulagen für einen Aktienfondssparvertrag kassieren. Für die maximale Förderung müssen Sie aus Ihrem Gehalt vom Arbeitgeber allerdings weitere 400 Euro überweisen lassen. Dafür winkt dann aber eine Arbeitnehmer-Sparzulage von sogar 20 Prozent pro Jahr.

Beantragen müssen Sie die Arbeitnehmer-Sparzulage bei Ihrem **Finanzamt**. Dafür reichen Sie die von der Bausparkasse oder Fondsgesellschaft ausgestellte Einzahlungsbescheinigung zusammen mit Ihrer Einkommensteuererklärung ein und kreuzen im Hauptformular den Passus „Antrag auf Festsetzung der Arbeitnehmer-Sparzulage" an. Auch hier ist wieder eine Frist von zwei Jahren nach Ablauf des Sparjahres zu beachten. Ausgezahlt wird die Zulage nicht Jahr für Jahr, sondern wiederum nach Ablauf einer siebenjährigen Sperrfrist oder einer vorzeitigen förderunschädlichen Verfügung.

Gesetzliche Bindungsfristen
Wer von staatlichen Fördermitteln profitieren will, muss meist **bestimmte Einschränkungen** akzeptieren. So können Sie auch mit Geldern aus Bausparverträgen, die mit Wohnungsbauprämie oder Arbeitnehmer-Sparzulage gefördert wurden, nicht tun und lassen, was Sie wollen. Vor allem ist eine gesetzlich vorgegebene Sperrfrist für die Mittelverwendung zu beachten. Bisher betrug sie für beide Förderwege sieben Jahre, gerechnet ab dem Vertragsabschluss. Für Bausparer, die bei der Unterschrift jünger als 25 Jahre sind, ändert sich auch künftig daran nichts.

Alle anderen Bausparer unterliegen dagegen mit ihren seit dem 1. Januar 2009 abgeschlossenen Verträgen bezüglich der Wohnungsbauprämie einer **unbefristeten Zweckbindung**. Nur wenn das Kapital in eine wohnungswirtschaftliche Maßnahme fließt, bleiben die Prämien erhalten. Ist das nicht der Fall oder halten junge Bausparer die Bindungsfrist nicht ein, sind die Prämien zurückzuzahlen bzw. werden erst gar nicht auf den Vertrag gutgeschrieben.

In einem solchen Fall spricht man von einer „prämien-" oder „zulagenschädlichen" Verfügung. Die unbefristete Zweckbindung gilt allerdings nicht für die Förderung per Arbeitnehmer-Sparzulage. Hier ist lediglich die Frist von sieben Jahren einzuhalten. Ist die gesetzliche Bindungsfrist abgelaufen, können Sie Ihr Bausparguthaben verwenden, wofür Sie wollen, ohne die staatliche Arbeitnehmer-Sparzulage zu gefährden.

 GESETZLICHE GRUNDLAGEN

Ausnahmen von den Regelungen zur Arbeitnehmer-Sparzulage

Wie so oft in den deutschen Gesetzeswerken gibt es auch hier Ausnahmen von der Regel: Wird Ihr Bausparvertrag zum Beispiel bereits vor dem Fristablauf zugeteilt und das Vertragsguthaben für eine sogenannte **wohnungswirtschaftliche Maßnahme** verwendet, behalten Sie die Förderung. Selbst bei einer entsprechenden Verwendung des Guthabens ist eine Rückzahlung vom Bausparkonto aber prämien- und zulagenschädlich, wenn der Bausparvertrag einfach gekündigt wird.

Sonderregelungen gibt es auch für **Notfälle:** Stirbt der Vertragsinhaber oder sein Ehepartner oder wird einer von beiden völlig erwerbsunfähig, bleibt die Förderung bei einer Vertragskündigung komplett erhalten. Das gilt ebenfalls für den Fall, dass der Bausparer nach Vertragsabschluss mindestens ein Jahr ununterbrochen arbeitslos wird.

Die richtige Bausparstrategie in verschiedenen Ausgangssituationen

In welchen vertraglichen Rahmen Sie sich mit dem Abschluss eines Bausparvertrags begeben und wie das System funktioniert, wissen Sie jetzt. Letztlich geht es aber darum, zu entscheiden, ob es für Sie überhaupt sinnvoll ist, einen Bausparvertrag abzuschließen und in die Finanzierung einzubauen. Oder es stellt sich die Frage, wie Sie mit bereits bestehenden Verträgen umgehen sollen.

Die folgenden Abschnitte sollen Ihnen konkrete Hilfe bieten, die richtige Entscheidung zu treffen. Dabei orientieren wir uns an den verschiedenen denkbaren Ausgangssituationen:
1. Sie besitzen einen zuteilungsreifen Bausparvertrag,
2. Sie besitzen keinen Bausparvertrag,
3. Sie besitzen einen noch nicht zuteilungsreifen Bausparvertrag.

Sie besitzen einen zuteilungsreifen Bausparvertrag

Waren Sie mit Ihrem Vertrag bereits am Ziel und der Baubeginn oder Kauftermin stand kurz bevor, gab es in der Vergangenheit nur einen Tipp: Beantragen Sie die Zuteilung und stecken Sie Bausparguthaben und -kredit in die Finanzierung. Doch die Zeiten ändern sich. In der anhaltenden Niedrigzinsphase sollten Sie ganz genau hinschauen, ob der effektive Jahreszins des Bauspardarlehens nicht höher ausfällt als der Effektivzins aktueller Hypothekenkreditangebote von Banken und Sparkassen.

→ **TIPP** **Trotz Bauspardarlehen unter Umständen auf Bankangebote zugreifen** Gerade bei den älteren Tarifen mit höheren Ansparzinsen liegt der Effektivzins des Darlehens oft deutlich über den Konditionen von Banken und Sparkassen. Da wäre es unsinnig, nicht auf Bankangebote zurückzugreifen, sofern diese deutlich zinsgünstiger sind. Die bittere Konsequenz für treue Bausparer: Trotz langjähriger Ansparleistung verzichten Sie besser auf das Bauspardarlehen und lassen sich lediglich das Guthaben auszahlen.

Einfach gestaltet sich der **Effektivzinsvergleich** aber leider nicht. Denn den von der Bausparkasse in den Bedingungen ausgewiesenen Zins können Sie nicht als verlässlichen

Maßstab nehmen. Er wird auf der Grundlage von Bedingungen berechnet, die mit der Finanzierungsrealität oft wenig gemein haben. So geht die Musterrechnung davon aus, dass immer das maximale Bauspardarlehen abgerufen wird. Liegt das Anspargutaben über dem Mindestsatz, verringert sich aber die Kreditsumme – mit der Folge, dass die Laufzeit kürzer wird. In der Darlehensphase fällige Kosten sind dann über einen kürzeren Zeitraum zu verrechnen: Der Effektivzins steigt.

Der „echte" effektive Vergleichszins muss außerdem berücksichtigen, ob bei einem Verzicht auf das Darlehen die Abschlussgebühr zurückgezahlt wird oder sogar ein nachträglicher Zinsbonus winkt. Ist das der Fall, muss der bei einem Abruf des Bauspakredits eintretende Verlust dieser Vorteile als Kostenfaktor bei der Effektivzinsermittlung berücksichtigt werden. Bestehen solche Optionen, fällt der Effektivzins immer deutlich höher aus als in den Bedingungen ausgewiesen.

Wird die Bausparsumme nicht sofort, sondern erst in ein oder zwei Jahren gebraucht, müssen Sie entscheiden, was Sie mit Ihrem zuteilungsreifen Vertrag machen. Sie können ihn zum Beispiel einfach fortsetzen und die Zuteilung zu gegebener Zeit beantragen. Weitere Einzahlungen sollten dann aber nicht mehr fließen, weil Sie hierdurch im Normalfall Ihren Darlehensanspruch verkleinern.

> **ACHTUNG**
>
> **Unterschiedliche Kreditkonditionen je nach Finanzierungsanteil**
>
> Beim Zinsvergleich sollten Sie immer beachten, für welchen Teil der Finanzierung Sie den Kredit benötigen. Übersteigt Ihr Geldbedarf die erstrangige Beleihungsgrenze, kommen bei der Bank Zinsaufschläge dazu, beim Bausparkredit nicht. Fällt der Effektivzinsnachteil zur erstrangigen Bankkondition nur gering aus, kann dies dazu führen, dass das Bauspardarlehen doch die bessere Wahl ist.

Um das Maximale herauszuholen, wäre aber auch eine **Vertragserhöhung** zu überlegen. Und zwar so, dass der Vertrag mit den geplanten weiteren Einzahlungen zum Zieltermin wieder in der Zuteilung ist. Dadurch erhöhen Sie den Darlehensanspruch. Diese Strategie ist vor allem sinnvoll, wenn die Hypothekendarlehen von Kreditinstituten deutlich teurer sind.

Lassen Sie sich vor der Erhöhung aber die damit verbundenen Konsequenzen, wie die Veränderung der Bewertungsziffer und eventuelle Sperrfristen, erläutern. Bei Tarifen, die nicht mehr im Neugeschäft verkauft werden, kann eine Aufstockung der Bausparsumme auch zu einem kompletten Tarifwechsel führen. Sind die Bedingungen der Neuverträge schlechter, lassen Sie besser alles, wie es ist.

→ **TIPP Finanzierungsprofis helfen bei der Berechnung**
Fühlen Sie sich mit so viel Finanzmathematik überfordert, sollten Sie Kontakt mit einem Baufinanzierungsberater einer Verbraucherzentrale (Adressen → Seite 192) aufnehmen. Diese verfügen über das Wissen und die nötige Software, um den Effektivzinsvergleich zwischen Bauspardarlehen und Bankhypothek für Sie durchzuführen.

Sie besitzen noch keinen Bausparvertrag

In einer anderen Ausgangssituation sind Bauherren, die noch keinerlei Berührung mit einer Bausparkasse hatten. Gehören Sie zu dieser Gruppe, müssen Sie die Frage beantworten, ob ein Bausparvertrag für Sie eine der tragenden Säulen Ihrer geplanten Finanzierung werden soll. Die Antwort darf natürlich nicht einfach aus dem Bauch heraus gegeben werden. Basis einer vernünftigen Entscheidung sollte eine Gegenüberstellung der Bausparfinanzierung mit den sich bietenden alternativen Finanzierungsmodellen sein. Wie diese aussehen, hängt vor allem von Ihrem **persönlichen Planungshorizont** ab.

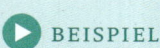 BEISPIEL

Vorausplanung der Bausparfinanzierung

Sie schließen einen **Bausparvertrag** über eine Summe von 50.000 Euro ab. Der Tarif sieht eine Abschlussgebühr von 1 Prozent der Bausparsumme, eine Mindestansparung von 40 Prozent und eine Guthabenverzinsung von 1,5 Prozent p.a. vor. Mit einem Regelsparbeitrag von 4 Promille der Vertragssumme, also 200 Euro monatlich, erreichen Sie die Zuteilung nach acht Jahren und zwei Monaten. Das Guthaben beträgt exakt 20.265 Euro. Das Bauspardarlehen beträgt dann 29.735 Euro. Der Sollzins liegt bei jährlich 4 Prozent. Mit den tariflich festgelegten Zins- und Tilgungsraten von 300 Euro (= 6 Promille der Bausparsumme) ist das Darlehen nach zehn Jahren und einem Monat getilgt. Der **Gesamtaufwand für den Kredit** summiert sich auf 36.155 Euro.

Peilen Sie beispielsweise den Einstieg in die eigenen vier Wände erst in ca. **acht bis zehn Jahren** an, geht es vor allem darum, wie Sie Ihr Vorhaben langfristig finanziell am besten vorbereiten. Das kann zum Beispiel durch den Abschluss eines Bausparvertrags geschehen. Mit der Einzahlung der Regelsparraten dürfte im Normalfall die Zuteilungsreife im Planungszeitraum zu erreichen sein. Da Ihr Ziel das günstige Bauspardarlehen ist, fällt die Tarifwahl am besten auf einen Finanzierertarif mit niedrigem Kreditzins und einer Mindestansparung von möglichst nur 40 Prozent der Bausparsumme. Wie die Finanzierung unter diesen Bedingungen ablaufen kann, zeigt das Beispiel auf Seite 114.

So weit die Bausparfinanzierung – als Finanzierungsalternative könnten Sie das Ansparen des Kapitals auch selbst in die Hand nehmen und anschließend ein normales Hypothekendarlehen aufnehmen. Ob Bank- oder Bausparfinanzierung günstiger ist, hängt von verschiedenen Einflussfaktoren ab, nämlich

→ von den Guthaben- und Kreditzinsen des Bausparvertrags,
→ der Höhe der Abschlussgebühr,
→ den Modalitäten zu Mindestansparbetrag und Rückzahlungsdauer,
→ den Guthabenzinsen für den alternativen Banksparvertrag,
→ den Zinsen für das alternative Hypothekendarlehen.

An diesen Beispielen zeigt sich das Kernproblem, eine Entscheidung zu treffen: Niemand kann Ihnen im Voraus sagen, welcher Finanzierungsweg der beste für Sie ist. Letztlich ist ein aussagefähiger Vergleich nur im Rückblick möglich. Allerdings können Sie sich zumindest eine eigene Meinung darüber bilden, wie die Sache ausgehen könnte, wenn bestimmte

 **BEISPIEL**

Vergleich von Bauspar- und Bankfinanzierung

Angenommen, Sie erzielen mit einem **Banksparvertrag** eine Verzinsung von 2,0 Prozent pro Jahr. Dann beträgt das Guthaben bei Einzahlungen von 200 Euro im Monat nach acht Jahren und zwei Monaten 21.293 Euro. Im Vergleich zum Bausparguthaben sind das rund 1.000 Euro mehr. Um den Gesamtbedarf von 50.000 Euro zu decken, müssen Sie somit nur ein Baudarlehen über 28.707 Euro aufnehmen. Darlehensgebühren fallen dabei nicht an.

Allerdings könnten bis dahin die Zinsen gestiegen sein und die Bank verlangt einen Kreditzins von nominal 7 Prozent jährlich. Mit monatlichen Tilgungsraten von 300 Euro ist der letzte Euro dann nach elf Jahren und neun Monaten getilgt. Der Gesamtaufwand des Kredits beträgt 42.133 Euro. Also rund 5.500 Euro mehr als bei der Bausparfinanzierung. Das Darlehen dürfte nur einen Effektivzins von maximal 5,07 Prozent pro Jahr haben, damit das Modell nicht teurer als der Bausparvertrag wird.

Annahmen eintreten. Dies betrifft insbesondere die zukünftige Zinsentwicklung.

Vor allem bei Verträgen mit kleineren Summen beeinflusst auch eine mögliche Förderung mit Wohnungsbauprämie und/oder Arbeitnehmer-Sparzulage das Vergleichsergebnis – natürlich zugunsten des Bausparvertrags.

Ob Sie mit dem beschriebenen Alternativmodell besser fahren als mit einer Bausparfinanzierung, hängt vor allem von der allgemeinen Zinsentwicklung ab. Können Sie während einer Hochzinsphase ansparen und anschließend zu günstigen Bankkonditionen finanzieren, haben die Bausparkassen keine Chance. Denn der in der Ansparphase eingetretene Zinsverlust ist zu hoch, um durch relativ geringe oder sogar keinerlei Zinsvorteile beim Bauspardarlehen aufgewogen zu werden. Sollten dagegen die Marktzinsen in absehbarer Zeit noch niedrig bleiben, langfristig aber wieder deutlich steigen, werden die heutigen Bauspareinsteiger voraussichtlich auf der Gewinnerseite stehen. Geringen Zinseinbußen in der Sparphase steht dann ein hoher Zinsvorteil bei der Finanzierung gegenüber. Mit niedrigem Kostenaufwand hätten Sie sich in diesem Fall günstige Zinsen gesichert.

→ **TIPP Kompromiss erwägen**
Sind Sie unsicher, können Sie auch eine Kompromisslösung wählen: Schließen Sie zunächst einen niedrigen Bausparvertrag ab, mit dem Sie im Idealfall die staatliche Förderung kassieren. Achten Sie darauf, dass der Tarif später den Wechsel in eine Finanziervariante ermöglicht, und zwar ohne große Nachteile. Bleibt das Zinsniveau niedrig, lassen Sie sich nach Ende der Sperrfrist das Guthaben auszahlen und setzen es als Eigenkapital ein. Steigen dagegen die Kapitalmarktzinsen, können Sie den Vertrag aufstocken, sofern die Bausparkasse zustimmt, und das Bauspardarlehen als Baustein in Ihre Finanzierung einbeziehen.

Gehen Sie schon heute fest von langfristig steigenden Zinsen aus und wählen daher die Bausparvariante, sollten Sie sorgfältig den passenden Vertragspartner und den richtigen Tarif aussuchen. Eigenständig ist das für Finanzierungsneulinge allerdings kaum möglich.

Eine wichtige Hilfestellung bieten die von der Stiftung Warentest regelmäßig durchgeführten und in der Zeitschrift *Finanztest* veröffentlichten Anbietervergleiche. Hier finden Sie für verschiedene Planungszeiträume sowohl die besten Kassen als auch die bedarfsgerechtesten Vertragstarife.

Konsequenzen bei kürzerer Vorbereitung
Wenn Ihr Planungshorizont deutlich kürzer als acht bis zehn Jahre ausfällt, müssen Sie die gleichen Überlegungen anstellen. Die Al-

ternative zum Bausparvertrag ist wiederum die Kombination aus Ansparvertrag und Bankhypothek, nur dass sich die Ansparphase jetzt entsprechend verkürzt. Ebenso fordert die Tatsache, dass das Bauspardarlehen jetzt deutlich früher abrufbereit sein muss, Konsequenzen bei der Tarifwahl und beim Ansparen des Vertrags.

Planen Sie mit einem Zeitraum von **fünf bis sechs Jahren**, lässt sich das unter Umständen noch durch übertarifliche Ratenzahlungen bewerkstelligen. Liegt der Zieltermin aber deutlich früher, helfen nur weitere Sonderzahlungen und die Wahl eines **Schnellspartarifs**. Sonst werden Sie an einer Zwischenfinanzierung nicht vorbeikommen, wenn über die volle Vertragssumme verfügt werden soll. Und das treibt die Kosten in die Höhe. Aber auch eine schnellere Zuteilung hat Folgen: Die meisten Schnellspartarife sehen hohe Tilgungsraten vor, die Ihr Budget sprengen könnten.

Der schnellste Weg zur Zuteilung führt über die **Soforteinzahlung des Vertrags**. Das heißt, Sie zahlen bei Vertragsabschluss auf einen Schlag die volle Mindestsparsumme ein. Aber auch dann ist noch Geduld gefordert, denn bereitgestellt wird die Bausparsumme im Normalfall frühestens nach zwei bis vier Jahren. Ob sich solche Aktionen überhaupt lohnen, hängt wiederum von der Entwicklung an den Kapitalmärkten ab, wobei aufgrund der kurzen Ansparphase der künftige Hypothekenzins die zentrale Rolle spielt. Vor allem, wenn er während der einkalkulierten Vorlaufzeit stark ansteigt, kann der günstige Bausparkredit seine Vorteile voll ausspielen.

Sofortfinanzierung – lohnt sich das?

Selbst wenn die Finanzierung sofort starten soll und Sie bisher noch keinen Cent in einen Bausparvertrag gezahlt haben, weisen die Bausparkassen Ihnen nicht die Tür. In solchen Fällen besteht die Möglichkeit einer Sofortfinanzierung. Das Modell funktioniert so, dass gleichzeitig mit der Unterzeichnung eines Bausparvertrags in Höhe des benötigten Geldbetrags ein Vorausdarlehen aufgenommen wird. Der Kreditbetrag fließt an Sie, um die Baukosten oder den Kaufpreis der Immobilie zu finanzieren. In der Folgezeit zahlen Sie für den Kredit Zinsen, aber keine Tilgungsraten. Denn zur Tilgung wird parallel der Bausparvertrag angespart. Ihre Belastung besteht in dieser Phase also aus den Zinsraten und den Bausparbeiträgen.

Bei Erreichen der Zuteilung wird mit der sich aus Sparguthaben und Bauspardarlehen zusammensetzenden Bausparsumme das Vorausdarlehen auf einen Schlag zurückgezahlt. Anschließend erfolgt ganz normal die Rückzahlung des Bausparkredits mit den vertraglich festgelegten Tilgungsbeiträgen.

Ob sich das Modell rechnet, zeigt wieder nur der Vergleich mit Alternativen. In diesem Fall könnten Sie anstelle des Bauspar-

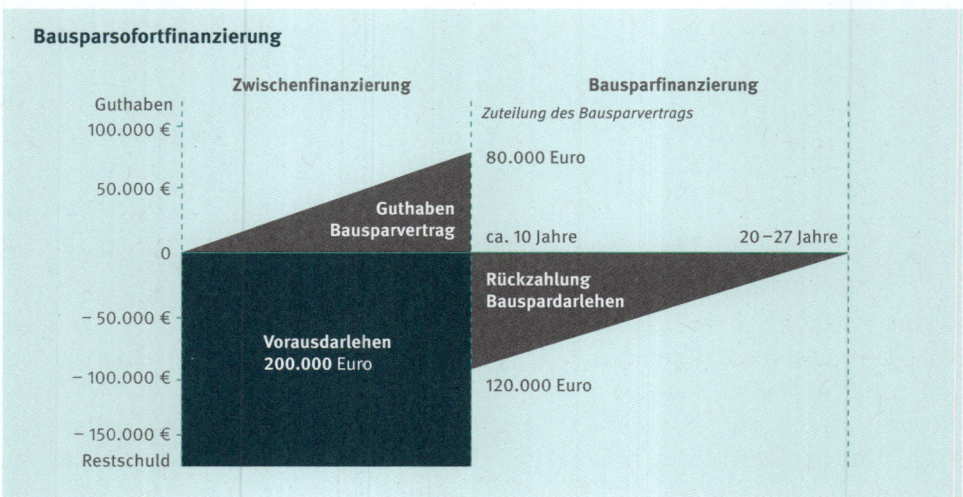

produkts über denselben Betrag einfach ein normales Hypothekendarlehen bei einer Bank oder Sparkasse aufnehmen. Aufschluss über die Wirtschaftlichkeit bringt der **Effektivzinsvergleich**. Bietet die Bausparkasse eine Zinsfestschreibung bis zum tatsächlichen Zuteilungstermin, besteht in Kombination mit dem festen Zins fürs Bauspardarlehen Zinssicherheit für die Gesamtlaufzeit der Finanzierung. Deshalb müssen Sie als Vergleichsgröße ein Hypothekendarlehen mit ebenfalls sehr langfristiger Zinsbindung heranziehen. Entsprechende Konditionen finden Sie zum Beispiel in den aktuellen Hypothekenzinsvergleichen der Verbraucherzentralen (Adressen → Seite 192).

→ **TIPP** Rechner für den Gesamteffektivzins
Die Stiftung Warentest bietet auf ihrer Website einen Rechner „Bausparen: Sofortfinanzierung" zur Ermittlung des Gesamteffektivzinses zum kostenlosen Download an, www.test.de

Eine Variante der Sofortfinanzierung sind die sogenannten Konstantmodelle. Sie besitzen die folgende Besonderheit: Anders als bei einer normalen Vorausfinanzierung verändert sich nach der Zuteilung des Bausparvertrags nicht die Ratenbelastung. Die Produkte sind so konstruiert, dass Sie vom ersten bis zum letzten Tag der Finanzierung dieselbe Rate zahlen. Wählen können Sie dabei meist zwischen Laufzeiten von ca. 15 und 20 Jahren bis zu 27 Jahren. Dabei gilt natürlich: je kürzer die Laufzeit, desto höher die Ratenbelastung. Ein interessantes Angebot für all diejenigen, die über die gesamte Dauer der Finanzierung eine fest kalkulierbare Belastung wünschen.

Allerdings sollten Sie auch hier nur einsteigen, wenn die Bausparkasse Ihnen den Gesamteffektivzins ermittelt, der die vom ersten bis zum letzten Tag der Laufzeit anfallenden Kosten erfasst. Nur wenige Institute weisen diese Vergleichszahl freiwillig auf dem Konditionentableau aus. Zeigt sich ein Anbieter halsstarrig und verweigert die Effektivzinsangabe selbst auf Nachfrage, kann das nur eine Konsequenz haben: Sie streichen ihn aus der Liste der potenziellen Geldgeber. Denn Bausparkassen mit günstigem Angebot dürften solche Spielchen nicht nötig haben.

Wenn der Bausparvertrag noch nicht zuteilungsreif ist

Im Finanzierungsalltag ist die Bausparfinanzierung oft keine Punktlandung. Wer kann schon heutzutage über acht oder neun Jahre verlässlich planen? So kommt es häufig vor, dass Bausparer das Geld für die Umsetzung der Eigenheimpläne brauchen, bevor die Zuteilung des Bausparvertrags erreicht ist. Dann stellt sich die Frage, was zu tun ist.

In der Regel bieten die Bausparkassen in solchen Fällen eine Vor- oder Zwischenfinanzierung des Vertrags an. Bis die Zuteilung erreicht ist, erhalten Sie einen Kredit in Höhe der Vertragssumme. Das Darlehen wird mit der fälligen Bausparsumme auf einen Schlag zurückgezahlt. Anschließend tilgen Sie den Bausparkredit. In Ihre eigene Tasche fließt bei der Zuteilung also kein Geld mehr. Es erfolgt lediglich eine Überweisung auf das Zwischenkreditkonto.

Das Abwicklungsprinzip entspricht also einer **Sofortfinanzierung** (→ Seite 117 ff.), allerdings mit dem Unterschied, dass schon ein Bausparvertrag besteht und damit die Laufzeit des Zwischenkredits kürzer ausfällt.

 ACHTUNG

Unbedingt als Vergleichsgröße den Gesamteffektivzins wählen

Auch wenn die Gegenüberstellung der jährlichen Effektivzinssätze eigentlich ein Kinderspiel ist, müssen Sie aufpassen, dass Sie nicht in eine von vielen Bausparkassen aufgestellte Falle tappen. Denn verwertbare Ergebnisse bekommen Sie nur, wenn Sie als Vergleichsgröße den Gesamteffektivzins des Bausparmodells wählen. Und den liefern Ihnen viele Anbieter nicht oder nur auf Nachfrage. Lieber werben sie mit günstigen Konditionen für das Vorausdarlehen und den anschließenden Bausparkredit.

Das ist aber noch nicht einmal die halbe Wahrheit. Wer sich davon blenden lässt, vergisst einen wichtigen **Kostenfaktor**: Während der Phase der Vorfinanzierung zahlen Sie nämlich für den Kredit deutlich mehr, als Sie als Guthabenzins von der Bausparkasse bekommen. Der entstehende Zinsverlust treibt zwar die Finanzierungskosten kräftig in die Höhe, wird aber weder in den Effektivzins des Voraus- noch des Bauspardarlehens eingerechnet. Klarheit bringt nur der Gesamteffektivzins, zu dessen Angabe die Anbieter jedoch nicht gesetzlich verpflichtet sind.

Die Nachteile des Sofortgelds bleiben dabei aber leider erhalten. Voraus- oder Zwischenfinanzierungsdarlehen werden nicht zum billigen Zins des Bausparkredits bereitgestellt, sondern zu marktüblichen Finanzierungskonditionen. Bis zur Zuteilung zahlen Sie also deutlich mehr Zinsen, als Sie gleichzeitig für Ihr Vertragsguthaben erhalten. Die Verlustspanne verteuert natürlich Ihre Finanzierung, insbesondere in Hochzinsphasen.

Deshalb muss das Ziel Ihrer Planungen immer sein, die **Dauer der Zwischenfinanzierung** so kurz wie möglich zu halten oder, besser noch, diese ganz zu vermeiden. Zudem sollten Sie darauf achten, dass der Kredit jederzeit bei Zuteilung des Bausparvertrags abgelöst werden kann. Sonst droht Ihnen als Zusatzaufwand noch die Zahlung einer sogenannten Vorfälligkeitsentschädigung (→ Seite 161 ff.).

Wenn eine Vor- oder Zwischenfinanzierung zu den unliebsamen Ereignissen innerhalb der Bausparfinanzierung gehört, stellt sich natürlich die Frage, welche Alternativen es dazu gibt. Grundsätzlich haben Sie folgende weitere Handlungsmöglichkeiten:
1. Kündigung des Bausparvertrags,
2. Ermäßigung der Bausparsumme,
3. Bildung von Teilbausparsummen.

1. Kündigung des Bausparvertrags

Die Kündigung des Bausparvertrags ist die rigoroseste Möglichkeit, zumindest an Ihr eingezahltes Guthaben zu kommen. Diese Kündigung können Sie jederzeit aussprechen. Die Rückzahlung des Ersparten erfolgt dann im Normalfall nach Ablauf einer Frist von sechs Monaten. Allerdings verzichten Sie bei einer Kündigung auf das zinsgünstige Bauspardarlehen. Um die Lücke zu stopfen, müssen Sie sich – in Höhe der Differenz zwischen Bausparguthaben und Bausparsumme – ein normales Hypothekendarlehen bei einem Kreditinstitut besorgen.

Als Kostenfaktor der Kündigung ist auf jeden Fall der Verlust der Abschlussgebühr

 GESETZLICHE GRUNDLAGEN

Verlust von staatlichen Zulagen bei vorzeitiger Kündigung

Sowohl die Wohnungsbauprämie als auch die Arbeitnehmer-Sparzulage sind darauf ausgelegt, dass ein Bausparvertrag bis zur Zuteilungsreife bespart wird.

Bei der Wohnungsbauprämie gilt: Wer den Bausparvertrag vor der Zuteilung kündigt, muss bereits gutgeschriebene Prämien wieder zurückzahlen.

Wer Arbeitnehmer-Sparzulage erhält, muss die Siebenjahresfrist beachten, wenn er den Bausparvertrag vor dem Erreichen der Zuteilungsreife kündigt. Erst nach Ablauf dieser Frist dürfen Bausparer die Zulagen bei vorzeitiger Kündigung behalten.

einzukalkulieren. Denn die gibt es bei einigen Tarifen nur dann zurück, wenn Sie bei Zuteilungsreife auf das Darlehen verzichten. Ebenso kann ein nachträglicher Zinsbonus für Nur-Sparer verloren gehen. Sollten Sie das Geld bereits vor Ablauf der Kündigungsfrist benötigen, müssen Sie außerdem damit rechnen, dass Ihnen die Bausparkasse für die vorzeitige Auszahlung eine „Entschädigung" zum Beispiel als „zusätzliche Beträge" vom Guthaben abzieht.

Bevor Sie Ihren Bausparvertrag kündigen, sollten Sie sich anhand der Vertragsbedingungen über die Folgen informieren. Eventuelle Kosten können Sie bei der Bausparkasse erfragen.

2. Ermäßigung der Bausparsumme

Die Ermäßigung der Bausparsumme kommt als Alternative zur Kündigung bzw. Vor- und Zwischenfinanzierung in Betracht. Sinn und Zweck einer solchen Vertragsänderung liegt darin, eine schnellere Zuteilung des reduzierten Vertrags zu erreichen und dadurch die Kosten einer Überbrückungsfinanzierung zu sparen. Anders als bei einer Kündigung verzichten Sie bei einer Ermäßigung nicht auf das gesamte Bauspardarlehen, sondern nur auf einen Teil der Bausparsumme, der dann anderweitig beschafft werden muss. Dadurch ist auch nur die auf den Differenzbetrag zwischen alter und neuer Bausparsumme gezahlte Abschlussgebühr verloren.

Damit die Vertragsänderung auch greifen kann, sollten Sie sich darüber möglichst schon einige Zeit vor dem Finanzierungstermin Gedanken machen. Gehen Sie die Sache erst kurz vor dem Immobilienerwerb an, müssen Sie unter Umständen immer noch eine gewisse Zwischenfinanzierungsphase in Kauf nehmen.

Die Vertragssumme sollte bei einer Reduzierung möglichst so abgesenkt werden, dass der ermäßigte Vertrag das erforderliche **Mindestguthaben** aufweist (Beispiel → Seite 122).

Die Mindestansparsumme allein stellt jedoch nur eine Voraussetzung zur Zuteilung dar. Entscheidend für den Zeitpunkt der Auszahlung des Vertrags ist vor allem die Höhe der erreichten **Bewertungszahl** (→ Seite 100 f.).

Welche Auswirkungen eine Ermäßigung auf diesen Wert hat, ist eine wichtige Frage. Im günstigsten Fall stellt die Bausparkasse Ihren Vertrag so, als wäre er von Anfang an mit der niedrigeren Bausparsumme abgeschlossen worden. Die neu berechnete Bewertungszahl liegt dann aufgrund der geringeren Vertragssumme deutlich über dem bisher erreichten Wert. Der ermäßigte Vertrag wird unter Umständen schon in der nächsten Zuteilungsperiode ausgezahlt. Weniger kundenfreundliche Varianten sehen dagegen Abschläge von der Bewertungszahl vor. Aufschluss über die Praxis Ihrer Bausparkasse liefert der Blick ins Kleingedruckte.

>  **BEISPIEL**
>
> **Wie die Ermäßigung der Vertragssumme funktioniert**
>
> Sie besitzen einen Bausparvertrag über 50.000 Euro, der eine Ansparleistung von 15.000 Euro aufweist. Das als Zuteilungsvoraussetzung erforderliche Mindestsparguthaben beträgt jedoch 40 Prozent der Bausparsumme, also 20.000 Euro.
>
> Um möglichst schnell an Ihr Guthaben sowie zumindest einen Teil des günstigen Bauspardarlehens zu kommen, wollen Sie den Vertrag so reduzieren, dass er zu 40 Prozent angespart ist und dabei noch einen möglichst hohen Darlehensanspruch gewährleistet. In diesem Fall müssen Sie die Bausparsumme auf 37.000 Euro reduzieren. Ihr Guthaben von 15.000 Euro liegt dann knapp über dem geforderten Mindestsparguthaben von 14.800 Euro (= 40 Prozent von 37.000 Euro). Als Darlehensanspruch bleiben Ihnen nach der Reduzierung 22.000 Euro erhalten.

3. Bildung von Teilbausparsummen

Einige Bausparkassen sehen in ihren Bedingungen erst gar nicht die Möglichkeit vor, die Bausparsumme zu reduzieren. Sie bieten als Alternative die Bildung einer Teilbausparsumme. Hierbei wird die ursprüngliche Bausparsumme in mehrere Teilverträge aufgeteilt, die unabhängig voneinander weitergeführt werden und für die in Zukunft eine getrennte Berechnung der Bewertungszahl (→ Seite 101) erfolgt. Ist es zusätzlich erlaubt, das eingezahlte Sparguthaben auf die Teilverträge beliebig zu verteilen, dann können Sie bei geschicktem Vorgehen die Zuteilung eines Teilbetrags Ihrer ursprünglichen Bausparsumme deutlich beschleunigen. Im besten Fall ist bei der Bildung von zwei Teilverträgen die Einzahlung der gesamten bisherigen Sparleistung auf einen Vertrag möglich, während Sie bei dem anderen Vertrag wieder bei Null beginnen.

Wie bei der Ermäßigung der Bausparsumme sollten Sie aber auch in diesem Zusammenhang darauf achten, welche Auswirkungen die Teilung auf die Bewertungszahl hat und wann mit einer Zuteilung eines Teilvertrags frühestens gerechnet werden kann.

Wenig sinnvoll ist die Bildung einer Teilbausparsumme, wenn das vorhandene Sparguthaben nicht beliebig verteilt werden kann, sondern die Bausparkasse dies nur entsprechend dem Verhältnis der Teilverträge erlaubt. Dann wird trotz Teilung in der Regel eine **längere Vorfinanzierung** notwendig.

Neuere Bauspartarife bieten auch die Möglichkeit, Teilbausparsummen abzurufen, ohne den Vertrag formell zu teilen. Die Höhe der abrufbaren Summe richtet sich dabei nach der bereits erbrachten Ansparleistung. Aber auch hier gilt wieder: Je früher Sie ans Geld wollen, desto schneller müssen Sie mit entsprechend **hohen Tilgungsraten** zurückzahlen und desto teurer wird in der Regel der Bausparkredit.

Wie entscheiden Sie sich für die richtige Alternative?
Nachdem Sie erfahren haben, wie eine Vor- oder Zwischenfinanzierung abläuft, welche Risiken sie mit sich bringt und welche Alternativen existieren, taucht zwangsläufig die Frage auf, mit welcher Möglichkeit Sie im Fall der Fälle am besten fahren. Hierzu vorab: Die allgemeingültige Antwort auf diese Frage gibt es leider nicht!

Denn die richtige Strategie hängt von einigen Faktoren ab, die recht unterschiedlich ausfallen können. Dazu gehört zum Beispiel die Höhe des angesparten Vertragsguthabens. Je geringer das Kapital, desto länger müssen Sie teuer zwischenfinanzieren.

Natürlich spielt auch wieder das allgemeine Zinsniveau eine wichtige Rolle. Gibt es Hypothekendarlehen für ähnlich **günstige Effektivzinssätze** wie Bauspardarlehen – oder sogar niedrigere –, dann ist es bei einem sofortigen Geldbedarf meist sinnlos, weiterzusparen. Im Gegenteil: Eine Vertragskündigung und der Abschluss eines Bankdarlehens können in dieser Situation sogar kräftig Kosten senken.

In Zeiten **teuren Baugelds** ist es dagegen oft besser, die Zwischenfinanzierungskosten in Kauf zu nehmen, um den Anspruch auf das billige Bauspardarlehen zu erhalten. Eine Zwischenlösung, um die Zuteilung zu beschleunigen, kann dabei eine Vertragsreduzierung oder die Bildung einer Teilbausparsumme sein.

Endgültigen Aufschluss über den richtigen Weg bringt letztlich immer nur ein konkreter Kostenvergleich auf der Grundlage der jeweils aktuellen Marktkonditionen. Hierbei kann Ihnen zum Beispiel ein Baufinanzierungsberater einer Verbraucherzentrale (Adressen → Seite 192) helfen.

→ TIPP Es geht nicht nur um die Zinskosten
Ziehen Sie bei Ihren Vergleichsrechnungen nicht nur die Zinskosten, sondern auch die Höhe der **monatlichen Belastung** mit ins Kalkül. Insbesondere bei einer Vorfinanzierung noch nicht ausreichend besparter Verträge können deutlich höhere Raten als bei einer Kündigung oder Ermäßigung auf Sie zukommen. Das bedeutet zwar nicht, dass die Vorfinanzierung der schlechteste Weg ist. Sie müssen aber prüfen, ob die laufenden Folgekosten Ihre finanziellen Möglichkeiten übersteigen.

Mit staatlicher Förderung:
Energiesparen und Sanieren

Um die Klimaschutzziele zu erreichen, muss Deutschland den Kohlendioxidausstoß bei der Heizung von Wohnhäusern deutlich senken. Mit öffentlichen Fördermitteln will der Staat daher Bauherren und Hauseigentümer motivieren, den Energieverbrauch ihrer Gebäude durch verbesserte Wärmedämmung und energieeffiziente Heizungsanlagen zu senken.

Wenn Sie als Bauherr ein besonders energiesparendes Haus errichten, haben Sie zumeist deutlich höhere Investitionskosten zu erwarten als bei konventioneller Bauweise, weil spezielle Maßnahmen wie zusätzliche Wärmedämmung oder die Installation eines Lüftungssystems mit Wärmerückgewinnung entsprechend mehr Geld kosten. Auch bei der energetischen Sanierung von Bestandsgebäuden kann Kreditbedarf entstehen, da je nach Umfang der Maßnahmen die Kosten schnell den fünfstelligen Bereich erreichen können.

Wer beim Neubau oder bei der Sanierung Energie sparen will, muss somit erst einmal Geld investieren. Stammt dieses aus einer Kreditfinanzierung, sind damit Zins- und Tilgungsaufwendungen verbunden. Diese werden durch die eingesparten Energiekosten häufig nur teilweise kompensiert.

Das ist das Motiv der staatlichen Förderung: Ein Bauherr oder Eigenheimbesitzer, der für Energiespar-Investitionen Zuschüsse oder besonders zinsgünstige Kredite erhalten kann, verbessert damit seine Kosten-Nutzen-Rechnung. Entsprechend größer ist dann seine Bereitschaft, für den Umwelt- und Klimaschutz Geld ins Eigenheim zu investieren.

Je nach konkreter Baumaßnahme stehen Ihnen verschiedene Förderwege und -programme offen. Die wichtigsten Subventionen finden Sie bei der staatlichen Förderbank KfW und dem Bundesamt für Wirtschaft und Ausfuhrkontrolle (BAFA).

Förderkredite und Zuschüsse der KfW

Die Förderprogramme der KfW richten sich sowohl an Bauherren als auch an Besitzer von Bestandsgebäuden. Gefördert werden in erster Linie der besonders energieeffiziente Neubau, die energetische Sanierung von Bestandsgebäuden sowie der barrierearme Umbau. Angeboten werden zinsverbilligte Kredite und für die Altbausanierung auch nicht rückzahlbare Zuschüsse. Die KfW hat jedem Programm eine Kennziffer zugeordnet – beispielsweise die Nummer 153 für den Förderkredit „Energieeffizient Bauen" –, damit die Interessenten in dem komplexen Angebot an Krediten und Zuschüssen den Überblick behalten.

Je nachdem, ob es sich um einen Förderkredit oder um einen nicht rückzahlbaren Zuschuss handelt, gibt die KfW unterschiedliche Antragsverfahren vor:

→ Die Beantragung eines **KfW-Kredits** erfolgt ausschließlich über die Hausbank des Finanzierungsnehmers oder über einen Finanzierungsvermittler. Eine direkte Darlehensanfrage bei der KfW ist nicht möglich.
→ **Zuschüsse** beantragen Bauherren hingegen online im KfW-Zuschussportal:
   → **www.kfw.de/zuschussportal.**

Für einige Förderzwecke bietet die KfW sowohl verbilligte Kredite als auch direkte Zuschüsse an. In diesen Fällen müssen Sie sich als Bauherr entscheiden, ob Sie den Kredit oder den direkten Zuschuss bevorzugen. Als Entscheidungshilfe dient dabei die Frage, ob Sie Ihre Maßnahme aus Eigenmitteln oder über ein Darlehen finanzieren wollen. Je höher der Eigenkapitalanteil, umso interessanter wird der direkte Zuschuss.

KfW-Förderung beim Neubau

Wenn Sie ein Haus bauen oder einen Neubau erwerben, kommen für Sie in erster Linie folgende KfW-Förderprogramm infrage:
→ das **Kreditprogramm 153** „Energieeffizient Bauen",
→ der **Kredit 270** „Erneuerbare Energien – Standard",
→ der **Zuschuss 431** für die Baubegleitung,
→ der **Zuschuss 440** für Installation von Elektroauto-Ladestationen.

Besonders viel Sparpotenzial bei der Finanzierung bietet das **Programm 153 „Energieeffizient Bauen".** Wenn Sie ein besonders energiesparendes Haus nach den Verbrauchskriterien der KfW errichten, können Sie bis zu 120.000 Euro pro Wohneinheit als Förderkredit erhalten. Je nach erzieltem Energiesparstandard erhalten Sie 15 bis 25 Prozent

> **! WICHTIG**
>
> **Richtige Reihenfolge beachten**
>
> Sowohl für Kredite als auch für Zuschüsse gilt: Erst wenn die Kostenaufstellung mit den Angeboten der ausführenden Betriebe von der KfW genehmigt ist, darf der Bauherr die Aufträge erteilen. Wer seinen Förderantrag erst nach der Auftragserteilung stellt, verliert sämtliche Ansprüche.

des Kreditbetrags als Tilgungszuschuss, damit beträgt die nicht rückzahlbare Förderung bis zu 30.000 Euro. Allerdings liegt die Hürde recht hoch: Für den maximalen Tilgungszuschuss muss der Bauherr ein „KfW-Effizienzhaus 40 plus" nachweisen. Dabei darf der Energiebedarf des Gebäudes höchstens 40 Prozent dessen betragen, was nach den aktuellen Vorgaben des Gebäudeenergiegesetzes (GEG) üblich ist. Darüber hinaus muss das Haus mit einer Fotovoltaikanlage samt Batteriespeicher und einer Lüftungsanlage mit Wärmerückgewinnung ausgestattet sein.

Das **Kreditprogramm 270 „Erneuerbare Energien – Standard"** kommt vor allem bei der Finanzierung von Fotovoltaikanlagen und Batteriespeichern zum Einsatz. Allerdings richtet sich die Höhe des Zinssatzes nach der Bonität des Kreditnehmers und der Qualität der Sicherheiten, sodass aus Sicht des Kreditnehmers im Vergleich zur herkömmlichen Finanzierung nicht immer eine tatsächliche Zinsverbilligung erzielt werden kann.

Im Rahmen des **Zuschussprogramms 431 „Zuschuss Baubegleitung"** übernimmt die KfW die Hälfte des Honorars für einen Energieexperten, der das Bauvorhaben bei der Planung und Durchführung begleitet.

Dr. Johannes Spruth ist Diplom-Physiker und hat über 25 Jahre lang als Energieberater bei der Verbraucherzentrale gearbeitet. Er ist als freiberuflicher Energieberater und Autor tätig und seit einiger Zeit Mitglied bei Scientists for Future.
Er rät: „Die geringsten Anforderungen hat das Effizienzhaus 55. Auch dafür beträgt der Tilgungszuschuss bereits 18.000 Euro je Wohneinheit. Diese Förderung ist so attraktiv, dass es sich in jedem Fall lohnt, ein Effizienzhaus 55 zu bauen und nicht beim Standard des GEG zu bleiben. Näheres und Beispielrechnungen im ‚Ratgeber Heizung' der Verbraucherzentralen. Wichtig: Bei allen Förderprogrammen der KfW muss ein Energieeffizienz-Experte eingebunden werden und eine Baubegleitung ist notwendig. Sie finden die Experten unter www.energie-effizienz-experten.de."

Voraussetzung ist, dass ein Darlehen aus den KfW-Förderprogrammen für Energieeffizienz in Anspruch genommen wird. Der maximale Zuschuss beträgt 4.000 Euro.

Wenn Sie an Ihrem Eigenheim eine Ladestation für ein Elektroauto installieren möchten, können Sie über das **Zuschussprogramm 440** Förderung erhalten. Für Ladestationen an Privathäusern, beispielsweise in Form einer sogenannten Wallbox, zahlt die KfW pro Ladepunkt einen Zuschuss von 900 Euro.

KfW-Förderung bei der Sanierung

Umfassende Förderprogramme gibt es für Immobilieneigentümer, die ihre Wohnimmobilie energetisch sanieren oder altersgerecht umbauen wollen. Die wichtigsten Programme sind

→ das **Kreditprogramm 151/152** „Energieeffizient Sanieren" oder alternativ dazu das **Zuschussprogramm 430**,

→ der **Kredit 167** „Energieeffizient Sanieren – Ergänzungskredit" für die Umstellung der Heizung auf erneuerbare Energien,

→ das **Kreditprogramm 159** „Altersgerecht Umbauen" für Barrierereduzierung und Einbruchsschutz oder alternativ dazu die **Zuschussprogramme 455-B** und **455-E**.

Darüber hinaus können auch der **Zuschuss 440** für die Installation von Elektroauto-Ladestationen, der **Zuschuss 431** für die Baubegleitung und der **Kredit 270** für die Finanzierung von Fotovoltaikanlagen bei entsprechenden Maßnahmen im Gebäudebestand Verwendung finden.

 WICHTIG

KfW-Vorgaben für Sondertilgung und Bereitstellung

Wenn Sie ein KfW-Darlehen in Erwägung ziehen, sollten Sie unbedingt die Regeln der staatlichen Förderbank in Bezug auf Kreditabruf und Sondertilgung beachten. Beim **Abruf des Darlehens** können sich KfW-Kreditkunden bis zu 12 Monate Zeit lassen und den Kredit in mehreren Teilbeträgen abrufen, ohne dass zusätzliche Kosten anfallen. Eine Verlängerung der Abruffrist auf bis zu 36 Monate ist möglich, allerdings fallen dann Bereitstellungszinsen an.

Strenge Bestimmungen gelten, wenn es um **außerplanmäßige Tilgungen** geht: Sondertilgungen sind während der Sollzinsbindung nicht möglich und die vorzeitige Ablösung des Darlehens erlaubt die KfW nur gegen Zahlung einer Vorfälligkeitsentschädigung.

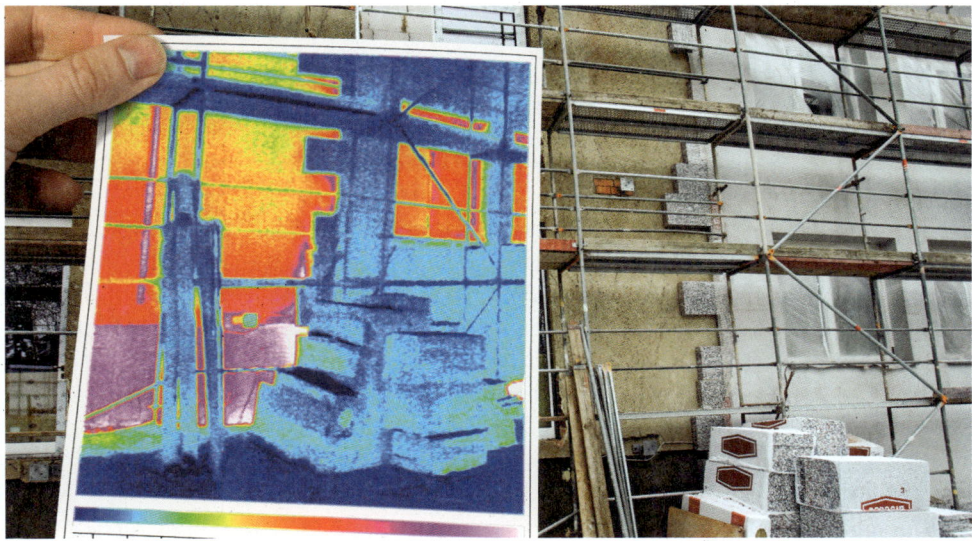

Dank großzügiger Tilgungszuschüsse bietet das **Kreditprogramm 151/152** „Energieeffizient Sanieren" wirkungsvolle Anreize für die Investition in Energiesparmaßnahmen. Bis zu 120.000 Euro können Sie als Darlehen erhalten, wenn Sie Ihr bestehendes Wohnhaus auf den aktuellen Stand der Wärmedämmtechnik bringen. Finanzieren lässt sich nicht nur die Sanierung zum KfW-Effizienzhaus mit vorgegebenen Energieverbrauchswerten. Auch einzelne Maßnahmen wie der Austausch von Fenstern und Außentüren, die Dämmung von Wänden, Dach und Kellerdecken oder die Optimierung der Heizungsanlage können über das Förderdarlehen finanziert werden. Die Höhe des Tilgungszuschusses richtet sich nach dem erzielten Energieverbrauchsstandard:

Alternativ zum Kredit mit Tilgungszuschuss können Sie auch von der KfW den direkten **Investitionszuschuss 430** „Energieeffizient Sanieren" erhalten, ohne dafür ein Darlehen aufnehmen zu müssen. Die prozentualen Zuschüsse entsprechen den Tilgungszuschüssen der Kreditvariante, beziehen sich jedoch auf die nachgewiesene Summe der förderfähigen Investitionskosten.

MASSNAHME	ZUSCHUSS
KfW-Effizienzhaus 55	40 %
KfW-Effizienzhaus 70	35 %
KfW-Effizienzhaus 85	30 %
KfW-Effizienzhaus 100	27,5 %
KfW-Effizienzhaus 115	25 %
KfW-Effizienzhaus Denkmal	25 %
Einzelmaßnahmen (maximaler Kreditbetrag 50.000 Euro)	20 %

Die Umstellung der mindestens zwei Jahre alten Heizung von fossilen Brennstoffen auf erneuerbare Energien lässt sich mit dem **Kredit 167** „Energieeffizient Sanieren – Ergänzungskredit" finanzieren. Förderfähig sind Heizungsanlagen, die den Anforderungen des vom Bundesamt für Wirtschaft und Ausfuhrkontrolle (BAFA) aufgelegten Marktanreizprogramms entsprechen. Dazu zählen insbesondere Wärmepumpen, Holzpellet-Zentralheizungen sowie thermische Solaranlagen mit Unterstützung durch eine Gastherme. Dieser Förderkredit lässt sich mit den BAFA-Zuschüssen kombinieren. Die Obergrenze des Darlehens liegt bei 50.000 Euro pro Wohneinheit.

Dem barrierearmen Umbau und der Verbesserung des Schutzes gegen Einbrecher widmet sich der **Kredit 159** „Altersgerecht Umbauen". Dabei ist die Förderung unabhängig vom Alter des Eigentümers: Wer schon in jüngeren Jahren mit Weitblick vorsorgt oder für ein Familienmitglied mit Behinderungen Barrieren abbauen will, kann diesen Kredit ebenfalls in Anspruch nehmen. Typische Beispiele für förderfähige Maßnahmen sind:

→ der Abbau von Barrieren im Hauseingangsbereich,
→ die Anbringung von Überdachungen am Eingang,
→ der Einbau von Rampen, Aufzügen, Plattform- und Treppenliften,
→ die Verbreiterung von Türen und der Abbau von Schwellen,
→ der barrierefreie Umbau von Toiletten und Badezimmern,
→ die Automatisierung von Rollläden,
→ die Installation eines Notrufsystems.

Auch der Einbau von einbruchhemmenden Außentüren, Fenstern und Garagentoren, die entsprechende Nachrüstung und die Installation von Alarmanlagen können über dieses Kreditprogramm zinsgünstig finanziert werden. Förderfähig sind bis zu 50.000 Euro pro Wohneinheit.

Die alternativ zum Kredit angebotenen **Direktzuschüsse 455-B** „Barrierereduzierung" **und 455-E** „Einbruchschutz" eignen sich, wenn die Umbaumaßnahmen vorwiegend aus Eigenmitteln finanziert werden. Bei der Barrierereduzierung gibt es 10 Prozent der förderfähigen Kosten, maximal jedoch 5.000 Euro. Erreicht das Gebäude den KfW-Standard „Altersgerechtes Haus", erhöht sich der Zuschuss auf 12,5 Prozent und maximal 6.250 Euro. Beim Einbruchschutz gilt eine Kostenstaffel: Für die ersten 500 Euro gibt es keinen Zuschuss, für die nächsten 500 bis 1.000 Euro gibt es 20 Prozent und für weitere Kosten ab 1.000 Euro bis 15.000 Euro nochmals 10 Prozent Zuschuss. Damit können Bauherren maximal 1.600 Euro erhalten.

Zuschüsse für ökologische Heizungen vom Bundesamt für Wirtschaft und Ausfuhrkontrolle (BAFA)

Zu Beginn des Jahres 2020 hat die Bundesregierung im Rahmen der Umsetzung ihrer Klimaschutz-Pläne die Förderung für die Heizungsumstellung erheblich ausgeweitet. Eigenheimbesitzer, die ihre Heizung auf erneuerbare Energien umstellen wollen, können seitdem von üppigen Zuschüssen des BAFA profitieren. Auch bei der Errichtung eines Neubaus sind für bestimmte Energieträger Zuschüsse möglich. Gefördert werden:

→ **thermische Solarkollektoranlagen** für die Warmwasserbereitung oder Heizungsunterstützung,

→ **Biomasse-Zentralheizungen,** die mit Pellets, Hackschnitzeln oder als Scheitholz-Vergaserkessel betrieben werden,

→ **Wärmepumpen,** die allein oder in Kombination mit einer Gastherme als Zentralheizung eingesetzt werden.

Wie hoch die Förderung ausfällt, hängt sowohl vom bisherigen Energieträger als auch von der Funktionsweise der neuen Heizungsanlage ab (siehe Tabelle Seite 133). Im günstigsten Fall lassen sich 45 Prozent der Investitionskosten direkt vom Staat zurückholen.

Pro Wohneinheit erkennt das BAFA maximal 50.000 Euro als förderfähige Investitionskosten an.

Zu den förderfähigen Kosten zählen nicht nur die Aufwendungen für die Installation der neuen Heizungsanlage, sondern auch die direkt damit zusammenhängenden Nebenkosten etwa für den Austausch von Heizkörpern, bauliche Veränderungen im Heizraum und am Kamin, Erdbohrungen bei der Installation von Erdwärmepumpen, die Stilllegung und Entsorgung des alten Öltanks oder bei der Umstellung von Öl auf eine Gas-Solar- oder Gas-Wärmepumpen-Kombination den Gas-Hausanschluss. Besonders attraktiv ist der Austausch von Ölheizungen, da hier die Förderung mit einer „Abwrackprämie" aufgestockt wird.

Dr. Johannes Spruth ist Diplom-Physiker und hat über 25 Jahre lang als Energieberater bei der Verbraucherzentrale gearbeitet. Er ist als freiberuflicher Energieberater und Autor tätig und seit einiger Zeit Mitglied bei Scientists for Future. Er empfiehlt: „Wollen Sie eine alte Öl- oder Gasheizung austauschen, dann ist die Förderung ausgeschlossen, wenn die Heizung nach den Vorgaben des GEG ausgetauscht werden müsste. In vielen Fällen dürfte es sich jedoch bereits um ein Niedertemperaturgerät (NT) handeln. Selbst für sehr alte NT-Kessel besteht keine Austauschpflicht. Kombinieren Sie nun mit dem neuen Gas-Brennwertkessel eine ausreichend große thermische Solaranlage, so erhalten Sie 30 bzw. 40 Prozent der gesamten Investitionskosten für Heizung und Solaranlage als Zuschuss. Das ist in vielen Fällen kostengünstiger, als nur einen neuen Heizkessel zu kaufen. Sie verringern außerdem Ihre Energiekosten und die Klimabelastung. Lassen Sie sich bei der Verbraucherzentrale beraten."

Fördersätze des BAFA für Heizen mit erneuerbaren Energien

ART DER HEIZUNGSANLAGE	GEBÄUDEBESTAND		NEUBAU
	Fördersatz	Fördersatz bei Austausch einer Ölheizung	Fördersatz
Thermische Solaranlage	30 %	30 %	30 %
Wärmepumpe oder Biomasse-Heizung (z.B. mit Holzpellets)	35 %	45 %	35 %
Kombinierte Heizungen mit Solar, Wärmepumpe oder Biomasse	35 %	45 %	35 %
Nachrüstung der bestehenden Biomasse-Heizung mit Partikelabscheider oder Brennwerttechnik	35 %	—	35 %
Hybridheizung Gas plus Solar, Wärmepumpe oder Biomasse	30 %	30 %	—
Gasheizung mit Vorbereitung für die spätere Einbindung erneuerbarer Energien	20 %	20 %	—

Quelle: BAFA (Stand: Oktober 2020)

Die BAFA-Zuschüsse lassen sich mit KfW-Förderkrediten kombinieren. Damit können Bauherren den nach der BAFA-Förderung verbleibenden Kostenanteil über einen zinsgünstigen KfW-Kredit finanzieren. Die Summe von BAFA-Zuschuss und KfW-Kredit darf jedoch die Gesamtkosten der Modernisierungsmaßnahme nicht übersteigen.

→ **TIPP Alle Kalkulationen vorab einreichen**
Die BAFA-Zuschüsse bemessen sich nach den vorab eingereichten Kostenvoranschlägen, eine nachträgliche Aufstockung ist nicht möglich. Achten Sie daher darauf, dass alle später anfallenden Kosten im Antrag berücksichtigt sind. Falls Handwerker aufgrund von Unwägbarkeiten bei einzelnen Positionen vorab eine Preisspanne anbieten, sollte im Kostenvoranschlag die obere Grenze der Spanne aufgeführt werden.

Steuervorteile bei der energetischen Sanierung

Alternativ zur BAFA- und KfW-Förderung können Sie seit einiger Zeit bei der Durchführung einer energetischen Sanierung Ihres Wohnhauses die dadurch entstandenen Kosten auch steuerlich geltend machen. Zwar gab es schon vor 2020 die Möglichkeit, Handwerkerkosten in beschränktem Rahmen von der Einkommensteuer abzusetzen. Allerdings bezog sich die alte – und für andere Handwerkerleistungen immer noch geltende – Regelung nur auf die Lohnkosten, nicht aber auf das Material.

Nach den neuen Regeln ist der Steuerabzug weitaus großzügiger, wenn Sie mit Ihren Modernisierungsmaßnahme den Energieverbrauch Ihres Hauses senken. Die Kriterien für den erweiterten Steuerabzug entsprechen den Vorgaben, die die KfW beim Investitionszuschuss 430 „Energieeffizient Sanieren" für Einzelmaßnahmen anwendet.

Analog zu diesem Zuschuss beträgt auch beim Steuerabzug die Förderung 20 Prozent. Allerdings wird dem Bauherrn das Geld nicht wie beim KfW-Zuschuss ausgezahlt, sondern er darf den Betrag verteilt über einen Zeitraum von drei Jahren von seiner Einkommensteuerschuld abziehen.

Nicht zulässig ist hierbei eine Doppelförderung. Das bedeutet, dass Sie den Steuerabzug nur in Anspruch nehmen dürfen, wenn

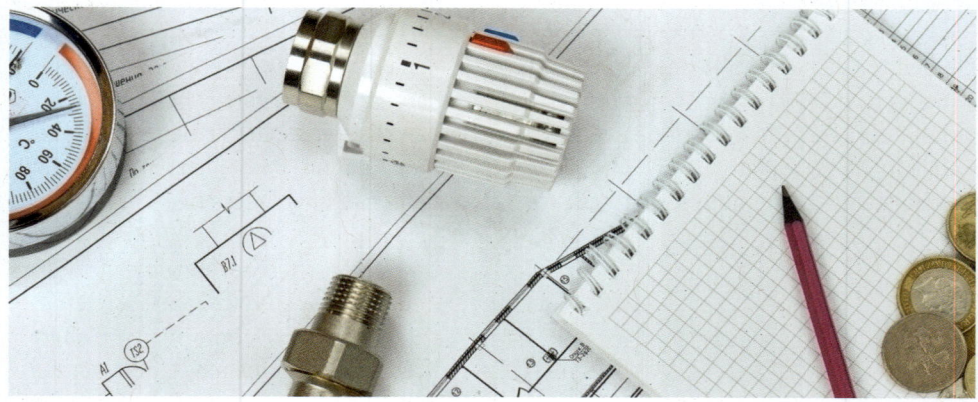

Sie für das Sanierungsvorhaben weder von der KfW noch von der BAFA Fördermittel in Anspruch genommen haben.

Da die steuerliche Förderung mit 20 Prozent gleich hoch ist wie der KfW-Zuschuss und überdies nur über einen Zeitraum von drei Jahren verteilt werden kann, stellt sich die Frage, ob es nicht sinnvoller ist, von vornherein auf den Steuervorteil zu verzichten und lieber den KfW-Zuschuss in Anspruch zu nehmen. In drei Fällen ist jedoch der Steuerabzug besser geeignet als der KfW-Zuschuss:

→ **Verspäteter Förderantrag.** Wenn Sie die Aufträge an die Handwerker vor der Förderzusage der KfW erteilt haben, erlischt der Anspruch auf Zuschuss. In diesem Fall steht Ihnen noch der Weg des Steuerabzugs offen, da hier keine Vorabgenehmigung erforderlich ist.

→ **Hohe Investitionssumme.** Mit dem KfW-Zuschuss werden Einzelmaßnahmen in Höhe von maximal 50.000 Euro pro Wohneinheit begünstigt. Wenn die Gesamtkosten höher sind, ist der Steuerabzug interessanter, da hier das Limit bei 200.000 Euro liegt.

→ **Es wird kein Energieeffizienz-Experte benötigt.** Die Bescheinigung des Fachunternehmens zur Einhaltung der Vorgaben ist ausreichend.

Eigenheimförderung: Wohn-Riester und Fördermittel der Länder

Die günstigste Möglichkeit, zumindest einen Teil der Lücke zu schließen, die sich zwischen Baukosten oder Kaufpreis und Ihrem verfügbaren Eigenkapital auftut, besteht darin, sich das Geld zu verbilligten Konditionen vom Staat zu leihen und Zuschüsse zu nutzen. Auf diese Weise können Sie Ihre Finanzierungskosten erheblich senken. Ganz einfach ist das nicht, weil je nach Darlehens- bzw. Zuschussgeber unterschiedliche Kriterien zu beachten sind. Besser Verdienende profitieren gegebenenfalls von einer Steuerersparnis.

Die Grundlagen des Wohn-Riesterns

Aufgrund der demografischen Entwicklung wurde das System der gesetzlichen Altersvorsorge verändert. Die gesetzliche Rentenversicherung bildet für sozialversicherungspflichtig Beschäftigte weiterhin das Fundament, doch werden die Leistungen geringer und die ergänzende private Altersvorsorge wird daher immer wichtiger. Diese fördert der Staat unter anderem im Rahmen der Riester-Rente, die nach dem früheren Arbeits- und Sozialminister Walter Riester benannt ist. Auch Häuslebauer und Immobilienkäufer können von der Riester-Förderung profitieren. Sie erhalten dieselben Zulagen wie diejenigen, die Geld in einen klassischen Riester-Sparplan einzahlen.

Die Rahmenbedingungen der Riester-Förderung

Zulagen vom Staat gibt es im Rahmen des sogenannten Wohn-Riesters auch für das Besparen und die Rückzahlung von **Bausparverträgen**, die Tilgung von **Baudarlehen** und die Einzahlungen in sogenannte **Kombikredite**, eine Mischung aus Bausparvertrag und Zwischenfinanzierungskredit. Darüber hinaus kann Kapital aus Riester-Sparverträgen entnommen werden, um herkömmliche Darlehen zu tilgen, die für die **Finanzierung** des selbst genutzten Wohneigentums eingesetzt werden. Voraussetzung ist, dass mindestens 3.000 Euro dafür aufgewendet werden. Bei Teilentnahmen müssen mindestens 3.000 Euro gefördertes Altersvorsorgevermögen im Vertrag verbleiben.

Darüber hinaus ist Wohn-Riestern nicht nur für den Erwerb und die **Entschuldung** einer selbst genutzten Wohnimmobilie möglich, sondern auch für die Finanzierung des alters- oder **behindertengerechten Umbaus** im Rahmen der Selbstnutzung einer Wohnimmobilie. Dafür gelten unterschiedliche Regelungen und Entnahmehöhen, die vom Zeitpunkt der Anschaffung oder Herstellung der Wohnimmobilie abhängen:

→ mindestens 6.000 Euro, wenn der Umbau innerhalb eines Zeitraums von drei Jahren nach Anschaffung und Herstellung der Wohnung für den Umbau verwendet wird;

→ mindestens 20.000 Euro, wenn das dafür entnommene Kapital wenigstens zu 50 Prozent auf Maßnahmen entfällt, die den Vorgaben der DIN 18040 Teil 2, Ausgabe 2011, entsprechen und der verbleibende Teil der Kosten der Reduzierung von Barrieren in oder an der Wohnung dient.

Die zweckgerechte Verwendung muss ein anerkannter Sachverständiger bestätigen. Der Zulagenberechtigte oder ein Mitnutzer dürfen ferner für die Umbaukosten weder eine Förderung durch Zuschüsse noch durch Steuerermäßigungen nach § 35 A EStG beantragen oder beantragt haben.

Wohn-Riester ist komplex und bau- oder kaufwilligen Verbrauchern stellen sich viele Fragen. Deshalb haben wir die folgenden Ab-

schnitte auch so gegliedert: als Fragen mit den entsprechenden Antworten. Sie zeigen Ihnen, wer unter welchen Voraussetzungen in welcher Höhe von der Förderung profitieren kann, wie das Wohn-Riestern konkret funktioniert und ob es sich überhaupt für Sie lohnt.

Wer bekommt die Riester-Förderung?

Anspruch auf die staatlichen Zulagen haben – egal ob ein klassischer Riester-Vertrag oder ein Wohn-Riester-Vertrag bedient wird – alle Pflichtmitglieder der gesetzlichen Rentenversicherung, also vor allem normale Arbeitnehmer oder pflichtversicherte Landwirte, aber auch Arbeitslose sowie Wehr- und Zivildienstleistende, in der Künstlersozialkasse (KSK) Versicherte, Eltern in Elternzeit sowie geringfügig Beschäftigte, die Sozialversicherungsbeiträge leisten. Ebenso können Beamte und Angestellte im öffentlichen Dienst die Förderung beantragen.

Nicht förderberechtigt sind Selbstständige, ebenso wenig Ärzte, Rechtsanwälte sowie Architekten und Angehörige anderer Berufe, die ihre Altersvorsorgebeiträge in eine berufsständische Versorgungseinrichtung einzahlen. Den Seiteneinstieg können Nichtgeförderte allerdings über ihren Ehepartner schaffen, wenn dieser förderberechtigt ist. Zahlt der Ehepartner die notwendigen Eigenbeiträge in seinen Vertrag ein, erhält der eigentlich nicht zum Kreis der Förderberechtigten zählende Ehepartner ebenfalls zumindest eine Grundzulage. Und das auch ohne eigene Einzahlungen. Voraussetzung: Es muss ein eigener Riester-Vertrag vorhanden sein und ein Eigenbeitrag geleistet werden.

Wie hoch ist die Förderung?

Seit der Einführung der Riester-Rente wurde der Umfang der staatlichen Zuschüsse in Zweijahresschritten bis zum Jahr 2008 gesteigert und im Januar 2018 nochmals erhöht. Danach bekommen Förderberechtigte pro

Die Riester-Förderung im Überblick

Mindesteigenbeitrag für den Erhalt der vollen Zulage	4 % des Bruttoeinkommens, maximal 2.100 Euro pro Jahr
Grundzulage pro förderberechtigter Person	175 Euro pro Jahr
Kinderzulage für vor dem 1.1.2008 geborene Kinder	185 Euro pro Jahr
Kinderzulage für ab dem 1.1.2008 geborene Kinder	300 Euro pro Jahr

Jahr maximal eine Grundzulage von 175 Euro. Je kindergeldberechtigtem Kind winken außerdem zusätzlich 185 Euro bzw. bei ab 2008 geborenen Kindern sogar 300 Euro. Die volle Förderung gibt es jedoch nur, wenn in den Riester-Vertrag jährlich mindestens ein Gesamtbetrag von 4 Prozent des Vorjahresbruttoeinkommens fließt, wobei die Obergrenze 2.100 Euro beträgt. Dabei werden die Zulagen allerdings angerechnet.

Wer nicht das nötige Kleingeld hat, um die vollen Einzahlungen zu leisten, sollte die Flinte nicht gleich ins Korn werfen. Wird nämlich weniger eingezahlt, fallen die Zulagen nicht komplett weg, sondern der Fiskus kürzt sie einfach entsprechend. Die Förderquote bleibt im Verhältnis zum eigenen Kapitaleinsatz deshalb gleich, auch wenn das Ansparguthaben natürlich geringer ausfällt. All diese Bedingungen gelten auch für das Wohn-Riestern.

Profitieren durch Steuerersparnis

Nicht nur Geringverdiener oder Familien mit vielen Kindern profitieren von der Förderung. Auch Besserverdienende mit hoher Steuerbelastung sollten über den Abschluss eines Riester- oder Wohn-Riester-Vertrags nachdenken. Denn außer den Zulagen winken auch satte Steuerersparnisse durch Sonderausgabenabzug gemäß § 10a EStG.

Das Stichwort lautet hier: **Günstigerprüfung**. Bei der Steuererklärung prüft das Finanzamt nämlich automatisch, welche steuerliche Entlastung es bringt, wenn die gezahlten Riester-Beiträge vom steuerpflichtigen Einkommen abgesetzt werden. Fällt die Steuerersparnis höher als die Zulagen aus, gibt es mit der Einkommensteuererklärung eine Gutschrift über die Differenz. Liegt bei einem Single etwa die Steuerersparnis bei 400 Euro, beträgt die zusätzliche Steuergutschrift 225 Euro (400 Euro – 175 Euro Grundzulage). Voraussetzung: Mit der Steuererklärung, in der die Gesamtsparleistung angegeben wird, muss die Beitragsbescheinigung

> **WICHTIG**
>
> **Altersbegrenzung für Riester-Tilgung beachten**
>
> Die Tilgung mit Riester muss bis zur Vollendung des 68. Lebensjahres erfolgen. Wird eine geförderte Immobilie verkauft oder vermietet, müssen die geförderten Beträge nachversteuert werden – es sei denn, sie fließen binnen eines Jahres wieder in einen anderen Riester-Sparvertrag oder innerhalb von zwei Jahren vor oder fünf Jahren nach Ablauf des steuerlichen Veranlagungszeitraums, in dem die Wohnung letztmalig zu eigenen Wohnzwecken genutzt wurde, in den Kaufpreis oder die Baukosten einer anderen selbst genutzten Immobilie.

des Unternehmens vorgelegt werden, bei dem der Riester-Vertrag geführt wird.

Um die Belastungen für den Staatssäckel im Rahmen zu halten, hat der Gesetzgeber die begünstigten Förderbeträge allerdings gedeckelt: Mehr als 2.100 Euro pro Jahr und unmittelbar Förderberechtigtem werden nicht als förderfähig anerkannt. Das gilt auch für Wohn-Riester-Verträge.

Welche Voraussetzungen müssen beim Wohn-Riestern erfüllt werden?

Reicht es bei normalen Riester-Verträgen, als Fördervoraussetzung einen durch die Finanzaufsicht zertifizierten Spar- oder Versicherungsvertrag abzuschließen, ist die Sache beim Wohn-Riestern etwas komplizierter. Zwar braucht der Vertrag auch hier den staat-

lichen Segen, aber die Förderung ist an weitere Voraussetzungen geknüpft. So gibt es die Zulagen nur für selbst genutzte Immobilien. Vermieter gehen also leer aus.

Auch die Verwendung des Verkaufserlöses für den Kauf eines lebenslangen Wohnrechts in einem Senioren- oder Pflegeheim wird als förderunschädlich akzeptiert. Zudem hält sich der Fiskus auch dann zurück, wenn das Haus oder die Wohnung vorübergehend und befristet vermietet wird, weil der Eigentümer aus beruflichen Gründen gezwungen ist, umzuziehen. Spätestens bis zum 67. Lebensjahr muss er dann aber wieder selbst einziehen.

 BEISPIEL

So wirken sich die Zulagen aus

Ein Ehepaar mit zwei vor 2008 geborenen Kindern kann jährlich insgesamt 720 Euro an Zulagen kassieren. Beträgt das Familieneinkommen zum Beispiel 40.000 Euro, müssen dafür insgesamt 1.600 Euro pro Jahr in die beiden Riester-Verträge der Ehepartner eingezahlt werden. Nach Abzug der Zulagen sind als Eigenbeitrag somit nur noch 880 Euro zu überweisen. Würde nur die Hälfte eingezahlt, fiele die Förderung nicht komplett weg, sondern es würden sich auch die Zulagen halbieren.

So funktioniert das Wohn-Riestern

In den Genuss von Zulagen und Steuervorteilen kommen auch Immobilieneigentümer nur auf besonderen Antrag. Der muss auch beim Wohn-Riestern beim jeweiligen Vertragspartner gestellt werden, also bei der Bank oder Bausparkasse. Dank des sogenannten **Dauerzulagenantrags** geht das mittlerweile recht unkompliziert. Nach einem erstmaligen Antrag wickelt das Institut die Anforderung der Zulagen in den Folgejahren automatisch ab. Nur Veränderungen der Familienverhältnisse, die Einfluss auf die Zulage haben, zum Beispiel Geburt eines Kindes oder Scheidung, muss der Kunde dem Institut mitteilen.

Vertragsinhaber müssen sich allerdings selbst darum kümmern, dass der Wohn-Riester-Vertrag optimal bespart wird. Deshalb sollte immer am Jahresanfang der **förderoptimale Einzahlungsbetrag** in Höhe von 4 Prozent des Vorjahresbruttoeinkommens ermittelt und die staatlichen Zulagen davon abgezogen werden. Der Eigenbeitrag muss dann aus der eigenen Tasche in den Vertrag fließen. Wer gut verdient und zusätzliche Steuervorteile bekommt, kann aber auch jeweils den Höchstbetrag von 2.100 Euro inklusive Zulagen einzahlen.

Die Notwendigkeit, zwei Partnerverträge abzuschließen, macht auch das Wohn-Riestern kompliziert. Vor allem wenn die Einzahlungen zur Schuldentilgung beitragen sollen. Dann muss nämlich für jeden Ehepartner ein **eigenes Riester-Tilgungsdarlehen** abgeschlossen werden. Eine weitere Herausforderung ergibt sich, wenn die Ehe-

> **WICHTIG**
>
> **Zwei Verträge für Ehepaare**
>
> Ehepaare müssen eine Besonderheit beachten: Für beide Partner muss ein **eigener Vertrag** abgeschlossen werden. Sind beide berufstätig, wird die 4-Prozent-Grenze für jeden Verdiener gesondert angesetzt. Kinderzulagen fließen dabei grundsätzlich auf das Konto der Mutter. Nur auf gemeinsam gestellten Antrag hin erhält sie der Vater. Bei Geschiedenen wird die Zulage an denjenigen Elternteil gezahlt, der auch das Kindergeld kassiert.
>
> Auch wenn bei einem Ehepaar nur ein Partner berufstätig ist, muss trotzdem ein zweiter Ehepartnervertrag abgeschlossen werden, auf den dann unter Umständen nur die staatlichen Zulagen und keine eigenen Gelder fließen. Als Basis für den insgesamt notwendigen Eigenbeitrag wird dann das Familienbruttoeinkommen herangezogen.

partner unterschiedlich alt sind und daher unterschiedliche Kreditlaufzeiten und damit auch unterschiedliche Kredithöhen ermittelt werden müssen.

Um bei Vertragsabschluss Fehler mit langfristigen Folgen zu vermeiden, sollten sich Riester-Bauherren deshalb vor der Auswahl und dem Abschluss eines Vertrags intensiv mit den Rahmenbedingungen der Förderung beschäftigen – oder sich neutral beraten lassen, etwa bei einer Verbraucherzentrale (Adressen → Seite 192).

Das Riester-Wohnförderkonto

Die Förderung in der Ansparphase ist auch beim Wohn-Riester wieder nur die eine Seite der Medaille. Nach dem seit einigen Jahren für die gesamte geförderte Altersvorsorge geltenden Prinzip der nachgelagerten Besteuerung kassiert der Fiskus im Rentenalter als Ausgleich Steuern auf die Renten, die aus den geförderten Riester-Verträgen fließen. Doch was tun, wenn gar kein Geld fließt, sondern der Vorteil des Sparers darin besteht, dass bestimmte Ausgaben wegfallen? Wie etwa bei Besitzern von Eigenheimen die monatliche Mietzahlung. Denn im mietfreien Wohnen besteht letztlich das zentrale Vorsorgeziel der meisten Bauherren und Immobilienkäufer. Um geförderte Wohneigentümer genauso zu behandeln wie Sparer, die in herkömmlichen Riester-Verträgen Altersvermögen bilden und ihre Renten später versteuern müssen, hat sich der Gesetzgeber eine Umwegkonstruktion ausgedacht: das sogenannte Wohnförderkonto.

Das Wohnförderkonto muss während der Laufzeit von Wohn-Riester-Verträgen von der jeweiligen Bank oder Bausparkasse geführt werden. Darauf werden alle geförderten Eigenbeiträge, die erhaltenen staatlichen Zulagen und auch die eventuell aus anderen Riester-Verträgen für den Immobilienerwerb entnommenen Beträge verbucht. Um auch den Vorteil der zum Beispiel durch geförderte Tilgungsleistungen ersparten Kreditzinsen zu erfassen, werden zusätzlich pro Jahr fiktive Zinsen in Höhe von 2 Prozent pauschal auf den Kontostand aufgeschlagen.

Wohnförderkonto lediglich Berechnungsgrundlage

Bei Rentenbeginn kann von diesem „Schattenkonto" dann natürlich kein Geld abgerufen werden. Der Kontostand des Wohnförderkontos liefert vielmehr die Berechnungsbasis für die im Rahmen der nachgelagerten Besteuerung zu ermittelnde Steuerlast des Immobilieneigners. Und das geschieht folgendermaßen: Der auf dem Wohnförderkonto aufgelaufene Betrag wird durch die Anzahl der vom Renteneintrittsalter bis zum 85. Geburtstag vergehenden Jahre geteilt. Der sich ergebende Teilbetrag muss dann jährlich versteuert werden.

Die Steuerlast kann alternativ aber auch auf einen Schlag beglichen werden. Dann gibt es sogar einen Rabatt von 30 Prozent auf den Stand des Wohnförderkontos. Diese Möglichkeit kann während der gesamten Auszahlphase in Anspruch genommen werden.

In unserem Beispiel (siehe oben rechts) wäre dann im ersten Jahr ein Betrag von 28.000 Euro (70 Prozent von 40.000 Euro) zu versteuern. Bei 25 Prozent Steuersatz würde die Steuerbelastung 7.000 Euro betragen. Allerdings dürfte der Steuersatz bei der Abschlagsregelung deutlich steigen, da der Fiskus so tut, als wären in diesem Jahr 28.000 Euro zusätzlich verdient worden. Bei einem Steuersatz von 30 Prozent läge die einmalige Steuerlast schon bei 8.400 Euro. Rückwirkend gestrichen wird die Rabattregelung zudem, wenn die Immobilie in einem Zeitraum von 20 Jahren förderschädlich verkauft oder vermietet wird. Dann ist der Rabattbetrag nachzuversteuern.

 BEISPIEL

Wie versteuert wird

Auf dem Wohnförderkonto hat sich inklusive Zinsen ein Betrag von 40.000 Euro angesammelt und der Immobilieneigentümer geht mit dem 65. Geburtstag in Rente. Dann wird der Kontostand durch die Anzahl der bis zum 85. Geburtstag vergehenden 20 Jahre geteilt. Der sich ergebende Teilbetrag von 2.000 Euro muss anschließend jährlich versteuert werden. Bei einem Steuersatz von 25 Prozent wären zum Beispiel jährlich 500 Euro an das Finanzamt zu zahlen, in 20 Jahren insgesamt 10.000 Euro.

Riester-Angebote von Banken und Bausparkassen

Wie beim klassischen Riester-Sparen müssen Sie auch beim Wohn-Riestern das Produkt auswählen, das am besten zu Ihren persönlichen Bedürfnissen passt. Auf dem Markt gibt es verschiedene Varianten, die jeweils ihre spezifischen Vor- und Nachteile aufweisen.

Welche Produkte gibt es?

Eine staatliche Förderung gibt es auch beim Wohn-Riester nur, wenn die Einzahlungen in bestimmte zertifizierte Verträge fließen. Als förderwürdig hat der Gesetzgeber drei grundlegende Vertragsarten definiert:
1. Riester-Bausparverträge,
2. Riester-Tilgungsdarlehen,
3. Riester-Kombikredite.

Trotz des gemeinsamen rechtlichen Rahmens weist jede Vertragsart ihre Besonderheiten auf. Außerdem richten sie sich an Sparer oder Immobilienerwerber, die sich in unterschiedlichen Ausgangssituationen befinden. Vor der Entscheidung für ein bestimmtes Produkt sollten Sie daher immer erst prüfen, welche Form des Wohn-Riesterns überhaupt zu Ihren persönlichen Plänen passt. Im Folgenden finden Sie die speziellen Merkmale und Besonderheiten der verschiedenen Vertragsarten.

1. Riester-Bausparverträge

Wie ein Bausparvertrag funktioniert, wurde schon ausführlich im Kapitel „Die Bausparfinanzierung" (→ Seite 93 ff.) beschrieben. So ähnlich läuft es auch beim Wohn-Riester-Bausparvertrag. Zunächst spart der Sparer mit Eigenbeiträgen und Zulagen den Bausparvertrag bis zur Zuteilung der Vertragssumme an, dann wird das Bauspardarlehen mit den laufenden Einzahlungen aus eigener Tasche und vom Staat getilgt.

Die meisten Bausparkassen haben bei ihren Riester-Produkten daher auch in die Schublade gegriffen und bestehende Tarife nur leicht modifiziert. Zum Beispiel – um die gesetzlichen Vorgaben einzuhalten – die Belastung mit Abschlussgebühren auf fünf Jahre verteilt, anstatt das Bausparkonto sofort in voller Höhe zu belasten.

Mittel- bis langfristige Planung
Geeignet sind Riester-Bausparverträge nur für Sparer, die erst in einigen Jahren den Bau oder Kauf einer Immobilie planen. Denn an das zinsgünstige Bauspardarlehen kommt nur heran, wer zuvor den Vertrag über Jahre angespart hat, meist bis zu einer Höhe von 40 oder 50 Prozent der Vertragssumme. Da die Kreditkonditionen schon bei Vertragsabschluss feststehen, geht der Sparer mit der Vertragsunterzeichnung eine Art Zinssicherungsgeschäft ein. Diese Sicherheit will natürlich bezahlt werden. Und zwar nicht nur mit der **Abschlussgebühr** von meist 1 Prozent, sondern vor allem durch den in der Ansparphase zu leistenden **Zinsverzicht**. Denn die meisten Verträge bieten nur magere Guthabenzinsen.

Zerschlagen sich im Nachhinein die Eigenheimpläne, bleibt daher nach Abzug der Abschlusskosten oft kaum ein Zinsertrag übrig und der Sparer fährt mit dem Riester-Bausparvertrag deutlich schlechter als zum Beispiel mit einem herkömmlichen Riester-Banksparvertrag. Platzt der ursprüngliche Immobilientraum, sollte deshalb umgehend der Bausparvertrag gekündigt und das Bausparguthaben in einen anderen Riester-Vertrag eingezahlt werden, um die erhaltene Förderung zu sichern.

Sind Ihre Immobilienpläne noch sehr vage, sollten Sie daher eher die Finger von einem Riester-Bausparvertrag lassen, denn er könnte sich später als echter Renditekiller erweisen. Kommt es dann doch noch zum Eigentumserwerb, kann ein Wohn-Riester-Vertrag immer noch bei Finanzierungsbeginn eingebaut werden, zum Beispiel in Form eines Riester-Tilgungsdarlehens.

2. Riester-Tilgungsdarlehen

Auch mit einem normalen Hypothekardarlehen lässt sich die staatliche Förderung nutzen. Voraussetzung ist lediglich, dass es sich um eine staatlich zertifizierte Kreditvariante handelt und die Schulden bis spätestens zum 68. Geburtstag komplett getilgt sind. Die Förderung gibt es dann auf Tilgungsbeiträge von bis zu 2.100 Euro pro Jahr, wobei wiederum die auf dem Darlehenskonto gutgeschriebenen Zulagen mit angerechnet werden. Zinszahlungen werden dagegen nicht bezuschusst.

Ideal ist diese Form des Wohn-Riesterns für Bauherren und Käufer, die **vor dem Abschluss der Erstfinanzierung** stehen. Nur dann kann ein gefördertes Riester-Tilgungs-

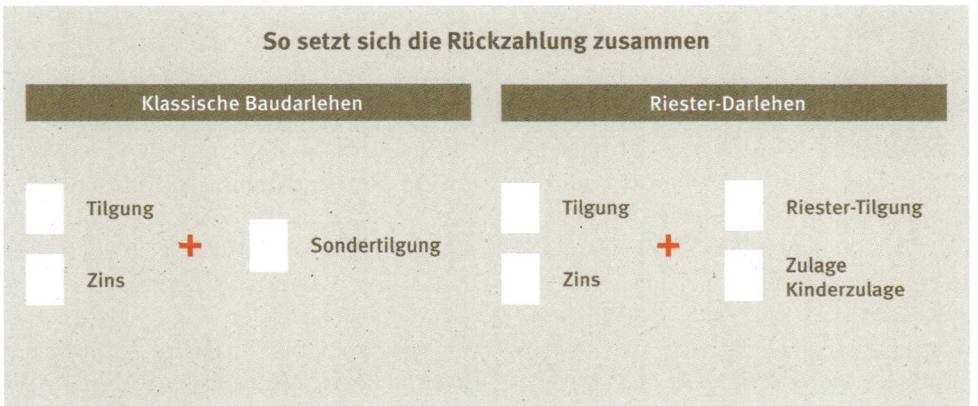

darlehen auch abgeschlossen werden. Nutzen kann ein solches Darlehen allerdings auch, wer später die Anschlussfinanzierung neu gestalten oder eine Umschuldung vornehmen will.

Passt das Timing, gibt es kaum eine lukrativere Form des Riesterns. Denn als **garantierte Rendite** für die geleisteten Beiträge winkt der ersparte Effektivzins des Baudarlehens. Eine höhere sichere Rendite bringt kein anderes Riester-Produkt. Allerdings bieten bisher nur wenige Baufinanzierer entsprechende Riester-Darlehen an. Da hilft nur, bei den für die Finanzierung in die engere Wahl einbezogenen Kreditinstituten direkt nachzufragen oder sich bei einer Verbraucherzentrale (Adressen → Seite 192) beraten zu lassen. Dort können Sie sich ein Konzept für die gesamte Finanzierung aufstellen und gleichzeitig prüfen lassen, ob angebotene Riester-Darlehen auch marktgerechte Konditionen bieten. Wird für den geförderten Kredit nämlich ein satter Zinsaufschlag gegenüber normalen Darlehen fällig, kann es unter dem Strich günstiger sein, Riester-Sparen und Finanzierung zu trennen.

Bewegen sich die Konditionen aber etwa auf dem gleichen Niveau wie andere günstige Marktangebote, sollte die Riester-Hypothek auf jeden Fall in die Finanzierung eingebaut werden.

Thomas Hentschel, Finanzexperte der Verbraucherzentrale NRW, meint:
„Finanzierungen mit Wohn-Riester sind nicht einfach. Zum einen muss die Darlehenstilgung auf den Beginn des Rentenalters abgestimmt werden. Gerade für Ehepaare mit unterschiedlichem Einkommen und Alter wird das zur Herausforderung. Zum anderen ist aufgrund der nachgelagerten Besteuerung des Wohnförderkontos im Alter schwer zu ermitteln, welchen Vorteil oder Nachteil Wohn-Riester insgesamt gebracht hat."

3. Riester-Kombikredite

Viele Bausparkassen bieten eine weitere Finanzierungsvariante auf dem Wohn-Riester-Markt an. Damit wollen sie auch die Sparer bedienen, die eine Immobilie **sofort bauen oder kaufen** wollen – und nicht erst nach dem Ansparen eines Bausparvertrags.

Hier sieht nun die Konstruktion der Kombikredite vor, dass zwar ein Bausparvertrag neu abgeschlossen und langfristig bespart wird, gleichzeitig aber die Vorfinanzierung der Vertragssumme bis zur Vertragszuteilung durch einen tilgungsfreien Zwischenkredit erfolgt. So kommt der Kunde sofort an das benötigte Geld. Als monatliche Rate sind in den ersten Jahren die Zinsen des Zwischenkredits und der Sparbeitrag für den Bausparvertrag zu zahlen. Bei Zuteilung des Bausparvertrags wird dann der Zwischenkredit mit dem Bausparguthaben und -darlehen auf einen Schlag zurückgezahlt. Anschließend wird bis zur vollständigen Tilgung der Zins- und Tilgungsbeitrag für das Bauspardarlehen geleistet.

Diese Konstruktion ist in der Vergangenheit für viele Bauherren zur **Kostenfalle** geworden. Denn was auf den ersten Blick oft sehr günstig aussieht, kann unterm Strich wesentlich teurer werden als eine normale Bank-Hypothekenfinanzierung. Die Effektivzinssätze von Zwischenkredit und Bauspardarlehen allein lassen keine verlässlichen Rückschlüsse auf den tatsächlichen Finanzierungspreis zu, weil sie einen wesentlichen Kostenfaktor nicht erfassen: nämlich den zusätzlichen Zinsaufwand, der dadurch entsteht, dass in der gesamten Phase der Zwischenfinanzierung hohe Kreditzinsen auf die volle Vertragssumme anfallen, während gleichzeitig das Bausparguthaben zu einem Minizins auf dem Bausparvertrag angesammelt wird. Würde das Geld dagegen direkt zur Schuldentilgung verwendet, brächte jede Tilgungsrate als Rendite eine Zinsersparnis in Höhe des Darlehenszinssatzes.

Vergleichbarkeit muss hergestellt werden

Glücklicherweise hat der Gesetzgeber aber diese Tücken der Kombikredite bei der Entwicklung des Wohn-Riesters erkannt und die Anbieter verpflichtet, einen **einheitlichen Effektivzins** für die **Gesamtfinanzierung** zu ermitteln, der auch diese Negativeffekte erfasst. Dieser Effektivzins erlaubt es Ihnen nun, die Angebote der Bausparkassen den Konditionen von Riester-Tilgungsdarlehen mit vergleichbarer Laufzeit direkt gegenüberzustellen und so die kostengünstigste geförderte Finanzierungslösung zu finden.

Nutzung von Guthaben auf Riester-Sparverträgen als Eigenkapital

Wer bereits in der Vergangenheit einen Riester-Vertrag bei einer Bank, Versicherung oder Fondsgesellschaft bespart hat, kann diesen grundsätzlich auch in eine neue Immobilienfinanzierung einbringen.

Grundsätzlich sollte für angehende Bauherren und Käufer die Maxime gelten: Riester-Vermögen zur **Stärkung des Eigenkapitals** nutzen! Denn das verringert den Kreditbedarf und wirft eine gute Rendite in Form ersparter Kreditzinsen ab. Wer trotzdem noch etwas auf dem alten Vertrag stehen lassen will, kann das problemlos tun. Seit 2014 gilt, dass das Kapitel voll entnommen werden kann. Bei einer ebenfalls möglichen Teilentnahme müssen mindestens 3.000 Euro entnommen werden und auch mindestens 3.000 Euro im Vertrag verbleiben.

Bei bereits laufenden Finanzierungen kann Guthaben aus Riester-Verträgen zur Sondertilgung verwendet werden. Egal, wann das Geld entnommen wird, gilt allerdings: Der Entnahmebetrag wird sofort in das **Wohnförderkonto** eingebucht und muss später versteuert werden.

 BEISPIEL

Schneller schuldenfrei mit Riester-Förderung

Wenn ein Ehepaar mit einem nach 2008 geborenen Kind und einem Bruttoeinkommen von 70.000 Euro eine Baufinanzierung in Höhe von 200.000 Euro abschließt, wäre die Familie bei 4,0 Prozent Zinsen und 2,0 Prozent Anfangstilgung mit zusätzlicher Riester-Förderung nach 25 Jahren schuldenfrei. Ohne Riester-Förderung würde zu diesem Zeitpunkt hingegen noch eine Restschuld von 27.600 Euro bestehen.

Lohnt sich Wohn-Riestern und worauf müssen Bauherren und Käufer besonders achten?

Wie beim normalen Riestern gilt auch für das Wohn-Riestern: Es lohnt sich für die meisten Sparer, aber es ist kompliziert. Das beginnt schon bei der Wahl des richtigen Vertrags und dessen optimaler Gestaltung. Vor allem Ehepaare müssen dabei genau hinschauen, denn hier sind gleich zwei Verträge abzuschließen. Am einfachsten geht das mit einem Riester-Bausparvertrag, bei dem die Vertragssumme jeweils auf die Höhe der Einzahlungen und die geplante Laufzeit bis zum Immobilienerwerb abgestimmt werden sollte. Sinnvoll ist diese Form des Wohn-Riesterns meist aber nur, wenn die Eigenheimpläne sehr konkret sind und langfristig mit deutlich steigenden Baugeldzinsen gerechnet wird.

Sonst aber wird den besten Ertrag fast immer die **direkte Investition** von Zulagen und Eigenbeiträgen in ein Riester-Tilgungsdarlehen oder in eine förderfähige Bausparkombifinanzierung bringen. Auch das will individuell gestaltet werden, um die Förderung optimal zu nutzen und die spätere Steuerbelastung zu minimieren.

→ **TIPP Buchung auf Wohnförderkonto immer kontrollieren**
Leistet der Sparer die Einzahlungen so, dass die Zulagenförderung bestmöglich genutzt wird, sollten aber auch nur die Eigenbeiträge und staatlichen Zuschüsse auf dem Wohnförderkonto landen. Das ist nämlich nicht immer automatisch gegeben. Einige Kreditgeber verbuchen, wenn dieses Tilgungsvolumen erreicht wird, im Förderkonto immer den geförderten jährlichen Höchstbetrag von 2.100 Euro – gleichgültig, ob auch tatsächlich Tilgungsleistungen in dieser Höhe gefördert worden sind oder nicht. Die negative Folge für alle Zulagenoptimierer: Später muss ein überhöhter Kontostand versteuert werden.

Der Nachteil eines überhöhten Kontostands droht vor allem Bauherren und Käufern, bei denen es außer der Zulagenförderung keine zusätzliche Steuererstattung auf weitere Einzahlungen gibt. Das betrifft also in erster Linie Sparer mit eher durchschnittlichem Einkommen oder mehreren zulagenberechtigten Kindern. Wer das verhindern will, sollte vor Vertragsabschluss mit dem Wohn-Riester Anbieter genau klären, was auf dem Wohnförderkonto verbucht wird.

Konkret durchgerechnet hat die Stiftung Warentest die Riester-Frage vor einiger Zeit in ihrer Zeitschrift *Finanztest*. Das Ergebnis:

Für viele Verbraucher lohnt es sich, bei der Baufinanzierung die Riester-Förderung gleich einzubauen. Ein wichtiger Aspekt ist die **Zinsersparnis** durch die zusätzliche Tilgung, weil die eingesparten Darlehenszinsen meist höher sind als die Nettoverzinsung eines riesterfähigen Bank-, Versicherungs- oder Fondssparplans.

→ **TIPP Zins entscheidet**
Letztlich entscheidet der Zins darüber, ob sich Wohn-Riester lohnt oder nicht. Wenn eine Riester-Finanzierung genauso günstig oder nur um 0,1 Prozentpunkte teurer ist als ein nicht gefördertes Bankdarlehen, dann lohnt sich das Riestern in aller Regel. Nur wenn das herkömmliche Bankdarlehen deutlich weniger Zinsen kostet als die Riester-Variante, ist es empfehlenswert, den traditionellen Baukredit abzuschließen und anderweitig zu riestern.

Um den Durchblick im Riester-Dschungel zu behalten, kann die unabhängige Beratung durch eine Verbraucherzentrale (Adressen → Seite 192) hilfreich sein. Dort kann dann gleich auch das gesamte Finanzierungskonzept auf seine Stabilität geprüft werden. Denn bei aller Wohn-Riester-Förderung ist eins klar: Die staatliche Unterstützung kann den Einstieg ins Eigenheim zwar erleichtern, klappen wird er aber nur, wenn ausreichend

RECHT

Was passiert, wenn der Eigentümer stirbt?

Stirbt der Eigentümer einer riestergeförderten Immobilie, richten sich die Folgen einerseits nach seinem Familienstand, andererseits nach der Art des abgeschlossenen Wohn-Riester-Vertrags.

Gibt es einen **überlebenden Ehepartner**, muss die Immobilie nur innerhalb eines Jahres in dessen Eigentum übergehen, um eine Fehlverwendung zu vermeiden. Allerdings geht dann ebenso das Wohnförderkonto auf den neuen Eigentümer über und dieser muss später dann auch die Steuern auf den Kontostand zahlen.

Im Übrigen gelten für den Erben dieselben Regeln wie für den verstorbenen Ehepartner: Wird die geförderte Immobilie verkauft und der Erlös nicht wieder in eine neue selbst genutzte Immobilie oder in ein Wohnrecht in einem Pflege- oder Seniorenheim investiert, gilt das als eine förderschädliche Fehlverwendung der erhaltenen Fördermittel. Das bestehende Wohnförderkonto muss in dieser Situation aufgelöst und der Kontostand im gleichen Jahr voll versteuert werden.

Befindet sich ein Riester-Bausparvertrag zum Todeszeitpunkt noch in der Ansparphase, dann existiert noch kein Wohnförderkonto und es läuft wie bei normalen Riester-Verträgen: Wird der Vertrag auf den Ehepartner übertragen, geht alles normal weiter. Wird der Vertrag dagegen aufgelöst und das Guthaben nicht in einen anderen Riester-Vertrag eingezahlt, ist das förderschädlich, mit der Folge, dass die erhaltenen Zulagen und Steuervorteile zurückgezahlt werden müssen.

Die beschriebenen Folgen der **Fehlverwendung** treten auch immer dann ein, wenn kein Ehepartner existiert und zum Beispiel Kinder die Immobilie oder einen Ansparvertrag erben.

Einkommen und Eigenkapital bereits vorhanden sind.

Auch die spätere Besteuerung im Alter sollten Wohn-Riester-Sparer berücksichtigen. Zwar liegt das noch in weiter Ferne, sodass die Steuersätze nicht vorhergesagt werden können, aber angesichts niedriger Renten können hier finanzielle Engpässe zum Problem werden, zum Beispiel wenn in einer eigentlich mietfreien Immobilie kostspielige Modernisierungen notwendig werden.

Fördermittel von Ländern und Kommunen

Die Bundesländer haben es sich zur Aufgabe gemacht, bestimmte Bevölkerungskreise vor allem bei der Durchführung von Neubauvorhaben bzw. beim Ersterwerb von Häusern und Eigentumswohnungen zu unterstützen. Das geschieht in erster Linie durch Darlehen mit konkurrenzlos günstigen Konditionen, zum Teil sogar aber auch in Form von nicht zurückzuzahlenden Zuschüssen.

Da jedes Bundesland seine eigenen Förderrichtlinien hat, richten sich Art und Umfang der für Sie infrage kommenden öffentlichen Förderung zunächst danach, wo Sie bauen oder ein Objekt kaufen wollen. Schlechte Nachrichten gibt es allerdings für Hauptstadtbewohner: Das Land Berlin hat wegen der leeren Haushaltskassen die Wohnungsbauförderung vorerst komplett eingestellt.

Den allgemeinen gesetzlichen Rahmen der Wohnungsbauförderung bestimmt jedoch der Bund. Grundlage dafür ist das

GESETZLICHE GRUNDLAGEN

Einkommensgrenzen können je nach Bundesland variieren

Damit die Förderung vor allem in Bundesländern mit hohen Immobilienpreisen und entsprechend höherem Durchschnittseinkommen nicht ins Leere läuft, eröffnet § 9 WoFG den Landesregierungen die Möglichkeit, von den gesetzlichen Grenzen abzuweichen. Dort heißt es: „Die Landesregierungen werden ermächtigt, durch Rechtsverordnung von den in Absatz 2 bezeichneten Einkommensgrenzen nach den örtlichen und regionalen wohnungswirtschaftlichen Verhältnissen insbesondere zur Berücksichtigung von Haushalten mit Schwierigkeiten bei der Wohnraumversorgung, im Rahmen der Förderung von selbst genutztem Wohneigentum oder zur Schaffung oder Erhaltung sozial stabiler Bewohnerstrukturen Abweichungen festzulegen."

Das geschieht in der Praxis auch: Viele Bundesländer gewähren Fördermittel selbst bei einer Überschreitung der Grenzen von zum Beispiel 30 oder 40 Prozent. Allerdings müssen dann oft Abstriche beim Umfang der Förderung gemacht werden.

HAUSHALTSGRÖSSE	Einkommensgrenze
1-Personen-Haushalt	12.000 Euro
2-Personen-Haushalt	18.000 Euro
Für jede weitere zur Familie gehörende Person erhöht sich das zulässige Einkommen jeweils um weitere	4.100 Euro
bei Kindern sogar um	4.600 Euro
Bei Familien mit Kindern ergeben sich somit für das Jahreseinkommen die folgenden Höchstgrenzen:	
3-Personen-Haushalt	22.600 Euro
4-Personen-Haushalt	27.200 Euro
5-Personen-Haushalt	31.800 Euro

Wohnraumförderungsgesetz (WoFG). Dieses steckt die Rahmenbedingungen ab, innerhalb derer die Bundesländer ihre Programme zur Förderung des selbst genutzten Wohneigentums entwickeln können. Dabei verbleibt den Ländern eine Menge Spielraum, was dazu führt, dass je nach Bundesland Art und Umfang der Unterstützung für die Bauherren sehr unterschiedlich ausfallen.

Eine Darstellung sämtlicher auf Landesebene bestehender Förderprogramme würde den Rahmen dieses Buches sprengen. Deshalb kann an dieser Stelle lediglich ein allgemeiner Überblick über die Grundzüge der Förderung vermittelt werden. Der Schwerpunkt liegt auf dem **Neubau oder Ersterwerb** selbst genutzter Wohnungen und Häuser. Denn den öffentlichen Geldgebern geht es in erster Linie darum, Anreize für die Schaffung neuen Wohnraums zu geben. Käufer von Bestandsimmobilien müssen sich deshalb häufig mit einer deutlich geringeren finanziellen Unterstützung zufriedengeben.

→ **TIPP Infoportal rund um die Bauförderung**
Schnelle und umfassende Informationen über die richtigen Anlaufstellen sowie die Förderprogramme der einzelnen Bundesländer finden Sie im Internet. Unter www.baufoerderer.de bieten die Kreditanstalt für Wiederaufbau (KfW) und der Verbraucherzentrale Bundesverband e.V. (vzbv) einen guten Überblick über die staatlichen Fördermöglichkeiten. Mit einem speziellen Förderrechner können Sie zudem prüfen, ob überhaupt Chancen auf eine staatliche Unterstützung bestehen und, wenn ja, mit welchen Förderbeträgen Sie rechnen können.

Genauere Informationen zu den jeweiligen Förderprogrammen erhalten Sie in der Regel bei den Gemeinde- und Kreisverwaltungen oder direkt bei den die Darlehen verwaltenden Investitionsbanken und Wohnungsbaukreditanstalten. In Nordrhein-Westfalen können Sie sich beispielsweise an die Ämter für Wohnungswesen der Kreise und Städte wenden. In Sachsen und Brandenburg sind die Investitionsbank des Landes Brandenburg bzw. die Sächsische AufbauBank Ansprechpartner, und baden-württembergische Bauherren wenden sich wiederum am besten an ihre Stadt- oder Gemeindeverwaltung oder die Wohnungsbauförderungsstellen der Landratsämter. Diese Stellen sind meist auch gleichzeitig für die Annahme und Bewilligung Ihres Antrags zuständig.

Bevor Sie in die speziellen Förderbedingungen Ihres Bundeslandes einsteigen, gilt es aber, einige generelle Punkte zu beachten:

Rechtzeitig beantragen. Abgesehen von dem Fall, dass die Bewilligungsbehörde einem vorzeitigen Baubeginn oder Kauftermin ausdrücklich zustimmt, erhalten Sie eine staatliche Bauförderung grundsätzlich nur, wenn vor der Bewilligung des Antrags noch nicht mit dem Bau begonnen bzw. ein Kaufvertrag unterschrieben worden ist. Sie sollten sich also frühzeitig über Ihre Förderungsaussichten informieren und gegebenenfalls einen Antrag stellen, um zum Zeitpunkt des Baubeginns oder der Vertragsunterzeichnung bereits über den Bewilligungsbescheid zu verfügen.

Kein Rechtsanspruch. Auch wenn Sie sämtliche Förderungsvoraussetzungen erfüllen, haben Sie keinen Rechtsanspruch darauf, dass die staatlichen Finanzierungshilfen gewährt werden. Falls die Verwirklichung Ihres Vorhabens ohne öffentliche Mittel nicht möglich ist, sollten Sie deshalb auf keinen Fall irgendwelche Verpflichtungen Dritten gegenüber eingehen, bevor Sie den Bewilligungsbescheid in Händen halten.

Beachten Sie, dass die von den Ländern zur Verfügung gestellten Mittel begrenzt sind. Wenn der Topf leer ist, haben Sie Pech gehabt und können nur hoffen, im folgenden Jahr zu den Förderungsempfängern zu gehören. Auch deshalb gilt: Wenden Sie sich frühzeitig an die zuständigen Stellen!

Doch nun zum gesetzlichen Grundgerüst der Förderung: Das Wohnraumförderungsgesetz regelt zum einen allgemein den Zweck und die Zielgruppe der Förderung. Zum anderen legt es generell fest, welche Vorhaben gefördert werden sollen und wie dies erfolgen kann. Dabei geht es um die Regelung der sozialen Wohnraumförderung in ihren verschiedenen Ausprägungen. In § 9 WoFG sind als einheitliche Einkommensgrenzen die in der Tabelle gezeigten Beträge festgelegt. Das ist nicht allzu viel, wenn man bedenkt, dass das Einkommen auf Dauer ausreichen muss, um eine Immobilie zu finanzieren. Reserven ergeben sich zusätzlich zu den landesspezifischen Anhebungen von Verdienstgrenzen dadurch, dass das zu berücksichtigende Einkommen nicht einfach dem Jahresbrutto entspricht. Wie das relevante Einkommen im Detail berechnet wird, regelt der Gesetzgeber in den §§ 20 bis 24 WoFG.

Maßgeblich ist hierbei das in den **zwölf Monaten vom Zeitpunkt der Antragstellung** an zu erwartende Einkommen. Den Ausgangspunkt, dieses zu ermitteln, bildet das Einkommen der letzten zwölf Monate; mit Sicherheit eintretende zukünftige Veränderungen sind aber zusätzlich zu berücksichtigen.

Das Jahreseinkommen errechnet sich als die **Summe der positiven Bruttoeinkünfte** aller zum Haushalt gehörenden Familienangehörigen – also auch der Großeltern und Kinder. Hierzu zählen zum Beispiel auch steuerfreie Lohnzuschläge und sämtliche Zins- und Kapitalerträge, ohne dass der Sparerfreibetrag abgezogen werden kann.

Das für die Förderung maßgebliche Gesamteinkommen wird dann ermittelt, indem vom Jahresbruttoeinkommen zunächst die **Werbungskosten** abgezogen werden. Anschließend erfolgt jeweils ein Pauschalabzug von 10 Prozent, wenn Steuern vom Einkommen gezahlt werden und wenn Pflichtbeiträge zur gesetzlichen Kranken- und Pflegeversicherung sowie zur gesetzlichen Rentenversicherung geleistet werden.

Außerdem sieht das Gesetz weitere **Freibeträge** für im Haushalt lebende Schwerbehinderte, Alleinerziehende und Kinder mit

Familienbruttoeinkommen (der nächsten zwölf Monate)	
– Werbungskosten (pro Arbeitnehmer mindestens Pauschbetrag von 920 Euro)	
– 10 Prozent bei Zahlung von Steuern vom Einkommen	
– 10 Prozent bei Pflichtbeiträgen zur gesetzlichen Kranken- und Pflegeversicherung	
– 10 Prozent bei Pflichtbeiträgen zur gesetzlichen Rentenversicherung	
– zu leistende Unterhaltszahlungen	
– Freibeträge für Schwerbehinderte, junge Ehepaare, Alleinerziehende, Kinder mit eigenem Einkommen	
= maßgebliches Jahreseinkommen	

eigenem Einkommen sowie die Abzugsfähigkeit von zu leistenden Unterhaltszahlungen vor. Glücklich können sich junge Ehepaare schätzen, deren Hochzeit noch nicht länger als fünf Jahre zurückliegt und die die „magische Altersgrenze" von 40 Jahren noch nicht erreicht haben. Sie erhalten einen weiteren Freibetrag von 4.000 Euro.

Selbst wenn die Einkommensgrenzen eingehalten werden, kommt nicht automatisch jeder Bauherr oder Käufer in den Genuss der staatlichen Fördermittel. Denn zu gering darf der Verdienst auch nicht sein. Das Gesetz fordert, dass der Bauherr wirtschaftlich in der Lage sein muss, die Folgebelastungen auf Dauer zu tragen. Die Länder legen fest, welches Einkommen nach Abzug der Finanzierungsbelastung und Betriebskosten der Immobilie für den Lebensunterhalt noch mindestens übrig bleiben muss.

Auch die familiären Verhältnisse spielen bei der Beantragung der Mittel eine Rolle. Als bevorzugte Zielgruppe der Förderung bestimmt der Gesetzgeber in § 8 WoFG allgemein Haushalte mit zwei und mehr Kindern sowie Haushalte, in denen ein Mitglied schwerbehindert ist. Da die Bundesländer auch hier Gestaltungsspielräume haben, kann die geforderte Kinderzahl je nach Land aber durchaus höher oder niedriger ausfallen.

Weggefallen sind inzwischen die in früheren Zeiten noch vorgegebenen Höchstgrenzen für die Wohnfläche. Der Gesetzgeber überlässt es den Ländern, entsprechende Grenzen festzulegen. Die sollen verhindern, dass mit staatlicher Unterstützung überzogene Wohnansprüche finanziert werden. Demselben Zweck dienen die von vielen Ländern festgelegten Höchstgrenzen für die Gesamtkosten des Wohneigentums, die als angemessen betrachtet werden.

Günstige Darlehen

Werden alle Voraussetzungen erfüllt, greifen die Bundesländer ihren Bauherren vor allem mit günstigen Darlehen unter die Arme. Nicht zurückzuzahlende Zuschüsse sind hingegen rar geworden. In der höchsten Förderstufe winken nicht selten Kredite von 50.000 Euro und mehr. Häufig wird auch berücksichtigt, in welcher Region das Objekt liegt. Den hohen Grundstücks- und Baukosten in Ballungsgebieten wird dabei durch eine höhere Förderung Rechnung getragen. Zusätzlich vermehren lässt sich das billige Baugeld meist ebenso, wenn durch den Umzug ins Eigenheim eine öffentlich geförderte Mietwohnung freigemacht wird.

Die gewährten Förderdarlehen sind in der Regel zunächst völlig zinsfrei oder nur mit einem weit unter dem Marktniveau liegenden Zins zu bedienen. Anders als in der Vergangenheit prüfen die Länder nun aber zum Teil auch die weitere Einkommensentwicklung der geförderten Haushalte. Steigen die Einkünfte mit der Zeit über bestimmte Grenzen, wird der Zinssatz erhöht.

Ein weiterer Schnitt erfolgt in vielen Förderprogrammen nach 15 Jahren Darlehenslaufzeit. Der Zins erhöht sich dann meist deutlich. Diese **Mehrbelastung** sollte also auf lange Frist unbedingt einkalkuliert werden. Nur wenn die Einkommensgrenzen des Wohnraumförderungsgesetzes nicht wesentlich überschritten werden oder die erhöhten Zinsbelastungen eine besondere Härte für den Bauherrn darstellen, sind weitere Zinserleichterungen möglich.

Die Rückzahlung

Zurückzuzahlen sind die Förderkredite entweder von Anfang an oder nach einigen tilgungsfreien Jahren wie ein normales Hypothekendarlehen – beginnend mit einer Tilgung von meist 1 Prozent der Darlehenssumme jährlich zuzüglich der ersparten Zinsen. Als weitere Belastung können einmalig zu zahlende oder jährliche Verwaltungskosten anfallen.

Fördert das jeweilige Bundesland ebenfalls den Erwerb gebrauchter Objekte, den Ausbau und die Erweiterung selbst genutzten Wohneigentums oder dessen Modernisierung, gibt es regelmäßig die gleichen oder ähnlich konstruierte Förderdarlehen, allerdings mit abgespecktem Kreditvolumen.

Zuschüsse oder günstige Darlehen winken oft ebenfalls für die Durchführung von **Energiesparmaßnahmen**. Näheres dazu erfahren Sie meist auch bei den für die allgemeine Wohnungsbauförderung zuständigen Stellen. Unter Umständen kann es sich auch lohnen, einmal bei Ihrer Kommunalverwaltung anzufragen, denn auch die Kommunen gewähren teilweise Vergünstigungen zur Förderung des Wohnungsbaus, zum Beispiel Zinszuschüsse.

Kommunale Fördermittel

Manche Städte und Gemeinden unterstützen insbesondere junge Familien auf ihrem Weg in die eigenen vier Wände. Von der Förderung profitieren letztlich beide Seiten: Die Empfänger der Gelder können mit den Mitteln ihre Finanzierung günstiger gestalten und die Gemeinde kann sich als attraktiver Wohnort für Familien profilieren.

Über die Höhe der Förderung sowie die Rahmenbedingungen entscheidet im Regelfall der Stadt- oder Gemeinderat. Häufig richten sich die Maßnahmen an Familien mit Kindern. Auch die Gewährung der Förderung innerhalb bestimmter Einkommensgrenzen ist vielerorts zu beobachten. Es gibt unterschiedliche Modelle:

→ **Erbbau-Grundstücke.** Manche Gemeinden vergeben Baugrundstücke in Erbpacht und verlangen statt des Kaufpreises einen jährlichen Erbbauzins. Dessen Höhe hängt in manchen Gemeinden von der Zahl der Kinder ab, sodass das Bauen für Familien entsprechend leichter wird.
→ **Vergünstigte Grundstückskaufpreise.** Wenn Gemeinden eigene Grundstücke anbieten, zahlen mancherorts Familien mit Kindern einen niedrigeren Kaufpreis als kinderlose Erwerber.
→ **Zuschüsse beim Eigenheimerwerb.** Bei diesem Modell erhalten Bauherren oder Erwerber von selbstgenutztem Wohneigentum direkte Zuschüsse von der Kommune.
→ **Förderdarlehen.** Für die Ergänzung der Gesamtfinanzierung bieten einzelne Städte und Gemeinden Förderdarlehen an, die entweder zinsverbilligt oder sogar zinsfrei sind.
→ **Zuzugsprämien.** Manche Gemeinden, die unter sinkender Einwohnerzahl leiden, bieten eine Zuzugsprämie, wenn sich Familien von außerhalb für einen Wohnsitz in der Gemeinde entscheiden und selbstgenutztes Wohneigentum erwerben.

→ **TIPP Unbedingt nachfragen**
Die Erfahrung zeigt, dass nicht jede Gemeinde ihr Förderprogramm an die große Glocke hängt. Daher sollten Sie sich frühzeitig und direkt bei der Gemeinde- oder Stadtverwaltung nach einer möglichen Unterstützung erkundigen.

Besondere Situationen in
der Rückzahlungsphase

Dieser Ratgeber richtet sich zwar in erster Linie an Bauherren und Käufer, die entweder ihre Finanzierung langfristig planen oder bereits kurz vor dem Vertragsabschluss stehen. Allerdings werden Sie feststellen, dass die Zeit im neuen Heim schnell vergeht. Schon nach wenigen Jahren können sich finanzielle Fragen stellen, die beim Einstieg in die Finanzierung keine Rolle spielten. Deshalb sollten Sie sich damit frühzeitig beschäftigen, um später keine bösen Überraschungen zu erleben.

Vorzeitiger Ausstieg und Vorfälligkeitsentschädigung

Viele Hypothekenschuldner möchten irgendwann vorzeitig aus dem Vertrag herauskommen und fragen sich, welche finanziellen Folgen das hat. Die Gründe für den Ausstieg können unterschiedlich sein. Zum Beispiel muss die Immobilie verkauft werden, weil ein beruflicher Ortswechsel ansteht, die Belastung wegen eines gesunkenen Einkommens zu hoch wird oder sich das Eigentümerehepaar trennt. Das sind Problemfälle, mit denen sich auch der Bundesgerichtshof (BGH) in der Vergangenheit auseinandergesetzt hat.

Grundsätzlich besteht – soweit nicht eigens im Vertrag vereinbart – keine Möglichkeit, vor Ablauf einer Zinsfestschreibung aus einem Hypothekendarlehen auszusteigen. Nur bei längeren Bindungsfristen kann frühestens zehn Jahre nach der vollständigen Auszahlung der Kreditsumme mit sechsmonatiger Frist gekündigt werden.

Nicht wenige Banken versuchten deshalb, ihre Kunden selbst bei einem geplanten Verkauf des Objekts im Kreditvertrag zu halten. Das ging dem BGH dann doch zu weit. Er sprach den Kunden in bestimmten Fällen ein **Ausstiegsrecht** zu, insbesondere dann, wenn die Immobilie verkauft werden soll oder muss.

Mittlerweile ist diese Rechtsprechung Gesetz geworden: In § 490 Abs. 2 des Bürgerlichen Gesetzbuches (BGB) wird geregelt, dass eine außerordentliche Kündigung von Hypothekenkrediten mit einer dreimonatigen Kündigungsfrist möglich ist, wenn andernfalls die „berechtigten Interessen" des Darlehensnehmers beeinträchtigt wären. Als ein solches Interesse gilt vor allem der Verkaufswunsch, aus welchen Gründen auch immer.

Allerdings hat die Sache einen Pferdefuß: Als Kreditnehmer müssen Sie dem Geldgeber den durch die vorzeitige Kündigung entstehenden Schaden in Form einer sogenannten Vorfälligkeitsentschädigung ersetzen. Und das kann teuer werden. Der BGH hat weitgehend vorgegeben, wie der Schaden zu berechnen ist. So kann die Bank einerseits die ihr bei einem regulären weiteren Kreditverlauf bis zum Ende der Zinsbindung – nach maximal 10,5 Jahren – zufließenden Zinserträge als Anspruch gegenüber dem Kunden berechnen.

Gegenrechnen lassen muss sie sich andererseits aber die **Zinserträge**, die durch die Wiederanlage der bei der vorzeitigen Ablösung komplett zurückgezahlten Restschuld erzielt werden. Um die Sache zu vereinfachen, kann der Kreditgeber als Wiederanlagezins die aktuelle Rendite von Hypothekenpfandbriefen mit entsprechender Restlaufzeit ansetzen.

Bei der **konkreten Schadensermittlung** sind die für die Zukunft kalkulierten Zinszahlungen auf den Ablösungstermin allerdings abzuzinsen. Denn eine erst in fünf Jahren zu leistende Zinsrate hat einen geringeren Gegenwartswert, weil das dafür benötigte Geld in der Zwischenzeit ja noch Zins bringend angelegt werden könnte. Außerdem muss sich die Bank die wegfallenden Verwal-

> 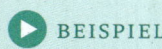 **BEISPIEL**
>
> **Vereinfachte Rechnung zum Zinsschaden**
>
> Liegt zum Beispiel der Effektivzins des Darlehens bei 5,0 Prozent pro Jahr und der erzielbare Wiederanlagezins für Pfandbriefe mit einer Laufzeit, die der Restlaufzeit der Finanzierung entspricht, bei jährlich 2,0 Prozent, beträgt der Zinsschaden 3,0 Prozent pro Jahr – so weit die vereinfachte Rechnung „über den Daumen". Einige Verbraucherzentralen beraten dazu und berechnen die Vorfälligkeitsentschädigung.

tungskosten und die ersparte Risikoprämie anrechnen lassen, die in den Kreditzins einkalkuliert ist. Dennoch kommen vor allem bei größeren Darlehensverträgen mit hohem Vertragszins und noch einigen Jahren Restlaufzeit schnell Vorfälligkeitsentschädigungen in fünfstelliger Euro-Höhe zusammen.

Vermeiden können Sie die Zahlung nur, wenn bereits bei Vertragsabschluss ein jederzeitiges **Kündigungsrecht vertraglich festgeschrieben** wird. Viele Kreditinstitute spielen dabei jedoch nicht mit oder verlangen einen saftigen Aufschlag auf den Finanzierungszins. Aber auch eingeschränkte Sondertilgungsrechte verringern zumindest die Schadenshöhe, denn die möglichen Sonderzahlungen muss sich der Geldgeber bei der Ermittlung des Zinsschadens anrechnen lassen.

Schwierig: Ausstieg aufgrund schlechter Konditionen

Völlig anders sieht es aus, wenn Sie aus der Finanzierung aussteigen wollen, weil Sie mit Ihrem bisherigen Finanzierer oder den Vertragskonditionen nicht mehr zufrieden sind oder aktuelle Niedrigzinsen langfristig gesichert werden sollen. Reine Umschuldungen sieht nämlich weder der BGH noch der Gesetzgeber als echten Notfall an. Ein außerordentliches Kündigungsrecht gibt es in solchen Fällen nicht. Stimmt Ihre Bank der Vertragsauflösung trotzdem zu, kann der Preis dafür hoch sein. Bei reinen Umschuldungen gelten nämlich laut BGH die Regeln zur Berechnung der Vorfälligkeitsentschädigung nicht. Das Institut kann die Ablösesumme frei festlegen. Die einzige Einschränkung: Die Forderung darf nicht sittenwidrig hoch ausfallen.

→ **TIPP Wechselpläne aufschieben**
Unter diesen Umständen ist es in vielen Fällen sinnvoller, die Wechselpläne bis zum Ende der Zinsfestschreibung zu verschieben. Sonst droht trotz des Wechsels in einen günstigeren Kredit unter dem Strich ein Zuschussgeschäft.

Die Anschlussfinanzierung

Einige Jahre nach dem Kauf oder Bau läuft die Zinsbindungsfrist aus und Sie müssen sich um die Weiterführung Ihres Baudarlehens kümmern. Darüber hinaus gilt es, die Finanzierung an die möglicherweise veränderte Lebens- und Einkommenssituation sowie an die aktuellen Gegebenheiten am Zinsmarkt anzupassen.

Mit dem Auslaufen der Zinsbindung wird der Kredit entweder automatisch gekündigt oder als variabel verzinstes Darlehen weitergeführt. In aller Regel vereinbaren die Banken beim Abschluss des Darlehensvertrags mit dem Kunden, dass – sofern keine andere Weisung vorliegt – der Kredit nach dem Ende der Zinsbindung zu variablen Konditionen und jederzeit kündbar weitergeführt wird.

Einige Wochen vor dem Ende der Zinsbindung erhalten Sie eine Mitteilung der Bank, dass Ihr Festzins ausläuft, sowie ein neues Angebot. Nun haben Sie drei Möglichkeiten:

1. **Sie akzeptieren das Angebot** der Bank mit den Standardkonditionen, was in den allermeisten Fällen die schlechteste Alternative ist.
2. **Sie holen Konkurrenzangebote** ein und setzen Ihre Bank unter Druck, wenn Sie anderswo günstiger weiterfinanzieren können. In vielen Fällen können Kunden damit noch die eine oder andere Vergünstigung heraushandeln.
3. **Sie lösen das Darlehen ab und wechseln zu einer anderen Bank**, wenn Ihre Hausbank keine attraktiven Konditionen bietet und Sie bei anderen Banken günstigere Zinsen bekommen. Eine Vorfälligkeitsentschädigung darf die ursprünglich finanzierende Bank dabei nicht verlangen.

 BEISPIEL

Hebelwirkung von kleinen Zinsunterschieden

Bei der Anschlussfinanzierung sollten Sie die finanzielle Hebelwirkung von vermeintlich unbedeutenden Zehntelprozenten nicht unterschätzen. Schon ein Zinsvorteil von 0,25 Prozent führt bei einer Finanzierungssumme von 150.000 Euro im Lauf von zehn Jahren zu einer Einsparung von mehr als 3.000 Euro. Im Vergleich zu dem überschaubaren Zeitaufwand für die Suche nach dem günstigsten Anbieter ist das ein mehr als üppiger Lohn.

Rechtzeitig informieren

Der wichtigste Erfolgsfaktor für die günstige Anschlussfinanzierung ist die Zeit: Je früher Sie damit beginnen, den Bankenmarkt nach attraktiven Angeboten zu durchforsten, umso besser können Sie die einzelnen Offerten gründlich prüfen. Genau dies wollen jedoch manche Banken verhindern, indem sie ihren Kunden erst kurz vor Ablauf der Zinsbindungsfrist ein Angebot für die Weiterführung zusenden.

Daher sollten Sie auf eigene Faust aktiv werden: Behalten Sie stets den Überblick über die Fälligkeit Ihrer Kredite und beginnen Sie drei Monate vor dem Auslaufen der Zinsbindung** damit, Angebote sowohl von Ihrer Hausbank als auch von anderen Banken einzuholen. Wie Sie dabei am besten vorgehen, zeigt Ihnen die Checkliste.

Das rechtzeitige Einholen von Angeboten ist auch deshalb wichtig, weil Sie in aller Regel noch eine **Verhandlungsschleife** einplanen sollten. Nicht selten hat es sich gezeigt, dass die Hausbank unter dem Druck der günstigen Konkurrenz noch Zugeständnisse macht. Diesen Verhandlungsdruck können Sie jedoch nur aufbauen, wenn Sie noch genügend zeitlichen Spielraum bis zum Ende der Zinsbindung haben.

Wenn Ihre Hausbank nicht mit den Konditionen der Wettbewerber mithalten kann, ist es meist empfehlenswert, das Darlehen bei der Bank mit den günstigsten Konditionen weiterzuführen. Der **Wechsel der finanzierenden Bank** nach dem Auslaufen der Zinsbindungsfrist ist einfacher zu bewerkstelligen als oftmals vermutet wird.

Wenn Sie den **Kreditantrag** an die neue Bank stellen, ermächtigen Sie diese, die notwendigen Formalitäten für die Ablösung des Darlehens vorzunehmen. Dann zahlt die neue Bank den Darlehensbetrag auf das bisherige Kreditkonto ein, löst damit die Schulden ab und übernimmt die Grundschulden als Kreditsicherheit von der bisher finanzierenden Bank. Dabei ist es ratsam, die bestehenden Grundschulden nicht zu löschen und

CHECKLISTE

Worauf Sie beim Einholen von Finanzierungsangeboten achten sollten

Wenn Sie Angebote für die Anschlussfinanzierung einholen, sollten Sie den einzelnen Banken dieselben Rahmenbedingungen vorgeben:

- Geben Sie überall **denselben Immobilienwert** – zum Beispiel den damaligen Kaufpreis – sowie die Höhe des abzulösenden Darlehens an.
- Lassen Sie sich Darlehen mit **identischer Zinsbindung** anbieten. Wenn Sie sich dabei noch nicht endgültig festlegen wollen, fordern Sie einfach mehrere Angebote mit verschiedenen Zinsbindungsfristen an.
- Fordern Sie keine Angebote mit der Standard-Anfangstilgung von 1 Prozent an, sondern je nach Ihrer aktuellen Finanzlage **Darlehensmodelle mit schnellerer Tilgung**.
- Machen Sie den einzelnen Banken identische Vorgaben zu **Sondertilgungskontingenten** und eventuellen Optionen für veränderbare Monatsraten.

neue einzutragen, weil damit recht hohe Notar- und Grundbuchgebühren verbunden sind. Weitaus kostengünstiger ist die sogenannte **Abtretung**: Hier bleibt die Grundschuld bestehen und erhält nur den Vermerk, dass sie an die weiterfinanzierende Bank abgetreten ist. Ein Besuch beim Notar ist dafür in aller Regel nicht notwendig.

Im Verhältnis zu der oftmals möglichen Zinsersparnis ist der **Bankwechsel nicht teuer**. Die Kosten richten sich nach der Summe der abzutretenden Grundschulden. So betragen bei einer Grundschuld ab 150.000 Euro die Abtretungsgebühren rund 225 Euro. Ist das Darlehen bei gleicher Summe hingegen nur 0,1 Prozentpunkte billiger, spart dies im Lauf von zehn Jahren je nach Tilgungssatz etwa 2.000 bis 3.000 Euro an Zinskosten.

Das Forward-Darlehen

Kreditnehmer, die sich gern schon vor dem regulären Vertragsablauf günstige aktuelle Zinssätze für den Anschlusszins sichern wollen, können das bereits bis zu zwei bis drei Jahre vor dem Ende der Zinsbindung durch den Abschluss eines sogenannten Forward-Darlehens erreichen. Diese Möglichkeit bieten mittlerweile viele Banken und Finanzierungsvermittler an. Noch während der Laufzeit des Altkredits wird hierbei der Folgekredit zu aktuellen Konditionen abgeschlossen. Und das nicht zwingend bei Ihrem bisherigen Geldgeber. Allerdings kommen Sie nicht ganz so günstig ans Geld wie Neukunden. Pro Monat, der bis zum Ende der Zinsfestschreibung verbleibt, wird ein Zinsaufschlag auf den aktuellen Hypothekenzins fällig, je nach Anbieter meist zwischen 0,02 und 0,04 Prozentpunkten.

> **BEISPIEL**
>
> **Wie der Zinsaufschlag berechnet wird**
>
> Nehmen wir an, Sie planen ein Anschlussdarlehen, das Sie erst in 20 Monaten abrufen wollen. Bei einem Zinssatz von 3,0 Prozent und einem Forward-Aufschlag von 0,03 Prozent pro Monat Wartezeit erhöht sich der Sollzins um 0,6 Prozentpunkte auf 3,6 Prozent.

Liegt die Restlaufzeit bei einem Jahr oder weniger, kommt eine weitere Alternative ins Spiel: **der vorgezogene Abschluss eines normalen Anschlusskredits**, der das bestehende Darlehen bei Fälligkeit ablöst. Ein Zinsaufschlag wird dabei nicht fällig. Allerdings verlangen die Geldgeber für die noch nicht ausgezahlte Kreditvaluta nach Ablauf einer Frist von meist drei Monaten Bereitstellungszinsen in Höhe von üblicherweise 3 Prozent pro Jahr. Dennoch ist es unter dem Strich oft günstiger, die einmaligen Zusatzkosten zu zahlen statt einen dauerhaften Zinsaufschlag beim Abschluss eines Forward-Darlehens in

Kreditmittel später nicht abnimmt, muss dennoch zahlen: Es wird nämlich eine Entschädigung für die Nichtabnahme des Kredits in Höhe des der Bank entstehenden Zinsschadens fällig. Teurer könnte die Anschlussfinanzierung kaum ausfallen.

Ein Ratenkredit für die letzte Etappe?

Kauf zu nehmen. Doch unabhängig davon, welchen Weg Sie wählen, bleibt eins zu beachten: Ist der Folgevertrag erst abgeschlossen, gibt es kein Zurück mehr. Wer die

Unter Umständen kann es bei der Anschlussfinanzierung günstig sein, einen Ratenkredit anstatt eines klassischen Immobiliendarlehens abzuschließen – diese Überlegung sollten Sie in Betracht ziehen, wenn Sie sich sozusagen auf der letzten Finanzierungsetappe befinden und nur noch einen Restbetrag im niedrigen fünfstelligen Bereich weiterfinanzieren müssen.

Wenn die Finanzierungssumme etwa bei lediglich 10.000 oder 20.000 Euro liegt, kann es nämlich schwierig werden, außer der bislang finanzierenden Bank einen Kreditgeber für Grundschulddarlehen zu finden. Zwar zeigt sich die Hausbank in aller Regel bereit, eine Anschlussfinanzierung für die verbleibende Restschuld anzubieten, wenn Sie bislang pünktlich Ihre Raten gezahlt haben. Jedoch wird sich der Bankberater möglicherweise nicht allzu viel Mühe bei den Konditionen geben und Ihnen nicht unbedingt den allergünstigsten Zinssatz anbieten. Denn: Gerade in der letzten Phase wird der Wechsel

> **! ACHTUNG**
>
> **Aufpassen bei Anschlussfinanzierung**
>
> Kreditkunden sollten bei einem der neuen Vertragspartner möglichst frühzeitig fragen, ob er einen Anschlusskredit anbieten wird und – wenn ja – zu welchen Konditionen. Von sich aus muss sich der Darlehensgeber spätestens drei Monate vor Ablauf des Vertrags oder der Zinsbindung melden. Will er aus der Finanzierung aussteigen oder ist das vorgelegte Zinsangebot zu teuer, sollten Sie sich schnellstens um einen neuen Geldgeber für die Anschlussfinanzierung kümmern.

> **GESETZLICHE GRUNDLAGEN**
>
> ### Begrenzte Vorfälligkeitsentschädigung beim Ratenkredit
>
> Der Gesetzgeber hat festgelegt, dass bei Ratenkrediten, die nach dem 11. Juni 2010 abgeschlossen worden sind, Sondertilgungen jederzeit möglich sind und die dabei anfallenden Gebühren gedeckelt werden. Maximal 1 Prozent des Sondertilgungsbetrags dürfen Banken in solchen Fällen als Vorfälligkeitsentschädigung verlangen – das sind weitaus niedrigere Gebühren als beim vorzeitigen Ausstieg aus einem Grundschulddarlehen.

 **Rechtsanwalt Markus Feck, Fachanwalt für Bank- und Kapitalmarktrecht aus Erkelenz:** „Wenn das Darlehen eine Restlaufzeit von zwölf Monaten oder weniger hat, dann beträgt die Vorfälligkeitsentschädigung nur 0,5 Prozent des vorzeitig zurückgezahlten Betrags. Für beide Obergrenzen gilt: Liegt die konkret zu berechnende Vorfälligkeitsentschädigung unterhalb der prozentualen Beträge, muss nur diese gezahlt werden. Die 0,5 Prozent und 1 Prozent stellen echte Obergrenzen dar."

der finanzierenden Bank unattraktiv – zumindest dann, wenn Sie nur grundschuldbesicherte Darlehen im Blick haben.

Viele Banken vergeben Grundschuldkredite erst ab einem **Mindestbetrag** von 50.000 Euro, weil damit ein vergleichsweise hoher Verwaltungsaufwand verbunden ist. Selbst wenn Sie eine Bank finden, die einen geringeren Betrag weiterfinanziert, müssen Sie die Kosten für die Abtretung der Grundschulden mit ins Kalkül ziehen. Diese wiederum verteuern den Wechsel des finanzierenden Instituts.

Der Ratenkredit bringt einen wichtigen Vorteil mit sich: Sie können Ihre Schulden jederzeit ganz oder teilweise in Form von **Sondertilgungen** ablösen und müssen dabei nur geringe Gebühren zahlen. Viele Banken verzichten sogar komplett auf die Berechnung von Gebühren bei vorzeitigen Teil- oder Vollkündigungen.

Damit kann der Ratenkredit in der letzten Finanzierungsrunde auch dann interessant werden, wenn Sie dafür etwas höhere Zinsen als für die klassische Anschlussfinanzierung zahlen müssen. Bietet Ihnen Ihr Einkommen oder eine in Aussicht stehende Erbschaft die Möglichkeit zur vorzeitigen Tilgung, können Sie als Kreditnehmer bei einem Ratenkredit flexibel reagieren und frei verfügbare Geldmittel sofort und ohne Kostenrisiko in die Extratilgung stecken.

→ **TIPP Sonderaktionen für Ratenkredite nutzen**
In solchen Situationen kann der Ratenkredit ins Spiel kommen, der flexibel eingesetzt werden kann – nicht nur für die Finanzierung eines neuen Autos oder einer Einbauküche, sondern eben auch zur Ablösung kleinerer Restschulden bei der Baufinanzierung. Immer wieder bieten Banken im Rahmen von Sonderaktionen zinsgünstige Ratenkredite an, sodass Sie mit etwas Glück kaum mehr Zinsen zahlen als für ein grundschuldbesichertes Darlehen.

Kreditverkauf: worauf Bauherren achten müssen

Wer sich einmal für einen Kreditgeber entscheidet, geht eigentlich davon aus, dass dieser nicht während der Laufzeit des Darlehensvertrags einfach wechselt. Doch die Vergangenheit hat gelehrt, dass es auch anders kommen kann. Einige Baufinanzierer haben sich in den letzten Jahren komplett aus der privaten Immobilienfinanzierung zurückgezogen und ihren gesamten Kreditbestand an eine andere Bank verkauft. Andere haben gezielt wacklige oder bereits gescheiterte Kredite mit Abschlägen an Finanzinvestoren veräußert, um sie aus den eigenen Büchern zu bekommen. Für die betroffenen Kunden hatte das jeweils ganz ähnliche Folgen: Plötzlich gibt es einen neuen Ansprechpartner für die Vertragsangelegenheiten und die monatlichen Raten müssen auf ein anderes Konto überwiesen werden. Oder ein anderer Gläubiger betreibt – bei gescheiterten Finanzierungen – die Zwangsvollstreckung.

Das hat bei deutschen Eigenheimbesitzern zu großer Unruhe geführt – und natürlich zu der Frage, ob dies so akzeptiert werden muss. Um Rechtssicherheit zu schaffen, hat der Gesetzgeber einige spezielle neue Regelungen in das BGB aufgenommen.

Danach gelten für Finanzierer und Kreditnehmer folgende Regeln: Wenn im Vertrag deutlich darauf hingewiesen wird, ist ein Darlehensgeber grundsätzlich berechtigt, ohne Zustimmung des Kunden seine Forderung aus dem Kreditvertrag an einen Dritten abzutreten, zum Beispiel an eine andere Bank. Das Vertragsverhältnis darf sogar komplett übertragen werden, sodass für den Kunden ein Wechsel des Kreditgebers stattfindet. Allerdings ist der Darlehensnehmer darüber unverzüglich zu informieren, auch sind ihm die Kontaktdaten des neuen Vertragspartners mitzuteilen. Nur wenn die Forderung lediglich intern abgetreten wird, der bisherige Geldgeber aber Ansprechpartner bleibt, müssen die Kunden nicht informiert werden.

Datenschutz muss beachtet werden
Fraglich ist allerdings, ob ohne Einwilligung des Darlehensnehmers auch seine persönlichen Daten an den neuen Gläubiger weitergegeben werden dürfen. Vor allem bei nicht geplatzten Krediten halten Rechtsexperten das nur dann für zulässig, wenn der Kunde ausdrücklich zustimmt. In der Praxis wurde in der Vergangenheit in solchen Fällen zwar die Forderung auf den neuen Gläubiger übertragen, über die persönlichen Daten des Darlehensnehmers durfte aber nur ein zwischengeschalteter Treuhänder verfügen, der auch den Schriftverkehr mit dem Kunden abwickelte.

Für Neufinanzierer gilt: Wer in jedem Fall den späteren Verkauf seines Kredits ausschließen will, muss ein entsprechendes Verkaufs- oder Abtretungsverbot schriftlich im Vertrag fixieren lassen. Viele Kreditinstitute sind hierzu allerdings nicht bereit, andere nehmen einen solchen Passus nur gegen einen satten Zinsaufschlag in den Vertrag auf, der einige Tausend Euro kosten kann.

Solche **Mehrkosten** sollten Sie aber nicht akzeptieren, denn dafür sind die Gefahren eines Kreditverkaufs zu gering. Auch ein neuer Gläubiger muss sich nämlich an die Regeln halten. Wird der Kredit übertragen, gelten bis zu dessen Ablauf alle Vertragsvereinbarungen unverändert weiter. Solange die Raten regelmäßig fließen, besteht für den Gläubiger auch keine Möglichkeit, den Kredit vorzeitig zu kündigen oder gar die Immobilie zu verwerten.

Eine Verbesserung für Darlehensnehmer hat die im Zusammenhang mit der Regelung der Kreditverkäufe durchgeführte Neufassung des Darlehensrechts bei den **Kündigungsregeln** gebracht. Mussten Bauherren in der Vergangenheit schon nach der ersten versäumten Rate mit der Kündigung rechnen, kann der Darlehensgeber den Vertrag jetzt erst beenden, wenn der Kreditnehmer zwei aufeinanderfolgende Raten nicht gezahlt hat und er dadurch mit mindestens 2,5 Prozent des Ursprungsdarlehens im Verzug ist. Altverträge profitieren davon allerdings nicht, denn die Kündigungsregeln gelten nur für nach dem 18. August 2008 abgeschlossene Verträge oder nach diesem Stichtag an einen anderen Gläubiger übertragene Altverträge.

Rücklagen für Renovierungen

Wenn der Erwerb des Eigenheims abgeschlossen ist und die Finanzierung läuft, sollten Sie Ihren Blick vorausschauend auf **künftige Investitionen** und Aufwendungen richten. Das gilt vor allem dann, wenn Sie eine gebrauchte Immobilie gekauft haben, bei der in einigen Jahren größere Renovierungsmaßnahmen anstehen, wie beispielsweise der Austausch von Fenstern, die Erneuerung der Fassade, die Neueindeckung des Dachs oder die Modernisierung der Heizungsanlage.

Bei **Eigentumswohnungen** werden solche Investitionen über die gemeinschaftlichen Rücklagen finanziert. Wenn diese jedoch nicht ausreichen, kann es erforderlich sein, dass die einzelnen Wohnungseigentümer über eine Sonderumlage Geld nachschießen müssen. Je nach finanziellem Aufwand können hier einmalige Zahlungen in vier- oder sogar fünfstelliger Höhe anfallen. Über die Durchführung von Renovierungsmaßnahmen entscheiden die Eigentümer per Mehrheitsbeschluss in der jährlichen Eigentümerversammlung. Wenn absehbar ist, dass mittelfristig größere Ausgaben auf Sie zukommen, sollten Sie hierfür eine entsprechende Geldreserve bilden.

Als **Eigentümer eines Wohnhauses** entscheiden Sie selbst, wann und in welchem Umfang Renovierungsmaßnahmen durch-

 GESETZLICHE GRUNDLAGEN

Rücklage muss angemessen sein

Die **Höhe der Rücklage** bei Mehrfamilienhäusern sorgt immer wieder für Streit zwischen den einzelnen Eigentümerparteien. So können einzelne Eigentümer Rücklagenbeschlüsse anfechten, wenn die Höhe der jährlich zu bildenden Instandhaltungsrücklage zu niedrig ist. Beispielhaft hierzu ist ein Urteil des Amtsgerichts Neustadt/Rübenberge vom 9. Februar 2015 (Az. 20 C 687/114). Ein Eigentümer hatte dagegen geklagt, dass die Eigentümergemeinschaft die jährliche Rücklage für ein in den 1990er-Jahren errichtetes Mehrfamilienhaus auf 2,50 Euro pro Jahr und Quadratmeter Wohnfläche festgelegt hat. Zu wenig, entschied der Richter und legte eine Mindestrücklage von 7,10 Euro pro Quadratmeter fest. Auf dieser Basis würde die Rücklage für eine 80-Quadratmeter-Wohnung jährlich 568 Euro betragen.

Eigentümergemeinschaften haben jedoch einen gewissen Ermessensspielraum, bei dem das Alter und der bauliche Zustand des Gebäudes zu berücksichtigen sind.

geführt werden. Um zu vermeiden, dass sich eine notwendige Sanierung lange hinauszieht und durch den Sanierungsstau Bauschäden verursacht werden, sollten Sie die Bausubstanz Ihres Eigenheims in regelmäßigen Abständen kritisch prüfen und frühzeitig Vorsorge für notwendige Reparaturen oder Modernisierungen treffen.

Je früher Sie mit der Rücklagenbildung beginnen, umso besser können Sie auch mit kleineren monatlichen Sparraten ein finanzielles Polster für diese Fälle bilden. Daher sollten Sie je nach Bedarf parallel zur Rückzahlung des Darlehens mit der Kapitalbildung beginnen. Geeignet dafür sind Banksparpläne.

→ **TIPP Auf kurze Fristen achten!**
Im Bedarfsfall sollten Sie ohne längere Kündigungsfristen auf das Guthaben zugreifen können. Nur dann können Sie flexibel reagieren.

Beim längerfristigen Sparen kann auch ein Bausparvertrag infrage kommen. Dieser hat den Vorteil, dass Sie bei der Zuteilung auf das Bauspardarlehen zugreifen können, dessen Zins von Beginn an feststeht und somit sicher kalkulierbar ist. Beim Abschluss eines Bausparvertrags sollten Sie jedoch aufpassen, dass Sie die Bausparsumme richtig bemessen, und sie den monatlichen Regelsparbeitrag bis zur Zuteilung durchhalten können.

Was tun, wenn es finanziell eng wird?

Eine Baufinanzierung ist für den Bauherrn mit einem hohen finanziellen Risiko verbunden, das sich auch bei sorgfältiger und vorsichtiger Planung nicht vollständig ausschalten lässt. Allein im Jahr 2010 wurden in Deutschland mehr als 80.000 Immobilien zwangsversteigert – eine Zahl, die sich jeder Häuslebauer vor einer Entscheidung über teure Ausstattungsextras vor Augen halten sollte. Jobverlust, Scheidung oder eine allzu knappe Kreditkalkulation können dazu führen, dass schon wenige Jahre nach dem Erwerb des Eigenheims die finanzielle Überforderung eintritt.

Zügig reagieren

Wenn es finanziell eng wird, dann ist die Zeit der wichtigste Faktor: Je schneller Sie mit den richtigen Maßnahmen auf einen Engpass reagieren, desto eher können Sie verhindern, dass Ihnen die Baufinanzierung aus dem Ruder läuft. Auf gar keinen Fall sollten Sie darauf hoffen, dass die Bank einfach stillhält, wenn Sie sich nicht rühren. Die Realität holt Sie spätestens dann ein, wenn Ihr Girokonto so weit überzogen ist, dass die Zahlung der Darlehensraten gesperrt wird.

 ACHTUNG

Keine Raten = säumiger Zahler!

Sobald die Zahlung der Darlehensraten gesperrt ist, gelten Sie als säumiger Zahler und riskieren innerhalb weniger Monate die Zwangsversteigerung. Sollten sich Ihre Einkommensverhältnisse so verändern, dass Sie die Rückzahlung der Baufinanzierung nicht mehr auf Dauer gewährleisten können, sollten Sie mit Ihrer finanzierenden Bank sprechen und nach einer für beide Seiten akzeptablen Lösung suchen.

 ACHTUNG

Unseriöse Schuldenregulierer meiden

Hüten Sie sich vor kommerziellen Schuldenregulierern, die Ihnen weismachen wollen, dass Sie mit diversen Umschuldungsmaßnahmen aus der finanziellen Misere geführt werden. Oftmals werden überschuldete Menschen durch solche Machenschaften mit teuren Provisionen und Beratungsgebühren zur Kasse gebeten, ohne dass eine brauchbare Gegenleistung erbracht wird.

BEISPIEL

Einsparung durch vorübergehende Tilgungsaussetzung

Bei einem Darlehen über 180.000 Euro mit einem Zinssatz von 5 Prozent und einer jährlichen Tilgung von 3 Prozent kann durch eine vorübergehende Tilgungsaussetzung die Monatsrate von 1.200 Euro auf 750 Euro gesenkt werden. Zwar verlängert sich dadurch die Gesamtdauer der Finanzierung. Dies kann jedoch eine sinnvolle Maßnahme sein, wenn dadurch vermieden wird, dass das Girokonto dauerhaft in die roten Zahlen rutscht und teure Dispokreditzinsen verursacht.

Im Krisenfall muss als Erstes geprüft werden, ob es sich nur um eine zeitlich begrenzte Liquiditätskrise handelt. Dies könnte etwa dann der Fall sein, wenn sich ungeplant ein Kind ankündigt und sich durch die berufliche Erziehungspause das Familieneinkommen über einen gewissen Zeitraum reduziert. Unter der Voraussetzung, dass der bisherige Tilgungsanteil innerhalb der Monatsrate nicht zu knapp bemessen ist, kann beispielsweise mit der Bank über eine vorübergehende Reduzierung oder Aussetzung der Tilgung verhandelt werden.

Anders liegt hingegen der Fall, wenn Sie erkennen müssen, dass Sie beispielsweise aufgrund eines erzwungenen Wechsels in einen schlechter bezahlten Job oder aus gesundheitlichen Gründen mit der Rückzahlung Ihrer Baufinanzierung dauerhaft überfordert sind. Hier kommt eine Herabsetzung des Tilgungsanteils nur infrage, wenn so viel Reserve eingeplant ist, dass die Rückzahlung der Schulden bis zum Rentenbeginn gesichert bleibt. Entlastung kann auch – sofern entsprechendes Vermögen bei den Eltern vorhanden ist – eine Schenkung bringen. Um Geschwister beim Erben nicht zu benachteiligen, muss dann im Gegenzug auf einen Teil des späteren Erbanteils verzichtet werden.

→ **TIPP** **Kompetente Hilfe in Anspruch nehmen**
Ratsam ist es, in prekären Situationen kompetente Hilfe zu suchen. Die Verbraucherzentralen bieten für überschuldete Haushalte fachliche Unterstützung und helfen Betroffenen dabei, ihre Unterlagen zu strukturieren, die Rechte gegenüber den Gläubigern zu wahren und im Bedarfsfall ein Verbraucherinsolvenzverfahren mit anschließender Restschuldbefreiung einzuleiten.

Sonst gibt es meist keine sinnvolle Alternative zum möglichst raschen Verkauf des Eigenheims. Das mag zwar bitter sein und womöglich Verlust bringen, wenn die ursprünglichen Kauf- und Baukosten nicht vollständig abgedeckt sind. Doch jeder Monat verursacht in der Überschuldung hohe Zinskosten und steigert das Risiko, dass der Traum vom Eigenheim in der Zwangsversteigerung endet. Und dann ist der erzielte Preis in aller Regel weitaus geringer als der Betrag, der mit einem geordneten Verkauf erzielt werden könnte.

Abc
der Baufinanzierung

Auf den folgenden Seiten finden Sie kompakte Erläuterungen zu Stichworten, die im Rahmen einer Finanzierungsberatung häufig fallen. Der Vollständigkeit halber sind auch einzelne Begriffe enthalten, die im Ratgeber nicht detailliert besprochen werden. Diese sind zwar nicht der eigentlichen Baufinanzierung zuzuordnen, stehen jedoch mit dem Erwerb einer Immobilie in engem Zusammenhang und können auch von Bank- und anderen Beratern benutzt werden.

A

anfänglicher effektiver Jahreszins
→ Effektivzins

Annuität
Regelmäßige – auch als Kapitaldienst bezeichnete – Zahlung, die bei Annuitätendarlehen für Zinsen und Tilgung pro Jahr aufzubringen ist. Die Annuität bleibt während der Zinsbindungsfrist des Darlehens gleich hoch. Mit zunehmender Laufzeit verändert sich aber der Anteil von Zinsen und Tilgung innerhalb der Annuität. Durch die abnehmende Darlehensrestschuld ersparte Zinsen werden zur Erhöhung des Tilgungsanteils verwendet.

Annuitätendarlehen
Darlehen, das mit gleichbleibenden Annuitäten zurückgezahlt und von Beginn an schrittweise getilgt wird. Die Höhe der meist monatlichen Zins- und Tilgungsraten bleibt gleich, solange der vereinbarte → Festzins läuft. Der überwiegende Teil der Baufinanzierungen in Deutschland wird in Form eines Annuitätendarlehens abgeschlossen.

Arbeitnehmer-Sparzulage

Nach dem Vermögensbildungsgesetz gewährte staatliche Förderung für Arbeitnehmer, deren → zu versteuerndes Einkommen im Rahmen der Höchstgrenzen von jährlich 17.900 Euro bei Ledigen bzw. 35.800 Euro bei Verheirateten liegt. Die Arbeitnehmer-Sparzulage beträgt bei Bausparverträgen pro Jahr 9 Prozent auf → vermögenswirksame Leistungen von bis zu 470 Euro je Arbeitnehmer. Zusätzlich kann eine Zulage von 20 Prozent auf vermögenswirksame Leistungen von bis zu 400 Euro jährlich kassiert werden, wenn diese in eine sogenannte Produktivkapitalbeteiligung fließen, zum Beispiel Aktienfondssparverträge, Belegschaftsaktien oder sonstige Beteiligungen am Arbeitgeberunternehmen.

Auflassung

Einigung zwischen Käufer und Verkäufer über die Übertragung des Eigentums an einem Grundstück. Die Auflassungserklärung muss notariell beurkundet werden. Das Eigentum am Grundstück geht wirksam allerdings erst durch Auflassung und Eintragung der Eigentumsänderung im Grundbuch über.

Auflassungsvormerkung

Vergeht zwischen dem Kaufvertrag und dem eigentlichen Eigentumsübergang eine gewisse Zeit, so kann sich der Käufer durch die Eintragung einer Auflassungsvormerkung im Grundbuch dagegen absichern, dass der Verkäufer in der Zwischenzeit das Eigentum an einen anderen Käufer überträgt.

Auszahlungskurs

Gibt den prozentualen Anteil der nominellen Darlehenssumme an, der dem Darlehensnehmer nach Abzug von Auszahlungsabschlägen, wie zum Beispiel Disagio, ausgezahlt wird.

B

Bauspardarlehen

Annuitätendarlehen, auf das der Bausparer erst nach der Zuteilung des Bausparvertrags einen Anspruch hat. Die Höhe des Darlehens ergibt sich in der Regel aus der Differenz zwischen Ansparleistung und Bausparsumme. Zum Teil besteht jedoch auch ein garantierter Anspruch in Höhe eines bestimmten Prozentsatzes der → Bausparsumme.

Bausparsumme

Vertragssumme, über die ein Bausparvertrag abgeschlossen wird. Die Bausparsumme bestimmt die Höhe des erforderlichen → Mindestsparguthabens, des maximalen Darlehensanspruchs, der Spar- und Tilgungsraten sowie der Abschlussgebühr. Bei der Kreditauszahlung ergibt sich die Höhe des Bauspardarlehens aus der Bausparsumme abzüglich des bereits angesparten Guthabens.

Bauspartarife
Der jeweilige Tarif regelt vor allem die Höhe der monatlichen Spar- und Tilgungsbeiträge sowie die Höhe der Zinsen auf Bauspareinlagen und Bauspardarlehen. Im Wesentlichen wird zwischen Standardtarif, Schnelltarif, Langzeittarif und Optionstarif unterschieden.

Beleihungsgrenze(n)
Bis zu dieser in Prozent des Beleihungswerts angegebenen Grenze sind Geldinstitute normalerweise bereit, Ihr Objekt zu bestimmten Bedingungen zu beleihen und ein entsprechendes Darlehen zur Verfügung zu stellen. Die Beleihungsgrenze für den erstrangig gesicherten Finanzierungsteil – die sogenannte 1a-Hypothek (→ Hypothekendarlehen) – setzen die Kreditinstitute in der Regel bei 60 Prozent, Lebensversicherungsunternehmen dagegen nur bei 40 bis 50 Prozent des Beleihungswerts an. Bei einem höheren Kreditbedarf muss entweder ein zusätzliches nachrangiges Darlehen zu schlechteren Zinskonditionen aufgenommen werden oder der Kredit wird aufgestockt und der Zins für die gesamte Darlehenssumme steigt. Üblicherweise sind Finanzierungen bis zu einer Beleihungsgrenze von 80 Prozent des Beleihungswerts möglich. Bausparkassen gewähren ihre Kredite bis zu dieser Grenze ohne Zinsaufschlag.

Beleihungswert
Diese Größe soll den auf Dauer erzielbaren Wert des Beleihungsobjekts darstellen. Bei selbst genutzten Einfamilienhäusern und Eigentumswohnungen errechnet er sich normalerweise aus dem sogenannten Sachwert, bei Mietobjekten aus dem Ertragswert. Da die Finanzierer von den tatsächlichen Baukosten bzw. vom Kaufpreis des Objekts in der Regel einen Sicherheitsabschlag abziehen, liegt der Beleihungswert meist nur bei etwa 80 Prozent der tatsächlich anfallenden Aufwendungen. Dies muss bei der Planung einer Finanzierung berücksichtigt werden, denn von der Höhe des Beleihungswerts hängt der Umfang der von den Geldinstituten zur Verfügung gestellten Finanzierungsmittel ab.

Bereitstellungszinsen
Solche Zinsen berechnen viele Kreditinstitute für den Teil des Gesamtkredits, der nach der Darlehenszusage nicht sofort vom Darlehensnehmer abgerufen wird. Die Zinsen betragen meist 0,25 Prozent pro Monat und werden nach Ablauf einer Frist berechnet, die je nach Geldgeber zwischen einem und neun Monaten liegt. Bereitstellungszinsen fallen vor allem im Zusammenhang mit Bauvorhaben an, da hier die Auszahlung der Darlehenssumme nach Baufortschritt in Raten erfolgt.

Bewertungszahl
Für Bausparverträge wird regelmäßig zu bestimmten – je nach Bausparkasse unterschiedlichen – Bewertungsstichtagen eine Bewertungszahl ermittelt. Diese stellt eine Art Zensur für die bis zum Stichtag erbrachte Sparleistung dar. Bei der Berechnung werden sowohl die bisher geleisteten Spareinzahlungen als auch die Anspardauer berücksichtigt. Es gilt das sogenannte Zeit-mal-Geld-Prinzip.

Bonität
Kreditwürdigkeit des Darlehensnehmers. Es wird unterschieden zwischen einer materiellen Kreditwürdigkeit, bei der die Einkommens- und Vermögensverhältnisse im Vordergrund stehen, und einer persönlichen Kreditwürdigkeit, bei der es um die Zuverlässigkeit der Person des Kreditnehmers geht.

C

Courtage
Maklergebühr oder -provision, je nach Bundesland unterschiedlich hoch. Die Spanne reicht von 3,57 Prozent bis 7,14 Prozent (inklusive Mehrwertsteuer) des Kaufpreises.

D

Damnum
→ Disagio

Direktbank
Bei Direktbanken handelt es sich um Kreditinstitute, die keine Filialen betreiben und sowohl die Beratung als auch den Vertrieb von Finanzprodukten ausschließlich über das Internet oder telefonisch abwickeln. Bei der Baufinanzierung erfolgt damit die Beratung nicht persönlich vor Ort, sondern telefonisch, per E-Mail oder über einen Chat auf der Internetseite des Anbieters.

Disagio
Auch als „Damnum" bezeichneter Auszahlungsverlust, der in Form einer Differenz zwischen der nominellen Darlehenssumme und dem tatsächlich zur Auszahlung kommenden Nettodarlehen bei der Auszahlung des Darlehens anfällt. Das Disagio ist in der Regel ein einmaliger Zinsvorschuss, der während einer bestimmten Festlegungsfrist zu einem niedrigeren Sollzins führt. Dabei gilt: je höher das Disagio, desto niedriger der Sollzins. Ein Disagio kann bei selbst genutztem Wohnraum schon lange nicht mehr steuerlich abgesetzt werden. Für den Selbstnutzer führt eine Disagiovereinbarung deshalb immer zu höheren Gesamtfinanzierungskosten und ist somit nicht empfehlenswert.

Discountvermittler

Discountvermittler bieten wie → Finanzierungsvermittler keine eigenen Darlehen an, sondern vermitteln die Darlehensanfragen an Banken weiter. Die Beratung erfolgt jedoch nicht persönlich, sondern per Telefon oder Internet.

E

Effektivzins, effektiver Jahreszins

Die gemäß § 4 Preisangabenverordnung als Preis eines Kredits anzugebende Gesamtbelastung, ausgedrückt in einem Prozentsatz pro Jahr. Die Bezeichnung erfolgt als „effektiver Jahreszins" oder, wenn – wie üblich bei Baudarlehen – die Konditionen nicht von vornherein für die Gesamtlaufzeit feststehen, als „anfänglicher effektiver Jahreszins". Als Vergleichsmaßstab für unterschiedliche Darlehensangebote besitzt der Effektivzins allerdings nur eine eingeschränkte Aussagekraft. Denn außer den gemäß der Preisangabenverordnung zu erfassenden Preisbestandteilen (Sollzins, Zinsbindungsfrist, Disagio, Bearbeitungsgebühr, Tilgungssatz, Zeitpunkt der Zahlung und Verrechnung von Zins- und Tilgungsleistungen, Vermittlungsprovisionen) erheben die Kreditinstitute auch noch eine Reihe von Nebenkosten, wie zum Beispiel → Bereitstellungszinsen, die nicht in die Berechnung des Effektivzinses einfließen.

Einheitswert

Im Rahmen eines besonderen Verfahrens vom Finanzamt für Grundstücke festgestellter steuerlicher Richtwert, der in der Regel im Rahmen des sogenannten Ertragswertverfahrens ermittelt wird. Der Einheitswert dient als Bemessungsgrundlage für die Grundsteuer und in manchen Städten und Gemeinden für die Zweitwohnungssteuer. Je nach der Art des Grundstücks beträgt der Einheitswert lediglich ca. 15 bis 40 Prozent des Verkehrswerts.

Einkommen, zu versteuerndes

Die Bemessungsgrundlage für die Einkommensteuer wird nach § 2 Absatz 2–5 Einkommensteuergesetz ermittelt. Hierbei wird zunächst die Summe der Einkünfte aus den einzelnen Einkunftsarten berechnet – zum Beispiel Einkünfte aus nicht selbstständiger Arbeit, aus Kapitalvermögen, aus Vermietung und Verpachtung. Vom Bruttolohn können hierbei Werbungskosten (Fahrtkosten, Arbeitsmittel usw.) mindestens in Höhe des Arbeitnehmerpauschbetrags von 1.000 Euro abgezogen werden. Verringert man den so ermittelten „Gesamtbetrag der Einkünfte" um die Sonderausgaben und die außergewöhnlichen Belastungen, erhält man das Einkommen. Zieht man davon den Kinderfreibetrag und den Haushaltsfreibetrag für Alleinstehende mit Kindern ab, so ergibt sich aus dem Einkommen das zu versteuernde Einkommen.

Ertragswert
Insbesondere für vermietete Objekte im Rahmen der Beleihungswertermittlung zu berechnender Wert, der sich aus der Summe von Bodenwert und Gebäudeertragswert zusammensetzt. Der Gebäudeertragswert wird dabei durch Multiplikation des nachhaltig erzielbaren Reinertrags des Gebäudes mit einem sogenannten Kapitalisierungsfaktor ermittelt.

F

Festdarlehen
Auch als „tilgungsfreies Darlehen" bezeichneter Kredit über eine feste Summe, der am Ende der Laufzeit mit einer einmaligen Zahlung komplett getilgt wird, zum Beispiel durch die Ablaufleistung einer Kapitallebensversicherung oder einen zugeteilten Bausparvertrag. Während der Laufzeit sind für den Kredit lediglich Zinsen zu zahlen. Anstelle von Tilgungsleistungen erfolgt die Zahlung von Beiträgen in eine Lebensversicherung oder einen Bausparvertrag.

Festzins
Für einen bestimmten Zeitraum – meist 5, 10 oder 15 Jahre – bei → Hypothekendarlehen vertraglich festgelegter Zinssatz. Während der Zinsfestlegungsfrist ist gemäß § 489 BGB eine Kündigung grundsätzlich ausgeschlossen. Nur bei einer über einen Zeitraum von 10 Jahren hinausgehenden Zinsfestlegungsfrist kann eine Kündigung bereits nach 10 Jahren mit einer sechsmonatigen Kündigungsfrist erfolgen. Nach Ablauf der Zinsfestschreibung werden die Zinskonditionen im Rahmen einer Anschlussfinanzierung neu vereinbart.

Finanzierungsvermittler
Finanzierungsvermittler bieten keine eigenen Darlehen an, sondern vermitteln die Kreditanfragen ihrer Kunden an Banken, die dafür infrage kommen. Vermittler können als Einzelunternehmer regional tätig sein oder auch als bundesweit agierendes Großunternehmen mit einer Vielzahl an Beratungsstandorten. Ebenso große Unterschiede gibt es bei der Anzahl der Finanzierungspartner: Außer Vermittlern, die nur für ein einziges Kreditinstitut oder wenige Banken tätig sind, gibt es auch Vermittler mit Zugriff auf die Finanzierungsangebote von mehreren Hundert Darlehensanbietern.

Forward-Darlehen
Das Forward-Darlehen wird über bis zu drei Jahre im Voraus abgeschlossen. Damit sichert sich der Darlehensnehmer den aktuellen Zinssatz, auch wenn er das Darlehen erst zu einem späteren Zeitpunkt in Anspruch nehmen will. Im Gegenzug muss er dafür einen Zinsaufschlag entrichten. Ein Forward-

Darlehen ist für den Darlehensnehmer verpflichtend: Wenn er den vereinbarten Kredit nicht auszahlen lässt, muss er eine → Vorfälligkeitsentschädigung an die Bank bezahlen. Diese Darlehensform eignet sich vor allem für die Anschlussfinanzierung, wenn einige Jahre vor der Fälligkeit des Altdarlehens die Marktzinsen außergewöhnlich niedrig sind.

Fremdwährungsdarlehen
Bei einem Fremdwährungsdarlehen wird das Darlehenskonto nicht in Euro, sondern in einer anderen Währung geführt und auch mit dem für den betreffenden Währungsraum üblichen Zinssatz verzinst. Besonders häufig werden Fremdwährungsdarlehen in Niedrigzinswährungen wie Schweizer Franken oder Japanischer Yen angeboten. Allerdings unterliegen die Rückzahlungen wie auch die Höhe der Restschuld den marktüblichen Währungsschwankungen, was die Kalkulation der Finanzierung erheblich erschwert. Zwar können sich Kreditnehmer in gewissem Umfang gegen Devisenkursschwankungen absichern, doch verursacht dies zusätzliche Kosten. Aufgrund der hohen Risiken sind Fremdwährungsdarlehen nicht zu empfehlen.

G

Gleitzins
→ Zins, variabler

Grundbuch
Amtliches Register, das beim zuständigen Amtsgericht im „Grundbuchamt" geführt wird (Ausnahme: Baden-Württemberg; hier führen Notare das Grundbuch) und die Rechtsverhältnisse eines Grundstücks der Öffentlichkeit darlegt. Das Grundbuch gibt Auskunft darüber, wer Eigentümer eines Grundstücks ist und welche Lasten und Beschränkungen darauf ruhen. Grundpfandrechte, also vor allem Hypotheken und Grundschulden, die auf einem Grundstück lasten, werden in der sogenannten Abteilung III erfasst. Da es sich beim Grundbuch um ein öffentliches Register handelt, kann jeder, der ein berechtigtes Interesse nachweist, in das Grundbuch Einsicht nehmen und beglaubigte Grundbuchabschriften verlangen.

Grunderwerbsteuer
Beim Kauf eines Grundstücks verlangt der Staat eine Grunderwerbsteuer, deren Höhe je nach Bundesland zwischen 3,5 und 6,5 Prozent des Kaufpreises beträgt. Zum Grundstück gehört auch ein darauf eventuell errichtetes Gebäude, sodass beim Kauf eines Objekts die zu zahlende Steuer auf der Grundlage des Gesamtkaufpreises ermittelt wird.

Grundpfandrecht

Durch die Eintragung von Grundpfandrechten – unter diesen Oberbegriff fallen vor allem Hypotheken und Grundschulden – erwerben Kreditgeber eine dingliche Sicherheit in Form eines Pfandrechts an einem Grundstück und dem damit verbundenen Gebäude. Die Eintragung erfolgt im Grundbuch, wobei die Reihenfolge der Eintragungen bestimmt, welche Forderung im Fall einer Verwertung des verpfändeten Objekts zuerst zum Zug kommt.

Grundschuld

Das heutzutage im Normalfall zur Sicherung von Baufinanzierungsdarlehen im → Grundbuch eingetragene Grundpfandrecht. Im Gegensatz zur Hypothek muss der Grundschuld keine Forderung des Gläubigers zugrunde liegen. In der Praxis ist dies jedoch fast immer der Fall. Die Grundschuld bleibt auch bei fortschreitender Tilgung des Darlehens in voller Höhe bestehen. Nach Rückzahlung eines Darlehens kann sie, ohne dass man eine Neueintragung vornehmen muss, auch als Sicherheit für ein neues Darlehen verwendet werden. Aufgrund der einfacheren Handhabung hat die Grundschuld die Hypothek als Kreditsicherheit bei Baufinanzierungen fast völlig verdrängt.

Grundsteuer

Steuer, die auf den Grundbesitz (Grundstück und Gebäude) erhoben wird. Die Bemessungsgrundlage ist der Einheitswert. Der sogenannte Grundsteuermessbetrag wird durch die Multiplikation des Einheitswerts mit einer je nach Grundstücksart unterschiedlich hohen Steuermesszahl ermittelt. Die Grundsteuerschuld ergibt sich dann wiederum durch die Multiplikation des Steuermessbetrags mit dem Hebesatz der jeweiligen Gemeinde. Da die Hebesätze von den Gemeinden selbst festgelegt werden, fällt die zu entrichtende Grundsteuer je nach Kommune, in der das Objekt angesiedelt ist, unterschiedlich hoch aus.

H

Hypothek

Grundpfandrecht zur dinglichen Sicherung vor allem von Darlehensforderungen. Im Gegensatz zur Grundschuld ist der Bestand einer Hypothek vom Vorhandensein einer Forderung abhängig. Die Hypothek nimmt bei fortschreitender Tilgung einer Darlehensschuld im gleichen Umfang ab. Bei vollständiger Rückzahlung des Darlehens ist die Hypothek zu löschen. Im Bereich der Baufinanzierung ist die Hypothek heute aber fast völlig durch die leichter zu handhabende Grundschuld verdrängt.

Hypothekenbank
Hypothekenbanken haben sich auf die Herausgabe von Immobilienfinanzierungen spezialisiert, die zu großen Teilen über den Kapitalmarkt mit der Emission von Pfandbriefen refinanziert werden. Die Kreditvergabe erfolgt meist nicht direkt, sondern über Banken und Sparkassen, die den Kreditantrag der Kunden dann an die Hypothekenbank weiterleiten und somit als → Finanzierungsvermittler agieren.

Hypothekendarlehen
Oberbegriff für grundpfandrechtlich gesicherte Darlehen. Obwohl heutzutage zur Sicherung von Baufinanzierungsdarlehen fast nur noch Grundschulden eingetragen werden, bezeichnet man auch diese Kredite nach wie vor als Hypothekendarlehen. Je nach Rangstelle der im Grundbuch eingeräumten Sicherheiten spricht man von einer „1a-Hypothek" oder einer „1b-Hypothek".

I

Investmentfinanzierung
Immobiliendarlehen (häufig in Form eines Festdarlehens), das am Ende der Laufzeit oder in mehreren Etappen durch das angesparte Guthaben eines parallel abzuschließenden Fondssparplans getilgt wird.

K

Kapitaldienst
→ Annuität

KfW-Förderkredite
Die staatseigene Kreditanstalt für Wiederaufbau (KfW) vergibt an Unternehmen und Privatpersonen Förderkredite, deren Zins mit staatlichen Subventionen vergünstigt wird. Auf diese Weise werden bestimmte Bauvorhaben wie beispielsweise die Investition in besonders hohe Energieeffizienz oder die Schaffung von barrierearmem Wohnraum indirekt bezuschusst.

Kreditverkauf
Sofern der Kreditnehmer im Kreditvertrag darauf hingewiesen wird, hat die kreditgebende Bank die Möglichkeit, den Kredit sowie die dazugehörige Grundschuld an Dritte weiterzuveräußern. Der Erwerber tritt dann mit denselben Rechten und Pflichten wie der ursprüngliche Kreditgeber in den Darlehensvertrag ein.

Kumulierungsverbot
Das Verbot soll eine Doppelförderung durch die staatliche Sparförderung ausschließen. Für dieselben – zum Beispiel auf einen Bausparvertrag eingezahlten – Beträge kann nicht gleichzeitig eine Wohnungsbauprämie und eine Arbeitnehmer-Sparzulage beantragt werden.

L

Lebensversicherungshypothek
Kurzbezeichnung für Festdarlehen (auch tilgungsfreie Darlehen), die am Ende der Laufzeit auf einen Schlag durch die Ablaufleistung einer Kapitallebensversicherung getilgt werden.

Liquidität
Frei verfügbare Geldmittel werden als „Liquidität" („Flüssigsein") bezeichnet – so beispielsweise die Geldreserve auf einem Tagesgeldkonto, die bei ungeplanten größeren Anschaffungen oder Reparaturen angezapft werden kann.

M

Maklergebühr, -provision
→ Courtage

Mindestbewertungszahl
Neben Mindestsparguthaben und Mindestlaufzeit eine Voraussetzung, die ein Bausparvertrag erfüllen muss, um überhaupt für eine Zuteilung infrage zu kommen. Das Erreichen der Mindestbewertungszahl bedeutet allerdings nicht automatisch, dass der Bausparvertrag zugeteilt wird. Hier ist vielmehr die
→ Zielbewertungszahl maßgeblich.

Mindestsparguthaben
Zusätzlich zu Mindestbewertungszahl und Mindestlaufzeit erforderliche Voraussetzung dafür, dass ein Bausparvertrag überhaupt für eine Zuteilung infrage kommt. Je nach Tarif beträgt das Mindestsparguthaben 40 oder 50 Prozent der Bausparsumme.

Mittelwertverfahren
Methode der Immobilienbewertung, bei der zunächst der aus dem Wert von Grundstück und Gebäude resultierende Sachwert und dann der auf Basis der erzielbaren Miete errechnete Ertragswert ermittelt wird. Beide Ergebnisse werden addiert und dann durch zwei geteilt, was dann den Mittelwert ergibt.

N

Nominalschuld
Die Nominalschuld ist der Nennbetrag des Darlehens und maßgeblich für die Berechnung von Zinsen, Tilgung und Bearbeitungsgebühren. Der tatsächlich zur Auszahlung kommende Darlehensbetrag kann auch unter der Nominalschuld liegen, wenn hiervon Beträge wie beispielsweise ein Disagio abgezogen werden.

Nominalzins
→ Sollzins

O

öffentliche Baudarlehen
Teil der staatlichen Wohnungsbauförderung. Die Bundesländer fördern den Neubau bzw. Ersterwerb von Eigenheimen und selbst genutzten Eigentumswohnungen, zum Teil auch den Kauf von Gebrauchtobjekten sowie den Ausbau und die Modernisierung von Immobilien, durch die Bereitstellung öffentlicher Baudarlehen. Voraussetzung ist die Erfüllung der jeweiligen Förderbedingungen. Die Darlehen werden entweder zinsgünstig oder völlig zinslos gewährt und sind mit anfänglich 1 Prozent pro Jahr zu tilgen. Zusätzlich fällt ein geringer jährlicher Verwaltungskostenbeitrag an. Die Höhe der in Form von öffentlichen Baudarlehen bereitgestellten Fördermittel ist von den von Bundesland zu Bundesland unterschiedlichen Förderungsrichtlinien abhängig.

R

Ratenkredit
Der über die gesamte Laufzeit fest verzinste und mit gleichbleibenden monatlichen Rückzahlungsraten ausgestattete Ratenkredit kann nicht nur für die Finanzierung von Möbeln, Renovierungsmaßnahmen oder Autos genutzt werden. Er eignet sich auch für eine Anschlussfinanzierung bei geringer Restschuld. Für Ratenkredite muss meist keine Sicherheit gestellt werden und bei der außerplanmäßigen Rückzahlung ist höchstens eine Vorfälligkeitsentschädigung von 1 Prozent – bei weniger als zwölf Monaten Restlaufzeit 0,5 Prozent – zulässig. Die Zinsen liegen jedoch meist höher als bei einem Grundschulddarlehen.

Realkredit
Oberbegriff für Darlehen, die durch die Eintragung von → Grundpfandrechten gesichert sind. Unter diese Bezeichnung fallen sowohl erstrangig gesicherte Darlehen als auch Darlehen, die durch ein nachrangiges Grundpfandrecht gesichert werden.

Rendite
Verhältnis des jährlichen Ertrags einer Kapitalanlage bezogen auf das eingesetzte Kapital. Die Rendite stellt praktisch die Effektivverzinsung einer Kapitalanlage dar. Problematisch ist allerdings, dass keine gesetzliche Vorgabe existiert – wie zum Beispiel die bei der Ermittlung des Effektivzinses für Kredite zu beachtende Preisangabenverordnung –, die verbindlich vorschreibt, wie die Rendite zu errechnen ist.

Restschuld
Betrag des zu einem bestimmten Stichtag – zum Beispiel dem Ende einer Zinsbindungsfrist – noch zurückzuzahlenden Darlehensteils.

Riester-Förderung
Im Rahmen der Riester-Rente ist auch die staatliche Förderung des selbst genutzten Wohneigentums möglich. Gefördert wird die Tilgung von Immobilienkrediten, die die Kriterien der Riester-Zulassungsbehörde erfüllen und entsprechend zertifiziert sind. Die Kreditnehmer können sowohl Riester-Zulagen als auch die im Rahmen des Sonderausgabenabzugs möglichen Steuervorteile in Anspruch nehmen.

Risikolebensversicherung
Im Gegensatz zur Kapitallebensversicherung findet im Rahmen einer Risikolebensversicherung kein Ansparvorgang statt. Sie dient allein zur Deckung des Todesfallrisikos und kostet deshalb nur einen Bruchteil dessen, was für eine entsprechende Kapitallebensversicherung gezahlt werden muss. Im Zusammenhang mit Krediten wird die Risikolebensversicherung oft so gestaltet, dass sich die Versicherungssumme an die fallende Darlehensrestschuld anpasst. Man spricht dann von einer Restschuldversicherung.

S

Sachwert
Bei selbst genutzten Einfamilienhäusern und Eigentumswohnungen wird der → Beleihungswert in der Regel auf der Basis des Sachwerts errechnet. Der Sachwert des Objekts setzt sich dabei aus Bau- und Bodenwert zusammen. Da bei der Berechnung des Bauwerts meist Abschläge vorgenommen werden, liegt der Sachwert je nach Objekt etwa 10 bis 30 Prozent unter den tatsächlichen Anschaffungs- oder Herstellungskosten.

Schufa
Schutzgemeinschaft für allgemeine Kreditsicherung. Gemeinschaftseinrichtung der Kreditwirtschaft, die Informationen sammelt, die ihr von ihren Mitgliedern über deren Kunden mitgeteilt werden. Zu diesen Informationen gehören zum Beispiel Name und Anschrift von Kontoinhabern, Angaben über die Eröffnung und Schließung von Girokonten sowie nicht vertragsgemäßes Verhalten des Kontoinhabers. Außerdem erfasst die Schufa Daten über Konsumentenkredite und Bürgschaftsübernahmen. Nicht gesammelt werden dagegen Angaben über Kontostände oder persönliche Einkommens- und Vermögensverhältnisse. Vor Abschluss von Darlehensverträgen verlangen die Kreditinstitute in der Regel die Unterzeichnung der sogenannten Schufa-Klausel, die sie zur Einholung von Auskünften berechtigt. Jeder in der Schufa-Datei erfasste Bankkunde kann gegen eine Gebühr eine Auskunft über die zur eigenen Person gespeicherten Daten einholen.

Sollzins, Sollzinssatz

Zinssatz, mit dem der Darlehensnennbetrag (→ Nominalschuld) zu verzinsen ist. Bestimmt die Höhe der laufenden Zinsraten. Der Sollzins gibt keine Auskunft über die tatsächlichen Kosten eines Kredits. Hierzu muss der Effektivzinssatz betrachtet werden, in den weitere preisbeeinflussende Faktoren einfließen, wie beispielsweise Zinsbindungsfrist, Disagio, Ratenzahlungs- und verrechnungstermine. Früher wurde der Sollzins als „Nominalzins" bezeichnet – ein Begriff, der teilweise heute noch in der Beratung verwendet wird.

Sollzinsbindung

Zeitraum, in dem der vertraglich vereinbarte → Festzins gilt.

Sondertilgung

Zusätzliche Tilgung, die außerhalb der vertraglich vereinbarten Tilgungsraten geleistet wird. Häufig werden in Darlehensverträgen bestimmte jährliche Kontingente wie beispielsweise 5 Prozent der Darlehenssumme als Sondertilgungsoption vereinbart. Wird keine Vereinbarung getroffen, ist die Bank während der Dauer der Zinsbindung nicht verpflichtet, Sondertilgungen entgegenzunehmen.

T

tilgungsfreies Darlehen
→ Festdarlehen

V

Verkehrswert

Der erzielbare Verkaufswert einer Immobilie. Seine Ermittlung erfolgt je nach Nutzung des Objekts entweder auf der Basis des Sachwerts oder des Ertragswerts. Bei der Berechnung werden außerdem die allgemeine Lage auf dem Grundstücksmarkt sowie Erfahrungswerte einbezogen.

vermögenswirksame Leistungen (vL)

Leistungen des Arbeitgebers, die dieser für den Arbeitnehmer in eine der im Fünften Vermögensbildungsgesetz genannten Anlageformen einzahlt. Die vermögenswirksamen Leistungen können entweder aus tariflich vereinbarten oder freiwilligen Leistungen des Arbeitgebers oder aus eigenen Einzahlungen des Arbeitnehmers bzw. als eine Kombination beider Möglichkeiten erbracht werden. Unabhängig davon, wer die Zahlungen letztlich erbringt, müssen sie allerdings immer unmittelbar vom Arbeitgeber auf den Sparvertrag überwiesen werden.

Vorfälligkeitsentschädigung
Bei einer vorzeitigen Darlehensablösung muss der Kreditnehmer an die Bank eine Vorfälligkeitsentschädigung als Ausgleich dafür zahlen, dass diese das außerplanmäßig hereingekommene Geld zu möglicherweise ungünstigeren Konditionen neu anlegen muss. Die Höhe der Vorfälligkeitsentschädigung errechnet sich aus dem Saldo des Darlehenskontos, der verbleibenden Zinsbindungsfrist sowie der Differenz zwischen dem Darlehenszins und den aktuellen Marktzinsen.

Vorfinanzierung
→ Zwischenfinanzierung

W

Wartezeit bei Bausparverträgen
Zeitraum, der bei Bausparverträgen vom Abschluss des Vertrags bis zur → Zuteilung vergeht. Die Wartezeit beträgt bei nach dem sogenannten Standardtarif abgeschlossenen Verträgen je nach Marktlage und Bausparkasse etwa zwischen acht und zehn Jahren. Die Wartezeit lässt sich nicht von vornherein exakt bestimmen, da ihre Dauer zum einen vom Ansparverhalten des Bausparers und zum anderen von der Geschäftsentwicklung der einzelnen Bausparkasse abhängt. Aus diesem Grund ist es den Bausparkassen auch gesetzlich untersagt, Zuteilungszusagen zu geben.

Wohn-Riester
→ Riester-Förderung

Wohnungsbauprämie
Die Wohnungsbauprämie ist eine staatliche Zulage für Bausparer und beträgt seit 1.1.2021 10 Prozent der jährlichen Einzahlungen. Die Obergrenze für die förderfähigen Einzahlungen liegt bei jährlich 700 Euro für Ledige und 1.400 Euro für Verheiratete. Außerdem darf das zu versteuernde Einkommen jährlich nicht höher liegen als 35.000 Euro (Ledige) bzw. 70.000 Euro (Verheiratete). Die Wohnungsbauprämie wird nur gewährt, wenn der geförderte Bausparvertrag für wohnwirtschaftliche Zwecke verwendet wird. Eine Ausnahmeregelung gilt, wenn der Bausparer bei Vertragsabschluss jünger als 25 Jahre ist und die siebenjährige Bindungsfrist abwartet.

Z

Zielbewertungszahl
Bewertungszahl, die ein Bausparvertrag zum Bewertungsstichtag mindestens aufweisen muss, um in der zum Stichtag gehörenden Zuteilungsperiode zugeteilt zu werden.

Zins, variabler

Bei Vereinbarung eines variablen Zinssatzes kann das Kreditinstitut den Sollzins des Darlehens jederzeit an die aktuelle Marktlage anpassen. Der Schuldner hat die Möglichkeit, den Darlehensvertrag unter Berücksichtigung einer dreimonatigen Kündigungsfrist jederzeit aufzulösen. Kunden sollten darauf achten, dass die Zinsentwicklung an einen konkreten Marktzins gekoppelt ist, damit das Geldinstitut eine marktgerechte Verzinsung vornehmen muss.

Zuteilung

Zeitpunkt, ab dem die Bausparkasse die sich aus Bausparguthaben und → Bauspardarlehen zusammensetzende → Bausparsumme zur Auszahlung bereithält.

Zwischenfinanzierung

Wird die Vertragssumme eines Bausparvertrags bereits vor dessen Zuteilung benötigt, kann der Bausparer in der Regel zur Überbrückung der restlichen Wartezeit eine Vor- oder Zwischenfinanzierung abschließen. Hierbei wird ein tilgungsfreies Darlehen (→ Festdarlehen) in Höhe der Bausparsumme aufgenommen. Die Tilgung des Darlehens erfolgt dann zum Zeitpunkt der Auszahlung des Bausparvertrags durch die Bausparsumme. Weist der Bausparvertrag bereits das erforderliche Mindestspargutenhaben auf, spricht man von einer Zwischenfinanzierung; hat das Guthaben den Mindestbetrag noch nicht erreicht, handelt es sich um eine Vorfinanzierung.

Adressen
→

VERBRAUCHERZENTRALEN

**Verbraucherzentrale
Baden-Württemberg e. V.**
Paulinenstraße 47
70178 Stuttgart
Telefon: 07 11/ 66 91-10
Fax: 07 11/66 91-50
www.verbraucherzentrale-bawue.de

Verbraucherzentrale Bayern e. V.
Mozartstraße 9
80336 München
Telefon: 0 89/5 52 79 4-0
Fax: 0 89/53 75 53
www.verbraucherzentrale-bayern.de

Verbraucherzentrale Berlin e. V.
Ordensmeisterstraße 15–16
12099 Berlin
Telefon: 0 30/2 14 85-0
Fax: 0 30/2 11 72 01
www.verbraucherzentrale-berlin.de

**Verbraucherzentrale
Brandenburg e. V.**
Babelsberger Straße 12
14473 Potsdam
Telefon: 03 31/2 98 71-0
Fax: 03 31/2 98 71-77
www.verbraucherzentrale-brandenburg.de

Verbraucherzentrale Bremen e. V.
Altenweg 4
28195 Bremen
Telefon: 04 21/1 60 77-7
Fax: 04 21/1 60 77 80
www.verbraucherzentrale-bremen.de

Verbraucherzentrale Hamburg e. V.
Kirchenallee 22
20099 Hamburg
Telefon: 0 40/2 48 32-0
Fax: 0 40/2 48 32-290
www.vzhh.de

Verbraucherzentrale Hessen e. V.
Große Friedberger Straße 13–17
60313 Frankfurt/Main
Telefon: 0 69/97 20 10-900
Fax: 0 69/97 20 10-40
www.verbraucherzentrale-hessen.de

**Verbraucherzentrale
Mecklenburg-Vorpommern e. V.**
Strandstraße 98
18055 Rostock
Telefon: 03 81/2 08 70-50
Fax: 03 81/2 08 70-30
www.verbraucherzentrale-mv.eu

Adressen

**Verbraucherzentrale
Niedersachsen e. V.**
Herrenstraße 14
30159 Hannover
Telefon: 05 11/9 11 96-0
Fax: 05 11/9 11 96-10
www.verbraucherzentrale-niedersachsen.de

**Verbraucherzentrale
Nordrhein-Westfalen e. V.**
Mintropstraße 27
40215 Düsseldorf
Telefon: 02 11/38 09-0
Fax: 02 11/38 09-216
www.verbraucherzentrale.nrw

**Verbraucherzentrale
Rheinland-Pfalz e. V.**
Seppel-Glückert-Passage 10
55116 Mainz
Telefon: 0 61 31/28 48-0
Fax: 0 61 31/28 48-66
www.verbraucherzentrale-rlp.de

**Verbraucherzentrale des
Saarlandes e. V.**
Trierer Straße 22
66111 Saarbrücken
Telefon: 06 81/5 00 89-0
Fax: 06 81/5 00 89-22
www.verbraucherzentrale-saarland.de

Verbraucherzentrale Sachsen e. V.
Katharinenstraße 17
04109 Leipzig
Telefon: 0341/69 62 90
Fax: 03 41/6 89 28 26
www.verbraucherzentrale-sachsen.de

**Verbraucherzentrale
Sachsen-Anhalt e. V.**
Steinbockgasse 1
06108 Halle
Telefon: 03 45/2 98 03-29
Fax: 03 45/2 98 03-26
www.verbraucherzentrale-sachsen-anhalt.de

**Verbraucherzentrale
Schleswig-Holstein e. V.**
Hopfenstraße 29
24103 Kiel
Telefon: 04 31/5 90 99-0
Fax: 04 31/5 90 99-77
www.verbraucherzentrale.sh

Verbraucherzentrale Thüringen e. V.
Eugen-Richter-Straße 45
99085 Erfurt
Telefon: 03 61/5 55 14-0
Fax: 03 61/5 55 14-40
www.vzth.de

**Verbraucherzentrale
Bundesverband e. V.**
Rudi-Dutschke-Str. 17
10969 Berlin
Telefon: 0 30/2 58 00-0
Fax: 0 30/2 58 00-518
www.vzbv.de

Stichwortverzeichnis

A

Abgeld
  siehe Disagio
Abschlag
  siehe Disagio
Abschlagsverfahren 50 f.
abstrakte Verweisung 40
Abtretung 166 f.
Abtretungsverbot 170
Aktienfondssparvertrag 88, 109 f.
Angebot 9, 12 f., 33, 46 ff., 52, 56, 60, 70 ff., 76 ff., 80 ff.
– Auswertung 47, 71 f., 81 ff.
– Einholung 46 ff., 77 ff., 80 f.
– Vergleich 33, 52, 73, 76 ff., 84
altersgerechter Umbau
  siehe Barrierereduzierung
Annuität, Annuitätenrate 56 ff., 103, 177
Annuitätendarlehen 56 ff., 177
Annuitätentilgung 33, 37 f., 56 ff.
Anschlussfinanzierung 9, 38, 64, 67 ff., 74 f., 80, 88, 147, 163 ff., 167 f.
Anschlusszins 57, 63 ff., 75, 166
– kritischer 64 f.
Arbeitnehmer-Sparzulage 107 ff., 120
Auflassung 178
Auflassungsvormerkung 178
Auszahlungsbetrag, effektiv benötigter 76 f., 82 ff.
Auszahlungskurs 178

B

BAFA (Bundesamt für Wirtschaft und Ausfuhrkontrolle)
  siehe ökologische Heizung
Banksparvertrag 97, 109, 115
Bankwechsel
  siehe Finanziererwechsel
Barrierereduzierung 128, 130
Baufinanzierungsschutzbrief 42 f.
Baudarlehen, öffentliches 107 ff., 187
Bauförderung
  siehe Wohnungsbauförderung und Fördermittel, öffentliche
Bauspardarlehen 34, 52, 94 ff., 102 ff., 112 ff., 146 ff., 178
  siehe auch Bausparvertrag
Bausparfinanzierung
  siehe Bausparvertrag
Bausparguthaben 25, 102 f., 111 f., 133, 135
Bausparkassengesetz 94
Bausparsumme 95 ff., 113 ff., 117, 119 ff., 178
– Ermäßigung 121 ff.
– Teilbausparsumme 122 f.
Bauspartarif 105, 122 f., 178
  siehe auch Bausparvertrag
– mit Wahlzuteilung 105
Bausparvertrag 8, 34, 52, 55, 80, 93 ff., 138, 162
  siehe auch Wohn-Riester, Bausparvertrag
– Abschlussgebühr 95, 107, 113 ff., 120 f.

– Ansparphase 94 f., 97 ff., 104, 108, 116 f.
– Aufstockung, Erhöhung 96, 106, 113 f., 116
– Bereitstellung 96 f.
– Bewertungsstichtag 100 f.
– Bewertungszahl 97 f., 100 ff., 113, 121 f., 180
– Darlehensphase 94 f., 102 ff., 113
– Kündigung 98, 108, 111, 120 f., 123
– Laufzeit 104, 113, 118 f.
– Mindestlaufzeit 101, 105
– Mindestsparguthaben 95, 99, 122, 186
– Mindestsparzeit 99
– noch nicht zuteilungsreif 119 ff.
– Regelsparbeitrag 96 ff., 101
– Sondertilgung 98, 103, 106 f., 117
– Sperrfrist 96, 111, 113, 116
– Standardtarif 95 f., 99, 101 f., 104
– Tilgung 95, 97, 100, 103 f., 109, 114 f., 117, 123
– Überzahlung, Übersparung 102 f.
– Wartezeit 104 ff., 190
– Zeit-mal-Geld-Prinzip 100
– Zielbewertungszahl 101, 190
– Zuteilung, Zuteilungsreife 25, 34, 52, 96, 99 ff., 102, 104 ff., 112 ff., 117, 145, 148, 172, 191
Beleihungsgrenze 33, 52 f., 77, 82 ff., 96, 113, 179
Beleihungsprüfung 50 ff.
Beleihungswert 50 ff., 77, 96, 179
Bereitstellungszinsen 20, 26, 75 f., 85, 128, 166, 179
Berufsunfähigkeitsversicherung 39 ff.
Betriebskosten 30
Biomasse-Zentralheizung 131
Bonität 180

C

Courtage 17 ff., 180
– Aufteilung 19

D

Damnum
  siehe Disagio
Darlehensablösung, vorzeitige 61, 71 f., 128, 161 ff., 190
  siehe auch Vorfälligkeitsentschädigung
Darlehensbedarf 76 f.
Darlehenssumme 36 ff., 82 ff.
Darlehensvertrag 75, 87, 164 f., 169
Dauerzulagenantrag 142
Direktbank 80, 180
Disagio 65 ff., 76, 83, 180
Discountvermittler 80, 181

E

Effektivzins, effektiver Jahreszins 24, 33, 47, 66 ff., 72 ff., 77, 84 ff., 88, 112 ff., 118 f., 123, 147 ff., 163, 181
Effektivzinsvergleich 72, 112 ff., 118
Eigenheimrentengesetz 125
Eigenkapital 7, 11, 15, 23 ff., 35 ff., 116, 126, 137
Einheitswert 181
Einkommen, zu versteuerndes 107, 109, 181
energetische Sanierung 125 ff.
– Austausch Öl-, Gasheizung 132
– Biomasse-Zentralheizung 131 ff.
– Energiesparmaßnahmen 129 f., 158
– Fotovoltaikanlage 127 f.
– Steuervorteile 134
– thermische Solarkollektoranlage 131
– Wärmepumpen 131
– Zuschüsse zu ökologischer Heizung 131 ff.

Erschließungsgebühren 19
Ertragswert, Ertragswertverfahren 51, 182 f.
   siehe auch Beleihungswert
Erwerbsunfähigkeitsrente 39
Extratilgung
   siehe Sondertilgung

F

Festdarlehen 182, 185
Festzins 65, 75, 90, 166, 182
Finanziererwechsel 9, 63, 116, 163, 169
Finanzierungsschutzbrief
   siehe Baufinanzierungsschutzbrief
Finanzierungsvermittler 46, 79 f., 182
fondsgebundene Lebensversicherung
   siehe Lebensversicherung, fondsgebundene
Fondssparplan 88, 91, 109 f., 151
Fördermittel, öffentliche 8, 35, 111, 125 ff., 137 ff., 187
– Einkommensgrenzen 142 ff., 154 ff.
– kommunale 159
– Rückzahlung 145
– Sperrfrist 111
Forward-Darlehen 166 f., 182 f.
Fotovoltaikanlage 127 f.
Fremdwährungsdarlehen 89 ff., 183

G

Gesamteffektivzins 118 f.
Grundbuch 21, 49, 52, 64, 96, 183
Grundbuchamt 19, 21, 49, 183
Grundbuchgebühr 19, 21, 49
Grunderwerbsteuer 17, 19, 183
Grundpfandrecht 49, 63 f., 184
– erstrangiges 52
Grundschuld 21, 49, 52, 56, 87, 165 ff., 184
Grundsteuer 30, 184
Günstigerprüfung 140 f.

H

Hypothek 21, 49, 52 f., 55 ff., 103, 114, 184
   siehe auch Grundpfandrecht
– 1a-Hypothek, 1. Hypothek 52 f.
– 1b-Hypothek 52
Hypothekenbank 55 f., 60, 78, 185
Hypothekendarlehen 36 ff., 49, 55 ff., 60 ff., 67 ff., 72 ff., 76 ff., 84, 87 ff., 112 ff., 118 ff., 123, 146 f., 161 f., 185
– endfälliges, mit Tilgung über Investmentfonds 88 f.
Hypothekenkredit
   siehe Hypothekendarlehen
Hypothekenzins 33, 59, 61, 78, 88, 117 f., 166

I

Indexverfahren 50
Instandhaltungsrücklage 30, 32, 171
Investmentfinanzierung 88, 185

J

Jahreszins, effektiver
   siehe Effektivzins

K

Kapitaldienst
   siehe Annuität
Kapitallebensversicherung 24 f., 41
KfW (Kreditanstalt für Wiederaufbau) 8, 35, 125 ff., 155
– Förderkredite 126 ff., 133 ff., 185
   siehe auch energetische Sanierung
Konstantmodell
   siehe Sofortfinanzierung
Kreditabsicherung 48 f.
Kreditverkauf 169 f., 185
Kumulierungsverbot 185

L

Landesbausparkasse 93
Laufzeitsplitting
   siehe Teildarlehen
Lebensversicherung, fondsgebundene 88, 91
Lebensversicherungshypothek 186
Liquidität 25 f., 186

M

Maklergebühr
   siehe Courtage
Marktzins 13, 34, 36 ff., 60 ff., 67 f., 116
Mindestbewertungszahl 186
Mittelwert, Mittelwertverfahren 51, 186
   siehe auch Beleihungswert

N

Nominalschuld 186
Notarkosten 19, 21, 49, 165

O

ökologische Heizung, BAFA-Zuschüsse 131 ff.
   siehe auch energetische Sanierung

P

Preisangabenverordnung (PAngV) 73 ff.
Privatrentenversicherung 25

R

Ratenkredit 157 f., 187
Realkredit 187
Regionalprinzip 78
Rendite 187
Restschuld 187
Riester-Förderung 188
   siehe auch Wohn-Riester
Risikolebensversicherung 7, 42 f., 188

S

Sachwert, Sachwertverfahren 50 f., 188
   siehe auch Beleihungswert
Schnellspartarif 117
Schufa 178
Sechs-Monats-Prognose 40
Sicherheitenbestellung 21
Sofortfinanzierung 117 ff.
– Konstantmodell 118
Solarkollektoranlage, thermische 131
Sollzins, Sollzinssatz 33, 56 f., 60, 65 ff., 73 ff., 83, 97, 166, 189
Sollzinsbindung 60 f., 189
   siehe auch Zinsbindung
Sondertilgung 24, 28, 64, 68 ff., 77, 89, 98, 103, 106 f., 117, 136, 163, 165, 167 f.

Sondertilgungsrecht 70 ff., 163
Sonderzahlung
 siehe Sondertilgung

T

Teildarlehen 62 f.
Tilgungsaussetzung 174
tilgungsfreier Zwischenkredit 148
tilgungsfreies Darlehen
 siehe Festdarlehen
Tilgungsrate 21, 34, 48, 57, 69 f., 72, 95, 100, 103 f., 114 f., 117, 123

V

variabel verzinstes Darlehen
 siehe Zins, variabler
Verkehrswert 50 f., 77, 189
vermögenswirksame Leistungen (vL) 109 ff., 189
Vorfälligkeitsentschädigung 61, 71 f., 161 ff., 168, 190
Vorfinanzierung 119 f., 122 f., 148
 siehe auch Zwischenfinanzierung

W

Wärmepumpen 131
Wartezeit
 siehe Bausparvertrag, Wartezeit
Wertpapiere 23 ff., 56, 88
– festverzinsliche 24, 56
Wohnförderkonto 144 ff., 151 f.
 siehe auch Wohn-Riester
Wohnraumförderungsgesetz (WoFG) 154 ff.

Wohn-Riester 9, 11, 137 ff., 188
– Altersbegrenzung 140
– Anspruch 139
– Bausparvertrag 138, 145 f.
– Dauerzulagenantrag 141
– Ehepartnervertrag 142
– Fehlverwendung 152
– Förderhöhe 139 f.
– Kombikredit 138, 148 f.
– Mindesteigenbeitrag 139 f.
– Sondertilgung 149
– Tilgungsdarlehen 142, 146 ff.
– Zertifizierung 9, 128, 141, 145 f.
Wohnungsbauförderung 153 ff., 158 f., 187
– Einkommensgrenzen 154 ff.
Wohnungsbauprämie 107 ff., 116, 120, 190
– Einkommensgrenzen 107 f.
wohnungswirtschaftliche Zwecke, Maßnahmen 94, 108, 111, 154

Z

Zins, variabler 61 f., 75, 90, 164, 191
Zinsbindung 9, 13, 33, 36 f., 60 ff., 73 ff., 83 ff., 118, 162 ff.
Zinsfestschreibung
 siehe Zinsbindung
Zinsstruktur, inverse 60 f.
Zins- und Tilgungsverrechnung 57 f., 69, 71 f., 84
Zinszuschlag 77
Zwischenfinanzierung 23, 34, 118 ff., 123, 138, 148, 191
Zwischenkredit
 siehe Zwischenfinanzierung

Bildnachweis

Grafik
Seite 53: www.openclipart.org

123RF
Seite 4/10: dolgachov
Seite 14: goodluz
Seite 25: Albert Yuralaits
Seite 4/44: goodluz
Seite 49: kenishirotie
Seite 54: goodluz
Seite 74: racorn
Seite 79: goodluz
Seite 88: Christian Mueringer
Seite 5/92: fantasista
Seite 98: Ruslan Borodin
Seite 136: goodluz
Seite 143: Andrew Norris
Seite 153: Yuliya Tsyhun
Seite 5/160: pogonici
Seite 167: Romolo Tavani
Seite 172: Andrea De Martin
Seite 176: Turgay Koca

adobe.stock
Seite 5/124: SkyLine
Seite 129: Ingo Bartussek
Seite 131: tl6781
Seite 132: Patrick Daxenbichler
Seite 134: IRINA
Seite 138: PhotoSG
Seite 141: Pcess609
Seite 145: Monet
Seite 150: fizkes

Umschlagfoto
© guukaa – Fotolia.com

Expertenfotos
Holger Balodis: privat
Markus Feck: privat
Thomas Hentschel: Verbraucherzentrale NRW
Peter Sachs: Vogelsang & Sachs, Bad Homburg
Johannes Spruth: privat

Im Interesse der Lesbarkeit verzichten wir darauf, in jedem Fall explizit die weibliche und die männliche Form einer Bezeichnung zu verwenden, und benutzen nur das sogenannte generische Maskulinum, das heißt den verallgemeinernden, grammatikalisch männlichen Begriff. Er umfasst, ohne jegliche Diskriminierung, beide Geschlechter.

2., aktualisierte Auflage, Januar 2021

© Verbraucherzentrale NRW, Düsseldorf
Das Werk einschließlich aller seiner Teile ist urheberrechtlich geschützt. Jede Verwertung, die nicht ausdrücklich vom Urheberrechtsgesetz zugelassen ist, bedarf der vorherigen Zustimmung der Verbraucherzentrale NRW. Das gilt insbesondere für Vervielfältigungen, Bearbeitungen, Übersetzungen, Mikroverfilmungen und die Einspeicherung und Verarbeitung in elektronischen Systemen. Das Buch darf ohne Genehmigung der Verbraucherzentrale NRW auch nicht mit (Werbe-)Aufklebern o. Ä. versehen werden. Die Verwendung des Buches durch Dritte darf nicht zu absatzfördernden Zwecken geschehen oder den Eindruck einer Zusammenarbeit mit der Verbraucherzentrale NRW erwecken.

ISBN 978-3-86336-122-8
Printed in Germany

Impressum

Herausgeber
Verbraucherzentrale
Nordrhein-Westfalen e. V.
Mintropstraße 27, 40215 Düsseldorf
Telefon: 02 11/38 09-555
Telefax: 02 11/38 09-235
ratgeber@verbraucherzentrale.nrw
www.verbraucherzentrale.nrw

Mitherausgeber
Verbraucherzentrale
Baden-Württemberg e. V.
Verbraucherzentrale Hamburg e. V.
(Adressen → Seite 192)

Text
Thomas Hammer, Ötisheim
www.hammertext.de

Lektorat
Dr. Doris Mendlewitsch, Düsseldorf
www.mendlewitsch.de

Fachliche Beratung
Thomas Hentschel

Koordination
Wolfgang Starke

Umschlaggestaltung
Ute Lübbeke, Köln
www.LNT-design.de

Layout und Satz
Grazyna Rojek Kommunikationsdesign, Essen
www.grazynarojek.de

Druck
AZ Druck und Datentechnik GmbH, Kempten

Redaktionsschluss: 15. Dezember 2020